nie jemand hinkam nur das Kind
auf dem Stein inmitten riesiger
Nesseln wo das Licht eindrang
durch die zerbröckelnde Mauer
über sein Buch gebeugt bis tief in
die Nacht je nach Stimmung im
Mondschein und sie alle auf den
Straßen nach ihm suchend oder
Gespräche erfindend sich in zwei
oder mehr teilend so zu sich selber
sprechend so zusammen da wo
niemand je hinkam

Samuel Beckett

aus: That Time. Ü: Elmar Tophoven.
© Suhrkamp Verlag Frankfurt am Main 1976.
«nie jemand hinkam nur das Kind».

für Susanne und Karl-Heinz

Inhalt

ANHANG

Einleitung des Herausgebers

Eine Scheidung ist, nach deutschem Recht, ohne Richter gar nicht möglich. Trotzdem trägt dieses Buch diesen Titel. Er will auf Alternativen zur gerichtlichen Auseinandersetzung hinweisen, die in den letzten zehn Jahren entwickelt worden und der breiten Öffentlichkeit noch nicht bekannt sind. Dabei geht es um Hilfen, die Paaren und Familien bei einer Scheidung außerhalb der gerichtlichen Bahnen angeboten werden können: Beratung und Mediation (Vermittlung). Ehe- und Elternpaare werden sowohl in der Beratung als auch bei der Mediation darin unterstützt, die mit einer Scheidung verbundenen Aufgaben nicht aus der Hand zu geben, sondern die anstehenden Konflikte in eigener Verantwortung zu lösen.

Daß Scheidung allgemein als ein möglicher und zulässiger Ausweg aus einer unbefriedigenden Ehe angesehen wird, verdeutlicht die große Anzahl von Streitigkeiten vor den Familiengerichten. Im Alltag der Familie und Verwandtschaft oder auch im Freundes- und Nachbarkreis ist Scheidung inzwischen zur selbstverständlichen Realität geworden. Dennoch wird eine Trennung oder Scheidung auch weiterhin als etwas außerordentlich Schädliches, Traumatisches und Negatives gesehen, das zu großer Besorgnis oder Fürsorge Anlaß gibt.

Scheidung wird als eine Bedrohung der Familie gewertet, da sie die Vorstellungen über die ideale Familie verletzt. Familie bedeutet aus dieser Sicht die unbedingte und stetige Verbindung all ihrer Mitglieder. Man spricht deshalb auch von Familienbanden. Dem entspricht die Vorstellung über die Ehe als einer lebenslangen Verpflichtung von zwei Erwachsenen, die die Aufrechterhaltung eines Haushalts und die Erziehung von Kindern mit einschließt. In der herkömmlichen idealisierten Sehweise des Familiensystems fallen also eheliche und elterliche Beziehungen zusammen und werden miteinander identifiziert. So entsteht die Annahme, daß eine Scheidung nicht nur die Ehe auflöst, sondern zugleich die Familie zerstört.

Das sieht das Familienrecht anders: In fast allen Fällen gewährt es den Eltern grundsätzlich das Recht, auch nach der Scheidung die Beziehungen zu ihren Kindern aufrechtzuerhalten.

Trotzdem sind Eltern oft der Überzeugung, daß mit einer Scheidung ihre familiären Aktivitäten hinfällig und ihre Verpflichtungen erlöschen würden. Hierzu trägt das herkömmliche Gerichtsverfahren nicht unerheblich bei: Eltern stehen sich als ‹gegnerische Parteien› gegenüber, deren juristische Streitigkeiten um die Kinder durch ein Urteil verbindlich geregelt und abgeschlossen werden.

Eine vom Richter getroffene Sorgerechtsregelung kann nur begrenzt zukünftige Entwicklungen und Veränderungen bei den Familienmitgliedern berücksichtigen; oft fehlt der Blick dafür. Ebenso oft bleibt das Umgangsrecht des Nichtsorgeberechtigten unausgefüllt oder sogar unerwähnt. Im Resultat stellt sich bei dem abwesenden Elternteil, der mit den Kindern nicht schwerpunktmäßig zusammenlebt, das Gefühl ein, bei der Betreuung zukünftig keine tragende Rolle mehr spielen zu dürfen oder zu müssen. Beide Möglichkeiten gehen zu Lasten der Kinder, da ihre Beziehungen zu *beiden* Eltern beschnitten sind.

Letztlich wird so in den getrenntlebenden Familien die traditionelle Arbeitsteilung zwischen den Geschlechtern unterstützt, bei denen die Frauen sich – weiterhin – um die Kinder kümmern und die Männer sich – wie oft bereits vor der Trennung – weitgehend raushalten dürfen oder müssen.

Eine Scheidung kann den ersten Anlaß darstellen und es erforderlich machen, daß der während der Ehe abwesende und wenig beteiligte Vater seine Beziehung und seine Verpflichtungen gegenüber dem Kind – und nicht nur sein Recht – erkennt und wahrnimmt. In vielen Fällen ist er erst dann für sein Kind erreichbar.

Scheidung muß nicht allein Mutlosigkeit, Verzweiflung oder das Ende bedeuten. In der Situation liegen auch andere Seiten: Raum für neue Überlegungen und neue Chancen. Die in diesem Buch vorgestellten Verfahren helfen, mit ungewohnten Lebensumständen umzugehen und neue Möglichkeiten für Paare und Familien zu eröffnen. Sowohl bei der Beratung als auch bei der Mediation geht man davon aus, daß die sich trennenden Eheleute und die weiterhin verantwortlichen Eltern unterschiedliche Aufgaben haben. Als Ehepartner müssen sie Klarheit darüber gewinnen, ob sie ihre Ehe beenden und wie sie dann auseinandergehen wollen. Die Beziehungen zwischen Eltern und Kindern bleiben – zumindest gefühlsmäßig – bestehen; veränderte Formen des Umgangs miteinander müssen gefunden werden. Statt in ein fremdes, auf Gegnerschaft beruhendes Verfahren eingezwängt zu sein, können sich die sich trennenden Paare freiwillig und in gegenseitigem Respekt um eigenverantwortliche Entscheidungen bemühen. Das kostet allerdings einige Mühe, da sie die Verantwortung für ihre Entscheidungen und Vereinbarungen selber tragen müssen.

Die neuen Formen der Konfliktlösung in Trennungs- und Scheidungssituationen unterstützen beide Partner darin, um gemeinsame Lösungen zu ringen: Streiten will gelernt sein.

Dabei beziehen beide Verfahren auch die Kinder ganz oder zum Teil mit in Gespräche ein, soweit es sie betrifft. Entscheidungen haben jedoch letztlich die Eltern als Verantwortliche zu treffen, gerade zur Entlastung ihrer Kinder.

Beide Verfahren, Beratung sowie Mediation, bemühen sich zudem, Perspektiven zu entwickeln, die über die akuten Streitpunkte hinausgehen. Hierbei spielen tieferliegende Konfliktursachen eine Rolle, die sowohl in der Biographie einzelner Familienmitglieder und deren Beziehungen untereinander als auch in deren sozialen Beziehungen und in ihrem sozialen Netz begründet sein können. So kann die Frage nach der Ablösung vom eigenen Elternhaus große Bedeutung für die Entscheidung über das weitere Bestehen oder Nichtbestehen der eigenen Ehe haben. Für beide Ehepartner gilt es, sich mit den tieferliegenden Konfliktursachen auseinanderzusetzen und nach möglichen Lösungen zu suchen. Erst dann sind sie in der Lage, ihre Ehe auch innerlich zu beenden und ihre weiterhin bestehenden elterlichen Verpflichtungen in neuer Weise wahrzunehmen.

Hierbei können die außergerichtlichen Verfahren in unterschiedlicher Weise helfen: So kann ein besseres Verständnis der Konflikte bei der Erarbeitung neuer Vereinbarungen hilfreich sein. Darüber hinaus führt die Beschäftigung mit tieferliegenden Konflikten möglicherweise dazu, daß sichtbar gewordene Verletzungen heilen und neue Rollen der Partner erprobt werden können.

Mit den hier skizzierten Chancen leisten die neuen Formen der Konfliktlösung viel. Auch sie vermögen allerdings wenig an gesellschaftlichen Konfliktursachen zu ändern, mit denen Familien und Paare in Trennungs- und Scheidungssituationen ebenfalls zu tun haben. Wohn- und Arbeitsbedingungen spielen nicht bloß am Rande eine Rolle.

Scheidung als Ausweg aus einer Paarkrise ist letztlich eine persönliche Entscheidung, die niemand delegieren kann. Beide Partner stehen vor der Frage, ob sie ihre Streitigkeiten mit dem Richter oder ohne ihn klären wollen. Sollten sie außerhalb des gerichtlichen Weges zu keiner Einigung kommen, so bleibt ihnen noch immer die Möglichkeit, beim Familiengericht eine Entscheidung des Streits herbeizuführen. Es besteht immer die Gewißheit, Familienrichter als letzte Regelungsinstanz herbeiziehen zu können. Scheidung ohne Richter? Wie weit das Familiengericht beteiligt ist, hängt vom Willen beider Parteien ab; auf jeden Fall spricht der Richter im juristischen Sinn das letzte Wort.

Münster, im Juni 1991   Heiner Krabbe

Trennung und Scheidung: Die Chancen in der Krise

Rosmarie Welter-Enderlin

Tragödie oder Chance zum Neuanfang?

Die Trennung oder Scheidung von Paaren ist ein tabubesetztes Thema. Einerseits können wir nicht anders als zur Kenntnis nehmen, daß die Zahl der Scheidungen wächst: ¼ bis ⅓ aller Ehen in westlichen Industrieländern werden aufgelöst – in Gegenden wie Kalifornien sind es fast 50 Prozent.

Und trotzdem ist das Thema – auch für die in Paar- und Familienberatung Tätigen – mit zwiespältigen Gefühlen verbunden. Schuld, Versagen, Zorn wechseln ab mit Erleichterung, Aufatmen, Hoffnung… Viele sind als Begleiterinnen und Begleiter von Paaren und Familien im Prozeß der Auflösung besonders verletzbar. Als sogenannte Eltern-Kinder haben Helfer oft schon früh gelernt, zwischen zwei Polen zu vermitteln, sich überverantwortlich zu fühlen für die Herstellung des Friedens: Rollen, denen sowohl die Phantasie von Allmacht als auch die Hilflosigkeit, Trennung nicht verhindern zu können, innewohnt. Wenn zur persönlichen Verletzbarkeit, die bei allem Wissen und allem Bewußtsein bleibt, noch die Erwartung von Trägerschaft oder der überweisenden Instanzen kommt, daß Paare vor dem Auseinandergehen bewahrt werden, wird es besonders schwierig. Denn diese persönliche Zwiespältigkeit spiegelt nicht nur die biographischen Motive der Berufswahl von Beratern, sondern auch eine gesellschaftliche Zwiespältigkeit. Einerseits wird Trennung/Scheidung trivialisiert als «Betriebsunfall», und andererseits – wie der Tod – als Tod eines Traumes ausgeklammert aus dem Alltag, eine Katastrophe, die sprachlos macht.

Wenn ich dafür plädiere, daß Scheidung keine Katastrophe sein muß, sondern eine Chance darstellen kann, so tue ich das also nicht leichtfertig. Ich bin selber zwar nicht geschieden, aber das Spannungsfeld zwischen Festhalten und Loslassen, zwischen der Sehnsucht, Wurzeln zu schlagen, und der Lust am Fliegen habe ich im eigenen Leben und in meiner Beratungsarbeit in den letzten zwei Jahrzehnten in aller Intensität erlebt.

Diese Erfahrung hat mir beides beschert: Verständnis dafür, daß es Jahre dauern kann, bis die längst wahrgenommenen Zeichen an der Wand ernst genommen und in Handeln übersetzt werden, und dafür, daß Entscheidungen erst möglich sind, wenn die Vision einer Alternative zum status quo möglich ist. Doch ebenso habe ich erfahren und erfahre es noch, wie erlösend es sein kann, die Flügel auszubreiten und zu fliegen, den scheinbar sicheren, aber ausgetrockneten Boden zu verlassen, bei allen Ängsten vor dem Risiko, die zum Fliegen gehören. So sehr ich nach wie vor bereit bin, als Beraterin unterstützende Möglichkeiten zu entwickeln, damit ein Paar innerhalb der bestehenden Beziehung eine neue Balance findet zwischen der Sehnsucht nach Beständigkeit und der Notwendigkeit von Bewegung, so sehr habe ich auch das Loslassen als Chance sehen gelernt.

Und doch: Wenn dann ein konkretes Paar, eine Frau und ein Mann, bei mir im Büro sitzt, und wenn ich weiß, daß kleine Kinder da sind, so erlebe ich trotzdem immer wieder die alten Gefühle von Trauer und Zorn, daß die beiden eine Entwicklung *innerhalb* der Beziehung nicht schafften – manchmal auch nicht mit meiner Hilfe! Und wenn einer noch verzweifelt festhält, während der andere Partner bereits losgelassen hat, hilft mir nur die jahrelange Erfahrung mit den Entwicklungsmöglichkeiten von Menschen, die den Weg durch den Engpaß gegangen sind, um intensiv dabei zu bleiben und dennoch nachts schlafen zu können…

Mit meinem Beitrag möchte ich folgende Aspekte des vielschichtigen Themas skizzieren:

▹ Vorurteile und Fakten zum Thema Scheidung
▹ Gründe für die Scheidungsanfälligkeit
▹ Unter welchen Bedingungen kann Scheidung nicht nur eine Tragödie, sondern eine Chance bedeuten?

Vorurteile:

«Die Menschen scheiden leichtfertiger als früher, weil sie egoistisch und ohne Respekt für die Ehe sind.»

Fakten:

«Die Scheidungsraten steigen: Das trifft immer noch zu für die Bundesrepublik Deutschland, die Schweiz und andere westliche Länder.»

Im Vergleich zu 1988 sind heute mehr Menschen verheiratet als vor 100 Jahren!

Schweiz:

1880 waren auf 1000 Ehemündige 469 Menschen verheiratet
1980 waren auf 1000 Ehemündige 671 Menschen verheiratet, obwohl Eheschließungen rückläufig sind.

Wesentlich höherer Wohlstand, bessere Gesundheit erlaubt auch viel leichter eine Eheschließung. (Erinnern Sie sich an Menschen in Ihrer Familiengeschichte, welche 5, 10 Jahre verlobt waren, weil der Mann nicht genügend verdiente, um eine Familie zu gründen?).

Früher wurden sehr viel mehr Ehen durch den *Tod* getrennt als heute.

Schweiz:

Lebenserwartung 1840:   Männer 39,6   Frauen 42,5 Jahre
Lebenserwartung 1980:   Männer 73   Frauen 80,5 Jahre

Das heißt: Das Vorurteil, heute werde früher und leichtfertiger geschieden, trifft – in Relation zur Ehehäufigkeit und Ehedauer – *nicht* zu.

Das Verhältnis von Ehedauer zu Scheidungshäufigkeit ist, z. B. in der Schweiz, seit 60 Jahren konstant!

Das Vorurteil stimmt, wenn man Ehehäufigkeit (inklusive Ehen ohne Trauschein) und Lebendauer ignoriert; Scheidungen haben statistisch gesehen zugenommen. Es stimmt aber nur unter dieser Voraussetzung.

Warum es so schwer ist, verheiratet zu sein und zu bleiben…

Wenn wir von der alten und oft vergessenen Erkenntnis ausgehen, daß es nicht die ‹Fakten› sind, welche den Lauf der Ereignisse bestimmen, sondern die Haltung, die wir zu ihnen einnehmen, ist es nötig, ein paar Gedanken zum theoretischen Standort bzw. zum Menschenbild zu skizzieren, von dem aus ich beobachte.

Meine Sichtweise ist eine ökologisch-systemische. Das bedeutet, ich versuche, Menschen und ihre Probleme in der Vernetzung mit biologischen, psychologisch-biographischen und gesellschaftlichen Bedingungen zu verstehen statt als Summe von Persönlichkeitsmerkmalen. Demnach ist der Traum, die Psychologie oder die Eheberatung könne eines Tages genau feststellen, welche Art von Persönlichkeit und welche Art von Paarkonstellation bessere oder schlechtere Chancen der Entwicklung haben, ausgeträumt.

Das sagt sich leichthin, und doch erleben wir es als Paar- und Familienberaterinnen und -berater, vor allem in der Kinder- und Jugendpsychiatrie, täglich, wie gern uns ein ‹Röntgenblick› zugeschrieben wird. Wir sollen analysieren und begutachten, ob eine Frau, ein Mann als Ehepartner oder Mutter oder Vater ‹tauglich› sei, und wir sollen erklären, warum die einen eher scheidungsanfällig und die anderen ‹stabil› sind. Wer naiv, machthungrig oder wissenschaftsgläubig genug ist, solche Aufträge fraglos anzunehmen, verstärkt das Dilemma zwischen Kontrolle und Hilflosigkeit ad absurdum und tut weder den Betroffenen noch den Auftraggebern und am wenigsten sich selber damit einen Dienst. Das Klassifizieren und Diagnostizieren, das Abpacken von Menschen in Schubladen, gibt zwar die Illusion von Sicherheit oder Wissenschaftlichkeit, aber Anlaß zu Wandel und Problemlösung bringt dieser Prozeß nicht. In anderen Worten: Die Wirklichkeit, wie sie von den Betroffenen erlebt wird, kann nicht durch den ‹Röntgenblick› von außen, sondern nur im Dialog mit ihnen geschaffen und erfahren werden.

Zu meinem Menschenbild gehört auch, daß ich mich eher an Ressourcen statt an Defiziten orientiere, also mehr Lust auf «Speisekammern» in der Biographie habe und im Unbewußten von Men-

schen danach eher suche als nach «Gerümpelkammern». Das bedeutet jedoch nicht, daß ich nicht brennend interessiert wäre an der
Frage, in welcher Weise die Biographie, die Schichtzugehörigkeit,
die Situation in der Arbeits- und Wohnwelt und die Umstände des
Zusammenlebens zweier Menschen zu ihrer Entwicklung oder Stagnation und Scheidungsanfälligkeit beitragen.

Zum Verstehen dessen, was zu Stagnation oder Entwicklung des
Paarprozesses beiträgt, dienen mir Theorien aus der systemischen
Psychologie und Soziologie, welche menschliche Entwicklung und
menschliches Zusammenleben beschreiben, aber auch meine eigene
Geschichte, mein eigenes Leben und die Probleme, die ich gelöst
oder nicht gelöst habe. Paar- und Familienprobleme sind immer
auch Lebensprobleme, die sich in vielen Feldern zeigen und in vielen
Welten abgehandelt werden müssen, aber vielleicht in keinem so
intensiv wie in einer ‹Paarbeziehung auf Dauer›. Ich möchte im folgenden kurz skizzieren, warum das so ist.

Warum ist eine Paarbeziehung qualitativ so verschieden von den
meisten anderen menschlichen Beziehungen, und warum ist ihre
Auflösung ein so großer Verlust, eine solch schmerzliche Erfahrung? Warum ist Scheidung mit so vielen Ambivalenzen belegt?

Antworten auf diese Fragen können sowohl von gesellschaftlichen wie von psychologischen Standpunkten aus gesucht werden.
Ich beginne mit der gesellschaftlichen Bedeutung von Ehe, die in
weit größerem Maße die Gefühle und die Alltagswelt von Paaren
betrifft, als diese sich bewußt sind. Wenn zwei Menschen sich finden, sich plötzlich oder langsam ineinander verlieben, wenn später
ein ‹Paar› oder eine ‹Familie› aus ihnen wird, ist ihnen kaum
bewußt, daß neben ihren einmaligen, privaten Gefühlen auch allgemeine gesellschaftliche Vorstellungen und Zwänge ihre Möglichkeiten beeinflussen, Liebe zu fühlen und in alltägliche Wirklichkeit zu verwandeln. Anders gesagt: Persönliche Sympathie und
Attraktivität der beiden füreinander sind nur *ein* Teil der Beziehung.
Normen und Strukturen, vertreten durch Herkunftsfamilien, Arbeitswelt, Kultur und Sprache, beeinflussen das Paar mindestens
ebenso.

Verheiratet (oder auch ohne Trauschein) verbindlich in einer

Paarbeziehung zusammenzuleben bedeutet unter anderem eine Möglichkeit, in der Gesellschaft zu Hause zu sein, wie es andere Möglichkeiten kaum gibt. Paar- und Familienbeziehungen werden in einer sich rasch wandelnden und zunehmend undurchschaubaren Gesellschaft häufig als der Mikrokosmos erlebt, welcher Orientierungshilfen für den einzelnen bietet und eine gemeinsame Definition der Welt erlaubt. In einer Wirklichkeit, in der die öffentlichen Institutionen – Arbeit, Schule, Gemeinwesen – zunehmend als «äußerst mächtige und fremde Welt dem Individuum gegenübertreten» (Berger und Kellner, 1980), ist eine verbindliche Paar- oder Familienbeziehung oft die einzige Möglichkeit, Identität und Sinn zu finden. Sie ist sozusagen der Puffer zwischen dem einzelnen und einem Universum, das in seinem inneren und äußeren Ablauf zunehmend unverständlich und unbeeinflußbar erscheint.

Der Prozeß der gemeinsamen Sinnfindung und Neudefinition von Wirklichkeit geschieht weitgehend durch das *Gespräch* von Frau und Mann. Wenn dieses Gespräch fließt, auch über Jahre hinweg, werden beide Partner in eine dauernde Verwandlung eintreten, die das Bild von sich selbst, vom Partner und von der Welt immer wieder neu verändert, wo Realität sozusagen laufend neu «verhandelt» wird. Gemeinsame Vorstellungen der Welt spiegeln sich dann in einer gemeinsamen Privatsprache, wie sie sich in Kosenamen, im Telegrammstil des Sprechens manifestiert. Diese gemeinsame Sprache ist ein wesentlicher Teil der Identitätsfindung und dient der Überwindung der ursprünglichen Fremdheit.

Zur Forderung nach dauernder ‹Verwandlung› der Paarbeziehung als ganzheitliche Gestalt gehört aber ebenso dringend die Forderung nach *individueller* Selbstfindung. Anders gesagt: nach einer Form von Identität, welche nur zum Teil aufgehoben ist in der Paarbeziehung und wesentlich auch aus anderen Wurzeln gespeist wird. Genauso wie der Ablösungs- und Differenzierungsprozeß des Individuums von der Ursprungsfamilie Voraussetzung dafür war, daß zwei Einzelbiographien gemeinsam neu geschrieben werden konnten durch das Paar, muß auch im Lauf der Ehe ein Ablösungs- und Differenzierungsprozeß der Partner voneinander geschehen, ohne daß die gemeinsame Identität, das Wir, verlorengeht. Sinnbildlich: Das Gras der gemeinsamen Identität als Paar ist zwar auf derselben Wiese gewachsen, jedoch lagert, wenn sie es gut machen, mit der Zeit jeder der Partner sein Heu auf verschiedenen Bühnen...

Was ich mit diesen Überlegungen zur Bedeutung von Ehe und Paarbeziehung sagen will, betrifft zweierlei:

Sowohl Paarbildung und Familiengründung als auch die Auflösung der Ehe durch Scheidung werden gesellschaftlich in hohem Maße mitdefiniert. Auch wenn es dem betreffenden Paar nicht bewußt ist, sind die beiden in ihrem Entscheidungsprozeß nicht bloß von persönlichen Gefühlen der Liebe oder Ablehnung abhängig, sondern ebensosehr von der Art, wie ihr Mikrokosmos vom Makrokosmos beeinflußt wird.

Die Auflösung einer stabilen Paarbeziehung oder einer Ehe bedeutet somit nicht nur für die Betroffenen und ihre Kinder, sondern auch für alle an der Beziehung Beteiligten den vorläufigen Zusammenbruch einer Welt. Es geht um eine Welt, welche bei allen täglichen Auseinandersetzungen und Konflikten für Frau, Mann und Kinder *sinnstiftende* und *stabilisierende* Aspekte hatte...

Ich möchte sogar einen Schritt weiter gehen und – mit den Soziologen Berger und Kellner – behaupten, daß die Scheidungsanfälligkeit, die wir beobachten, weder mit zunehmendem Egoismus noch mit einer Mißachtung der Institution Ehe zusammenhängt, sondern mit dem Gegenteil: Paare trennen sich und scheiden nicht deshalb, weil ihnen die Ehe unwichtig geworden ist, «sondern weil ihnen die Ehe *so* wichtig ist, daß sie sich nicht mit weniger als einer völlig zufriedenstellenden Übereinstimmung mit dem jeweiligen Partner begnügen wollen».

Vielleicht erklärt dieser Zugang zur Thematik besser als alle moralistischen oder psychologischen Annahmen die Heftigkeit und Zwiespältigkeit der Gefühle und Verhaltensweisen während des Trennungs- und Scheidungsprozesses, nicht nur bei den direkt Betroffenen, sondern bei allen daran Beteiligten.

Weil die Scheidungsanfälligkeit und die Art der Scheidung in direktem Zusammenhang stehen mit der Art der Ehe, will ich mich den normalen Entwicklungsproblemen zuwenden, die in ihr gelöst werden müssen.

Eheprobleme sind Lebensprobleme

Ich möchte nun die psychologischen Anforderungen skizzieren, welche an Paare im Prozeß ihrer gemeinsamen Entwicklung gestellt werden, und aufzeigen, in welcher Weise dabei Lebensprobleme, die uns allen nicht erspart bleiben, abgehandelt werden:

1. *Die Balance zwischen Festhalten und Loslassen, Beständigkeit und Verwandlung.*
   Hugo von Hofmannsthal zu diesem Thema:
   «Es handelt sich um ein simples und ungeheures Lebensproblem: das der Treue.
   An dem Verlorenen festhalten, ewig beharren, bis an den Tod, oder aber leben, weitergeben, hinwegkommen, sich verwandeln, und dennoch nicht zum gedächtnislosen Tier herabsinken...».
   Sie ahnen es wohl: Hofmannsthal meint hier mit «Treue» nicht das, was wir landläufig darunter verstehen. Vielleicht könnte man Treue hier am ehesten als «Treue zu sich selber», zur eigenen Lebendigkeit, zur Reifung und Entwicklung, verstehen. Nur wer sich darin selber treu ist, kann auch anderen gegenüber treu sein. Aber nicht nur das Leben des Individuums, sondern auch Paar- und Familienbeziehungen müssen sich entwickeln und verwandeln, sollen sie nicht zum Gefängnis werden. Übergänge zu neuen Phasen werden jeweils eingeleitet durch innere und äußere Zeichen, die *Zeichen an der Wand*, die ich bereits erwähnt habe und die wir so leicht ignorieren oder einfach nicht sehen können. Angst vor dem Neuen bewirkt oft starres Festhalten an bisherigen Vorstellungen, bisherigen Bildern von sich und vom anderen. Selten verändern Partner sich gleichzeitig. Meist wird vorerst nur der eine durch innere und äußere Ereignisse herausgefordert, mit dem Bisherigen unzufrieden zu sein, ohne daß er/sie genau weiß, was diese Ereignisse bedeuten. Schlafstörungen, die Sucht, zuviel zu essen oder zu trinken oder zu arbeiten, die Flucht in Phantasien, Depression oder plötzliche romantische Verliebtheit können solche Zeichen sein. Wenn sie nicht entziffert werden, weil der oder die Betroffene Angst hat vor ihrer Bedeutung, oder wenn der Partner/die Partnerin voll Schreck und

Panik festhält am Bisherigen, entstehen oft entsetzliche Polarisierungen. Je mehr sie z. B. versucht, Flügel auszubreiten, eigene Bereiche zu entwickeln, desto mehr verfolgt und bedrängt er sie, desto mehr grenzt sie sich ab… Je mehr er z. B. flieht in Arbeit oder Sucht, desto mehr rackert sie sich damit ab, die ganze Verantwortung für ihn und die Familie zu übernehmen, desto abhängiger wird er von der Sucht und sie von der Überverantwortlichkeit.

Nicht die Krisen, die in solchen Übergangssituationen auftreten, sind gefährlich. Gefährlich wird es dort, wo die Bedeutungen der ‹Zeichen an der Wand› unterdrückt werden, wo einer an den alten Vorstellungen festhält und der andere nicht fähig ist, mit ihm neue auszuhandeln. Ich meine, daß der Mythos der romantischen Liebe, wonach ein Paar zusammenkommt und fortan glücklich ineinander verschmolzen lebt, eine Form von Zwang darstellt. Er bewirkt, daß Krisen, die normal sind, nicht bewältigt werden können. Wir reden oft vom frohen Ereignis, wenn wir vom kritischen Ereignis reden müßten, und signalisieren damit, daß Krisen nicht zu solchen Übergängen gehören dürfen. Heirat, die Geburt eines Kindes, Schuleintritt, Wiederaufnahme der Arbeit durch die Mutter, Veränderungen in Beruf und Wohnsituation, Ablösung der Kinder…: sie alle sind kritische Ereignisse, welche das Aushandeln neuer Regeln nötig machen.

2. *Die Balance zwischen Geborgenheit und Autonomie, Nähe und Distanz, Wurzeln und Flügeln.* In diesem Spannungsfeld leben wir alle während unseres ganzen Lebens. Unsere tiefe Sehnsucht nach Nähe und Verschmelzung, nach gänzlichem Aufgehobensein, führt zurück an unseren Anfang. Die andere Sehnsucht, ein einmaliges Individuum zu sein, abgelöst von der Mutter, abgelöst von Fesseln, gehört genauso zum Leben.

In jeder Phase der Paarentwicklung wird dieses Spannungsfeld neu belebt. Und wenn das nicht so ist, wenn ein Paar ewig in der ersten Phase der Verschmelzung, der völligen Bezogenheit aufeinander, gefangen bleibt, sind manchmal Krankheit oder Tod die einzigen Möglichkeiten der Befreiung.

3. *Die Machtverhältnisse.* Wir lieben es nicht, über Macht zu reden. Eine Begriffserklärung ist nötig. Jeder Mensch hat das Bedürfnis, Einfluß zu nehmen, einen Unterschied auszumachen... Macht muß nicht böse sein, solange sie der Abgrenzung, nicht der Unterdrükkung anderer dient. Machtquellen sind oft geschlechtsspezifisch verteilt, was während einer bestimmten Phase – z. B. solange die Kinder klein sind – für beide Partner stimmen mag, später jedoch zum Problem wird. Ich werde unter dem Thema der weiblichen und männlichen Entwicklung darauf zurückkommen.

4. *Die Ablösungsproblematik.* Dieses Thema hängt eng mit der Balance zwischen Nähe und Distanz und den Machtverhältnissen zusammen. Es ist wohl nicht zufällig, daß die Mehrzahl der Scheidungen zwischen dem 1. und 7. Ehejahr erfolgt, d. h. zwischen dem 21. und 30. Lebensjahr. Nach meiner Erfahrung «benützen» junge Menschen eine Ehe nicht selten unbewußt dazu, sich aus der Verklammerung mit dem Elternhaus oder mit einem Elternteil zu lösen. Erfahrungsgemäß erweist sich dieser Schritt oft als Scheinablösung, wenn die Ablösung vom Partner zur Rückkehr ins Elternhaus führt...

Aber auch in länger dauernden Beziehungen müssen Ablösungen immer wieder vollzogen werden, müssen innere und äußere Trennungen erfolgen, wenn die «gemeinsamen Wurzeln im selben Blumentopf» nicht mangels Nahrung verkümmern sollen...

Wo dieser Ablösungsprozeß stagniert, wiederholt die Paarsituation Eltern-Kind-Verhältnisse. Der Beziehungsmodus ist dann geprägt von Oben-Unten, Vater-Tochter oder Mutter-Sohn. Es sind Bedingungen, in welchen Versorgen und Versorgtwerden, Führen und Geführtwerden, aber keine wirkliche Intimität unter Gleichgestellten möglich ist.

5. *Das «ungelebte Leben».* Dieses Thema hat wohl damit zu tun, daß wir alle uns bei der Partnerwahl ein Bild des anderen machen, das häufig die Seiten enthält, die wir an uns selber vermissen. Dieses Bild kann Merkmale einer Vision haben, im anderen ungekannte Seiten zum Blühen bringen. Es kann aber auch eine Zuweisung sein,

die nicht nur den Partner, sondern auch den Zuweisenden festlegt. «Ein Teil dessen, was die Leute in der Ehe suchen, ist ihre eigene zweite Hälfte. Jeder von uns lebt in gewisser Weise unvollständig. Einige Seiten sind überentwickelt, andere vernachlässigt... Was uns fehlt, suchen wir in denen, die wir als Partner wählen, und bekämpfen es dann» (Kopp 1978).

Zuschreibungen oder Projektionen zwängen die Partnerin oder den Partner in ein Bild, das eine Karikatur dessen sein kann, was man sich selber nicht zu leben traut. Je einengender und konfuser unser Selbstbild ist, je stärker wir noch in der Phase der Überanpassung an oder Rebellion gegen die Eltern sind, desto eher werden die nicht gelebten Seiten dem Partner delegiert.

Jellouschek (1987) zeigt eindrücklich in *Semele, Zeus und Hera*, welche Rolle «ungelebtes Leben» in Dreiecksbeziehungen spielt. Semele, die Dritte, verkörpert darin das Prinzip der Lust, der Lebendigkeit und Farbigkeit, welche bei einem Paar verkümmern mußte, weil das Bedürfnis nach Festhalten jenes nach Aufbruch und Entwicklung behinderte. Eine außereheliche Beziehung müßte daher immer auch unter diesem Aspekt als ‹Zeichen an der Wand› oder Aufforderung zu Entwicklung verstanden und nicht als moralisches Versagen gewertet werden.

Aber nicht allein die persönliche Biographie und Entwicklung, sondern ebensosehr der sogenannte «Zeitgeist» erleichtert oder erschwert den skizzierten Auseinandersetzungsprozeß mit den Lebensthemen.

Wenn der Makrokosmos Gesellschaft gezeichnet ist durch rapiden Wandel, wie wir ihn in den letzten drei Jahrzehnten erleben, muß der Mikrokosmos Ehe/Familie zwangsläufig auch davon erschüttert werden. Eine solche Erschütterung geht von dem sich ständig verändernden Ehe- und Familienverständnis aus. Natürlich haben sich Modellvorstellungen davon über die Jahrhunderte hinweg schon immer gewandelt, aber kaum je im Tempo der Gegenwart. Das bedeutet, daß völlig verschiedene Vorstellungen von Ehe und Familie *nebeneinander* existieren. Sie liegen auf einem Spektrum, das an einem Pol Ehe als Institution versteht, welche in erster

Linie das Überleben eines Ganzen (früher: des «Hauses») sichert. Die Institution steht eindeutig über den Bedürfnissen des Individuums. Am anderen Ende des Spektrums wird Ehe als *der* Ort der Individuation, als *die* Nische der Selbstfindung gesehen. In der traditionellen Form der Ehe ist sie der übergreifenden Gesellschaft und in besonderer Weise der Institution Kirche klar untergeordnet und nicht vom privaten Glück der Partner bestimmt. Beim Modell von Ehe als Selbstverwirklichung unterscheidet genau dieses private Glück darüber, ob die Ehe Sinn hat oder nicht. Ehe ist in dieser Sicht – ideologisch, nicht faktisch – etwas absolut Privates. Im Extremfall muß dabei die Frage jeden Tag neu gestellt werden: «Bleibe ich in der Beziehung, weil ich das so will oder weil ich das bloß muß?»

Im Hinblick auf *Scheidung* bedeutet die skizzierte Vielfalt der Ehemodelle, daß die gesetzlich verankerte Möglichkeit der Ehescheidung einerseits als Befreiung erlebt wird, aber andererseits – weil die alten Modelle unter den neuen weiter existieren – nach wie vor mit Gefühlen von Versagen und Schuld gegenüber der sogenannten ‹heiligen Institution› Ehe gekoppelt ist. Diese Ambivalenz betrifft uns alle, ob wir uns nun als Scheidende, Alleinlebende, Verheiratete, als Berater oder als Richter mit dem Thema auseinandersetzen. Wichtig ist mir die Feststellung, daß es keine *alleinige* Ursache gibt für die Zunahme der Scheidungen und Abnahme von Heiraten und Geburten. Wir stehen mitten in einem tiefgreifenden gesellschaftlichen Wandel, der sich bis ins persönlichste Fühlen, Denken und Handeln auswirkt.

Das Spannungsfeld zwischen alten und neuen Vorstellungen zeigt sich besonders in bezug auf die sich ändernden Geschlechterrollen. Ich möchte die Frage, warum es Paaren so schwer fällt, einen Weg zwischen Festhalten und Loslassen zu finden, auch mit dem *Rollenwandel* in Verbindung bringen. Die Freisetzung aus traditionellen Rollenzuweisungen hat in den letzten zwei Jahrzehnten vor allem die Frauen berührt und erst zum Teil die Männer, was sich darin zeigt, daß die *Arbeitswelt*, wo Männer an der Macht sind, den veränderten Vorstellungen noch kaum entspricht. Da die Familie aber vernetzt ist mit der Arbeitswelt, d. h. von ihr abhängig, steht auch da die Wirklichkeit oft im Widerspruch zu den veränderten Vorstellungen. Ulrich Beck nennt dazu in seinem Buch *Risikogesellschaft* einige entscheidende Faktoren:

Verbesserte Bildungschancen für Frauen stehen ihrer gleichzeitigen Benachteiligung in der Arbeitswelt gegenüber, ganz besonders, wenn Frauen Mütter werden. Im Resultat werden gebrochene Arbeitsbiographien angelegt.

Die Umstrukturierung und Rationalisierung der Hausarbeit führt zur Isolation der Frauen als Hausfrauen und disqualifiziert ihre Arbeit.

Zugleich tragen Frauen nach wie vor die Hauptlast der Familienarbeit, auch wenn sie berufstätig sein müssen oder sind. Frauen sind entweder von Doppelbelastung oder der beruflichen Disqualifizierung betroffen.

Die Diskrepanz zwischen den neuen Vorstellungen und der Realität belastet die Frau-Mann-Beziehung erheblich! Ungleiche Machtverhältnisse herrschen vor: Frauen verfügen über psychologische, sogenannte ‹weiche› Macht, binden Mann und Kinder an sich, belohnen oder bestrafen durch Liebe oder durch Liebesentzug. Männer verfügen über ‹harte› materielle Macht; sie belohnen oder bestrafen mit materiellen Gütern oder deren Entzug. Daß ihre Machtquellen über die Familie hinausgreifen, während jene der Frauen an die Familie gebunden sind, spielt bei der Auflösung der Ehe eine bedeutende Rolle!

Männliche – weibliche Sozialisation

Warum reproduziert die Familie immer wieder die alten Vorstellungen, die alten Verhältnisse zwischen Frauen und Männern? Die Sozialwissenschaftlerinnen Chodorow und Gilligan beantworten diese Frage so: In unserer Kultur ist die primäre Bezugsperson für Jungen und Mädchen auch dort, wo die Mutter berufstätig ist, meistens eine Frau. Jungen und Mädchen entwickeln ihre erste Bindung an die Mutter oder eine andere Betreuerin. Sie identifizieren sich mit weiblichen Werten und Ausdrucksformen. Für die Tochter kann die Identifikation mit der Mutter während der ganzen Entwicklung weitergehen. Sie kann sich mit einem gleichgeschlechtlichen Vorbild auseinandersetzen, vermißt aber oft den Zugang zum Vater, was ihr beim Eintritt in die Arbeitswelt nicht selten zum Verhängnis wird und dort die bestehenden Machtverhältnisse zementiert.

Um zum Mann zu werden, muß der Junge sich im Laufe seiner Entwicklung von der Mutter abgrenzen, sie zurückweisen und sich am männlichen Ideal der Autonomie orientieren, d. h. seine emotionalen Antennen einziehen. Beim Übertritt in den Kindergarten und die Schule, wo vorerst weibliche Lehrkräfte dominieren, erfolgt die Abgrenzung vom «Weiblichen» oft noch radikaler, damit der Junge dem männlichen Rollenbild – das ihm von allen Seiten auch außerhalb der Familie vermittelt wird – entspricht. Damit paßt er später nahtlos in die patriarchalischen Machtstrukturen.

Weibliche Haltung heißt in diesem Verständnis: die emotionalen Antennen weit ausfahren, um zu spüren, woher der Wind weht, und um der Erhaltung von harmonischen Beziehungen willen auf das Eigene, auf Autonomie zu verzichten. Männliche Haltung heißt: Autonomie, Abgrenzung und das Eigene zu leben ist wichtiger als Bezogenheit, auch wenn der Preis dafür die Abspaltung von Gefühlen bzw. ihr Delegieren an die Frauen ist. Solange Frauen also die primären Bezugspersonen für Kinder bleiben, werden Männer nach wie vor von den Frauen die gefühlsmäßige und alltagspraktische Versorgung erwarten, und Frauen werden bereit sein, den in der Ursprungsfamilie gelernten Auftrag, das Naturreservat Ehe / Familie intakt zu halten, immer wieder zu erfüllen.

Kein Wunder also, daß bei einer Trennung oder Scheidung das Wegfallen der Ressourcen, die einer beim andern suchte, zu den größten Verletzungen gehört, die lange brauchen, bis sie heilen können. Die emotional abgekapselten, auf die Frauen als Nährende angewiesenen Männer und die emotional überengagierten, auf Männer für Sicherheit und Status bezogenen Frauen reagieren bei und nach einer Scheidung sehr deutlich *unterschiedlich*!

Eine Schweizer Studie zur Frage der Scheidungsfolgen für Frauen, Männer und Kinder zeigte, daß Frauen unmittelbar nach der Trennung und Scheidung meist sehr viel stärker als Männer mit Identitätsverlust, Depression und Existenzängsten ringen. Ihre Anfälligkeit für Krankheit ist mindestens während des ersten Jahres nach der Scheidung wesentlich höher als bei Männern.

Männer kennen die *Panik* vor Verlust der emotionalen Versorgung durch Frau und Kinder vor allem *vor* der eigentlichen Scheidung und stabilisieren sich – vermutlich durch ihre Kontinuität im Beruf und meistens rasche Wiederverheiratung – zuerst besser als die Frauen. Langfristig zeigt sich jedoch eine drastische Umkehr: Frauen scheinen sich besser zu regenerieren (wie übrigens auch die Kinder), was sich an ihrer geringeren Krankheitsanfälligkeit einige Jahre nach der Scheidung zeigt. Männer hingegen zeigen im Schnitt eine ansteigende Rate der Krankheitsanfälligkeit und – im Vergleich zu nicht-geschiedenen Männern – eine deutlich höhere Sterberate. Was in Beratungssituationen an Einzelfällen erfahrbar ist, schlägt sich auch statistisch nieder: Den Preis dafür, daß die weibliche und männliche Sozialisation hinter den neuen Rollenvorstellungen zurückbleibt, zahlen nicht allein die Frauen, sondern ebensosehr, wenn nicht drastischer, auch die Männer. Während Frauen eher über ihre Gefühle offen reden, weinen und schimpfen, scheint die emotionale Verschlossenheit vieler Männer auf die Dauer gegen sie selbst zu wirken.

Tragödie oder Chance zum Neuanfang?

Mit der Frage, was Frauen und Männer durch eine Scheidung verlieren, stellt sich auch die nach den *Chancen.* Zunächst aber erfordert noch ein anderes Problem Berücksichtigung: Was wissen wir über die *Schädlichkeit* der Scheidung für die Kinder, für Frauen und Männer?

Hierzu gibt es inzwischen zahlreiche Untersuchungen, die erwähnte aus der Schweiz, an der ich teilgenommen habe, ist eine davon. Wichtig ist bei allen Studien, nicht nur die Situation unmittelbar während und nach der Scheidung, sondern auf Jahre hinaus einzubeziehen, d.h., Scheidung nicht als einmaliges kritisches Ereignis, sondern als Lebensprozeß zu verstehen.

Fazit: Es gibt *keine* glückliche Scheidung, keine Scheidung ohne

Opfer! Aber eine Momentaufnahme sagt nichts über die längerfristigen Entwicklungsmöglichkeiten der Beteiligten aus. Tiefe Verunsicherung, Identitätsverlust, gehören mindestens im ersten Jahr für alle Betroffenen dazu. Männer «arrangieren» sich, wie erwähnt, oft relativ rascher, haben Struktur durch Arbeit und versuchen, den für sie besonders harten Verlust der Kinder zu kompensieren mit neuen Beziehungen. Der Preis dafür: Unter Männern ist die Rate an Morbidität/Mortalität höher. Bei Frauen und Kindern verläuft der Prozeß meistens schleichender, sie sind länger unglücklich, deprimiert, krankheitsanfällig, holen aber später auf und berichten von wesentlichen Entwicklungsfortschritten.

Abweichendes Verhalten der Kinder ist nach Scheidung besonders oft beobachtbar. Inwieweit es daran liegt, daß die Väter fehlen, die Mütter verwirrt sind und die Kinder an sich binden oder sie vorübergehend vernachlässigen, und inwieweit die Erwartungen der Umwelt damit zu tun haben, ist schwer auszumachen. Unsere Untersuchung zeigte, daß Lehrer und Pfarrer mit Scheidungskindern durchwegs Schwierigkeiten erwarten (sich selbst erfüllende Prophezeiung), und diese nicht selten unterfordern. Die Regression vieler Kinder nach der Scheidung in frühere Lebensphasen ist auch so zu erklären.

Auch in diesem Zusammenhang sollte nicht einfach von ‹Kindern› die Rede sein. Eine amerikanische Studie (Wallerstein/Kelly) zeigt, daß Jungen nach der Scheidung häufig intensiv Kontakt suchen bei männlichen Erwachsenen, fordernd oder manchmal wehleidig, jedoch auf weibliche Bezugspersonen mit Opposition reagieren. Auch Mädchen suchen in erster Linie Kontakt bei Frauen, schließen aber Männer weniger aus. Es scheint, daß Jungen – sofern der geschiedene Vater nicht intensiv mit ihnen in Beziehung bleibt – sich oft weniger durchsetzungsfähig als ihre Kollegen entwickeln. Sie orientieren sich an der weiblichen Norm der Bezogenheit und werden darum nicht selten als «Softies» ausgeschlossen von ihren Mitschülern. Das kann längerfristig dennoch zu einer positiven Entwicklung führen, indem sie Sensibilität und Eigenständigkeit zu vereinbaren lernen. Manchmal jedoch kippt das frühe Ausgestoßenwerden in der Adoleszenz dann in besonders unkontrollierte

Durchsetzungsweisen und Aggressivität. Das bedeutet: Wenn der Kontakt zum Vater oder zu anderen männlichen Bezugspersonen gewährt werden kann, ist das eine wichtige Chance für den Buben. Es kann darum auch von Vorteil für ihn sein, wenn er z. B. in der Adoleszenz zum Vater ziehen kann, sofern er dies wünscht. Mädchen scheinen der erwähnten Studie zufolge weniger anfällig zu sein für Identitätsprobleme, wenn sie allein mit der Mutter leben, zahlen aber den Preis für ihre einseitige weibliche Bezogenheit – falls der Vater sich distanziert – als junge Erwachsene, wobei sie manchmal zu distanzlos oder zu ängstlich sind in der Beziehung zu Männern oder Schwierigkeiten haben in der Sexualität.

Während der Kindheit sind «Mutter-Töchter» insgesamt besser dran als «Mutter-Söhne», was die emotionale Entwicklung betrifft, wenn wie üblich die Mütter das Sorgerecht übernehmen und die Väter am Rande des Kinderalltags leben. In der Pubertät und Adoleszenz zahlen jedoch nicht nur die Buben, sondern oft auch die Mädchen den Preis für dieses Arrangement, indem sie Schwierigkeiten haben, sich von der Mutter abzugrenzen.

Die Anwesenheit von Erwachsenen *beiden* Geschlechts ist demnach für die Kinder von großer Bedeutung. Mir ist es darum sehr wichtig, in der Beratung beide Eltern so zu motivieren, daß – zugunsten der Kinder – auch die geschiedenen Väter intensiv mit ihnen verbunden bleiben.

In der Beratung von Erwachsenen, die als Kinder eine Scheidung erlebten, kommt zum Ausdruck, daß sie überwiegend die Scheidung der Eltern zwar als massiven Schock erlebten, jedoch auch Gefühle von Erleichterung über die Beendigung der täglichen Auseinandersetzungen damit verbunden waren. (Die bereits mehrfach erwähnte Schweizerische Untersuchung bestätigt diesen Eindruck.) Wichtig scheint für alle zu sein, daß die Scheidung der Ehepartner nicht die Scheidung der Familie bedeutete. Alle mir bekannten Studien weisen darauf hin, daß die Existenz und Nutzung eines erweiterten *sozialen Netzes* (Verwandte, Freunde, Nachbarn, Schule) der wichtigste Faktor für die Bewältigung des Scheidungsschocks ist. Dabei muß gesehen werden: Auch hier können Spannungen entstehen, wenn etwa der alleinerziehende Elternteil das Kind überfordert, was Anpassung und Schulleistungen betrifft, die Schule und die übrige Umgebung das Kind als «armes Scheidungskind» aber unterfordern. Der Dialog zwischen Alleinerziehenden und Umwelt, das offene Ansprechen von Unterschieden in den Bedürfnissen ist besonders wichtig.

Entscheidend ist im Prozeß der Auflösung einer Ehe und des Neubeginns als geteilte Familie natürlich die Art, wie die Ex-Partner miteinander umgehen, d. h. ob sie fähig sind, die zerrissene Paarbeziehung von ihrer gemeinsamen, existentiellen Aufgabe als Eltern zu trennen. Dieser Prozeß braucht Zeit und hängt davon ab, ob Rituale des Abschieds und des Neuanfangs möglich sind, wie sie im Gespräch mit anderen Betroffenen (Selbsthilfegruppen) oder auch in einer Scheidungsberatung geführt werden können. Und natürlich spielt auch die Art und Weise, wie der Scheidungsprozeß abläuft, eine entscheidende Rolle, d. h. ob eine Polarisierung und Kampfscheidung entsteht oder aber eine *Übereinkunft* möglich ist und wie die entsprechenden Berater und Anwälte sich verhalten. Ob – auch wenn dies im geltenden Scheidungsrecht verschiedener Länder noch nicht vorgesehen ist – informell ein gemeinsames Sorgerecht vereinbart oder an der Tradition der Kinderzuteilung an die Mutter festgehalten wird, ist weniger vom Inhalt der Lösung als vom Prozeß der Vereinbarung abhängig. Wenn ein Paar eine Beziehung geführt hat, in der laufendes Aushandeln von Spielregeln möglich war, wird auch ein informelles gemeinsames Sorgerecht möglich sein. Untersuchungen aus den USA, wo das gemeinsame Sorgerecht schon längere Zeit gesetzlich verankert ist, zeigen ein eher ernüchterndes Bild: Es scheint, daß jene Paare, die fähig sind, ein gemeinsames Sorgerecht auszuhandeln und positiv zu nutzen, sich meist *nicht* scheiden lassen. Offensichtlich wird die Auseinandersetzung um die Kinder auch durch das gemeinsame Sorgerecht nicht verhindert.

Für die Kinder ist bei der Bewältigung der Scheidungsfolgen wesentlich, wie die Eltern damit umgehen. Ich möchte darum thesenartig die Möglichkeiten skizzieren, die den Erwachsenen zur Verfügung stehen, um die Scheidung nicht zur Katastrophe, sondern zum Neuanfang werden zu lassen:

▷ Der Prozeß der Entflechtung sollte *schrittweise* geschehen können, eventuell in Form einer vorläufigen strukturierten Trennung, mit dem Ziel, auch dem zunächst scheidungsunwilligen Partner Zeit zur Auseinandersetzung innerhalb der Beziehung zu lassen. «Gemeinsame Scheidungsreife» ist die beste Voraussetzung für eine schrittweise Ablösung und einen Neuanfang. Sie kann am ehesten erreicht werden, wenn beide Partner ermutigt werden – z. B. in der Beratung –, einen langen Atem zu behalten, sich Zeit zu nehmen und zu gönnen. Finanziell privilegierte Menschen, die sich diesen «Schwebezustand» über einige Zeit leisten können, ohne endgültige Regelungen zu treffen, sind hier eindeutig im Vorteil.

▷ *Wut und Trauer* über das Trennende sollten nicht sofort weggesteckt (wie Männer das durch Flucht in die Arbeit leicht können), sondern anderen Menschen gegenüber ausgedrückt werden. Das allein durchzustehen grenzt ans Übermenschliche. Was man als Laie, als Freund oder Angehöriger, in dieser Situation tun kann: mit langem Atem und Geduld begleiten, ermutigen, die Dunkelheit so lange zu ertragen, bis sich Konturen im Tunnel zeigen, und zum Beispiel aus eigener Erfahrung erzählen, daß am Tunnelausgang eine neue Landschaft wartet.

▷ Vor allem aber gilt es für jeden Betroffenen, endlich die ‹Zeichen an der Wand›, die *unerledigten Lebensthemen*, zu erkennen. Jetzt kommt es darauf an, ob das Ereignis Scheidung als Katastrophe, Unglücksfall oder als *die* Chance gewertet wird, alte Angelegenheiten zu erledigen, wie z. B. die Ablösung vom Elternhaus, oder bisher dem Partner oder der Partnerin delegierte Seiten selber zu entwickeln und damit auf einer anderen Reifungsstufe weiterzuleben. Auch hier sind die Chancen größer, wenn die finanziellen Probleme, welche sich durch die Auflösung des gemeinsamen Haushaltes ergeben, fair gelöst werden bzw. wenn die Frau mit den Kindern nicht wesentlich absinkt im sozialen Status (wie das häufig der Fall ist) und wenn der Vater nicht zum Alimentenzahler degradiert wird.

Das Loslassen der Paarbeziehung kann nur gelingen, wenn auch das vorläufige Festhalten an den unerledigten Themen und die Auseinandersetzung damit möglich ist. Nur wenn Menschen in kritischen Übergängen bereit sind, sich den eigenen Wurzeln zuzuwenden, können sie auch lernen, die Flügel auszubreiten und sich weiter zu entwickeln. Das *WIR*, das oft zum erstenmal im Leben eines Menschen durch ein *ICH* ersetzt wird, bleibt immer als Sehnsucht vorhanden. Aber das *ICH* birgt in sich neue Wachstumsmöglichkeiten, neue Lebendigkeit und wesentliche Erkenntnisse, die uns davor bewahren können, immer wieder dieselben unglücklichen Beziehungsverhältnisse herzustellen.

Heike Mundzeck

Ohne Tom geht es nicht.
Eine Trennungsgeschichte

Tom zieht sich die Decke über die Ohren. Er will das nicht mehr hören! Mamas Stimmt klingt so schrill, ganz anders als sonst. Und Papa schimpft fast so laut wie damals, als das Meerschweinchen von der Katze gefressen wurde, weil Tom vergessen hatte, es am Abend aus seinem offenen Laufstall im Garten ins Haus zu holen. Tom hat Angst. Warum streiten die Eltern jetzt immer so viel? Und was ist mit diesen Papieren, von denen sie ständig reden? Tom versteht überhaupt nichts mehr. Er hat Heidi gefragt, seine große Schwester, aber die hat ihn nur traurig angesehen und dann mit den Achseln gezuckt. Tom ist sicher, Heidi weiß etwas, aber sie will ihm nichts sagen. Das macht Tom noch mehr angst. Mit den Eltern traut er sich nicht, darüber zu sprechen, sie haben jetzt auch immer so wenig Zeit. Kaum noch sitzen alle so wie früher beim Abendessen zusammen. Papa kommt meistens später – und dann will er nichts mehr essen. Mama hat auch keinen Hunger, sagt sie. Eigentlich kennt Tom das ja von ihr, denn Mama will immer dünner werden. Früher hat Papa seine Witze darüber gemacht. Auch Mama hat dann gelacht, und es war sehr fröhlich zu Hause. Aber jetzt ist Mama schon ganz dünn und sieht ganz blaß dabei aus.

Tom kann nicht einschlafen. Die Eltern streiten immer noch – und nun weint Mama sogar. Tom kann das ganz genau hören, denn er hat die Tür zum Kinderzimmer einen Spalt offen gelassen, und in der Wohung hört man sowieso alles, darüber hat sich Papa schon oft aufgeregt. Tom überlegt, ob er die Tür lieber schließen soll, aber das macht es auch nicht besser.

Eine Weile ist nur das Fernsehen zu verstehen, aber dann fangen sie wieder zu streiten an. Da beschließt Tom, der Sache auf den

Grund zu gehen. Ohne Licht zu machen, steigt er aus dem Bett, zieht seine Hausschuhe an und tastet sich zur Tür. Mit ein paar Schritten steht er vor dem Wohnzimmer.

«Das reicht nicht für mich und die Kinder», sagt Mama gerade ziemlich böse, «da wird sich deine neue Frau wohl einschränken müssen, das hättet ihr euch eben früher überlegen sollen mit dem Kind!» Und Papa antwortet aufgebracht: «Wenn du nicht mit Geld umgehen kannst, gehen Tom und Heidi eben mit mir, dann kannst du ja arbeiten und den Unterhalt für dich selbst verdienen!» «Die Kinder bleiben bei mir, die kriegst du nicht!» schreit Mama jetzt – und Tom vor der Tür hat plötzlich solche Bauchschmerzen, daß er zusammengekrümmt ins Bett zurückschleicht.

Was haben die da gesagt? Er und Heidi sollen mit Papa gehen oder bei Mama bleiben? Wohin denn gehen, sie wohnen doch alle zusammen hier in dieser Wohnung. Und dann weiß Tom mit einemmal, was los ist: Mama und Papa wollen sich trennen! So wie die Eltern von Hans-Martin und auch die von Helga aus seiner Klasse. Tom wird ganz kalt, und die Bauchschmerzen nehmen zu. Leise stöhnt Tom in die Kissen. Scheiden lassen wollen sie sich, auseinandergehen, nie mehr zusammen wohnen, keine Familie mehr sein! Tom hat das Gefühl, er müsse sich übergeben, aber dann atmet er tief ein und aus, und die Übelkeit geht vorüber. Heidi hat es gewußt, denkt Tom, sie wollte es mir nicht sagen, vielleicht weil ich es ihr nicht geglaubt hätte. Aber jetzt muß er mit ihr reden. Das können sie sich nicht gefallen lassen, daß die Eltern so einfach über sie beide bestimmen.

Am nächsten Morgen hat Tom Fieber. Die Bauchschmerzen sind auch noch da. Als Mama kommt, um ihn zu wecken, schaut er sie grimmig an, wehrt ihre Hand ab, die sie auf seine Stirn legen will, weil sie seine fiebrigen Augen und roten Wangen sieht. Besorgt setzt Mama sich an sein Bett, aber Tom zieht die Decke hoch und versteckt sein Gesicht darunter. Auf Mamas Fragen antwortet er nicht.

Dann kommt Papa ins Zimmer, versucht Tom aufzumuntern. Aber der verkriecht sich nur noch mehr. Auch Papa macht sich jetzt Sorgen um Tom, zumal das Fieberthermometer 39,5° zeigt. Die Eltern beraten sich kurz. Jetzt streiten sie überhaupt nicht, sind ganz freundlich zueinander, und alles dreht sich um Tom. Vielleicht, denkt er da, bleiben sie ja zusammen, wenn ich ganz doll krank bin, denn jetzt kümmern sich beide um mich und sehen gar nicht so aus, als hätten sie sich gerade erst um uns gestritten. Und Tom beschließt, richtig krank zu werden. Er seufzt tief und blickt seine Eltern jammervoll an.

Natürlich darf Tom an diesem Tag im Bett bleiben, Mama kommt immer wieder angelaufen mit Saft und Griesbrei, und Papa ruft mittags aus dem Büro an, um zu hören, wie es Tom geht. Über soviel Fürsorge vergißt Tom fast, weswegen er krank geworden ist. Doch als er gerade anfangen will, sich zu langweilen, denn das Fieber ist inzwischen gesunken und Bauchweh hat er auch nicht mehr, da fällt ihm wieder ein, was er gehört hat am Abend zuvor – und er spürt, wie ihm augenblicklich schlecht wird vor Schreck.

Dann kommt Heidi aus der Schule und schaut bei Tom herein. «Du hast es gut», sagt sie, «du bist krank und mußt keine Hausaufgaben machen.» Tom lächelt nur schwach. Sonst hätte er sich ja auch darüber gefreut, aber heute ist ihm überhaupt nicht fröhlich zumute. Und er denkt wieder daran, daß er Heidi danach fragen will, was die Eltern wohl vorhaben und wie es mit ihnen allen dann weitergehen soll. «Mach mal die Tür zu», flüstert Tom ihr deshalb zu. Erstaunt und neugierig folgt Heidi seiner Aufforderung. «Was ist denn los, hast du was ausgefressen?» Tom hat sich im Bett aufgesetzt. Er schüttelt den Kopf. «Nein, nein, es ist bloß… ich weiß nicht… Mama und Papa reden immer so komische Sachen und… und gestern abend haben sie darüber gestritten, ob wir beide bei Mama bleiben oder mit Papa gehen und ob Mama wieder arbeiten soll.» Nun ist es heraus. Tom schüttelt sich, er ist jetzt ganz rot im Gesicht – und Heidi starrt ihn einige Sekunden lang entsetzt an. «Also doch», sagt sie dann ganz leise, mehr zu sich selbst, «dann wollen sie sich also doch scheiden lassen!» Einige Augenblicke lang ist es still im Zimmer.

Dann preßt Tom heraus: «Warum denn, was ist los, und wir, was wird aus uns?» Doch sein hilfesuchender Blick prallt an der großen Schwester ab. Die wendet sich um und sagt schon im Hinausgehen, so als sei Tom noch ein ganz dummes, kleines Kind: «Ach, das verstehst du noch nicht, ich werde mit der Mama reden und dir dann sagen, was sie machen wollen, wenn sie sich wirklich scheiden lassen.»

Tom blickt Heidi nur stumm und fassungslos nach. Als sie die Tür hinter sich geschlossen hat, wirft er sich in die Kissen und beginnt zu heulen, halb aus Wut über seine Schwester, halb aus Kummer über die Eltern. Warum redet denn keiner mit ihm? Er ist doch groß genug, geht schon in die zweite Klasse und kann alle Namen von jedem aus der Familie schreiben, sogar die von Oma und Opa, obwohl die doch so eigenartig klingen. Und er hat Mama auch ganz genau verstanden, als sie ihm erklärt hat, warum Anjas Opa plötzlich gestorben ist und daß sein Körper und seine Seele nun voneinander getrennt sind.

Tom begreift die Erwachsenen manchmal nicht. Da erklären sie ihren Kindern ganz ernsthaft so unwichtige Sachen wie den Unterschied zwischen einem Fischmesser und einem Fleischmesser oder einem Onkel und einem Schwager, aber wenn sie sich scheiden lassen, einfach auseinandergehen, so als seien sie keine Familie mit zwei Kindern, die doch zusammengehört, dann sagen sie nichts und verteilen auch noch die Kinder, ohne sie zu fragen. Tom spürt, wie sein Zorn wächst. Er wälzt sich im Bett hin und her, so wütend wird er. Und dann faßt er einen Entschluß. Er wird die Eltern nicht darüber bestimmen lassen, wo und bei wem er künftig leben soll. Er wird ihnen zeigen, daß er über sich selbst entscheidet.

Leise steht Tom auf. Er holt seinen Wanderrucksack aus der Truhe und beginnt, ihn zu packen. Dabei überlegt er genau, was er brauchen wird: eine lange Hose, einen Pullover, Strümpfe und Wäsche, sein liebstes Feuerwehrauto, einen Schreibstift und Papier, das Sparschwein und zuletzt Teddy Timmi. Dann zieht Tom sich eilig an. Als er Mama auf dem Flur mit Heidi reden hört, springt er schnell wieder ins Bett. Da steckt sie auch schon den Kopf durch die Tür und ruft: «Ich gehe mal eben einkaufen, bin gleich wieder da.» Tom knurrt nur etwas, und schon ist Mama weg.

Nun muß Tom unbemerkt aus dem Haus kommen. Aber das ist gar nicht so schwer, denn Heidi hört sowieso nichts, weil sie wieder ihren Walkman auf den Ohren hat, und sonst ist ja niemand zu

Hause. Auf der Straße angekommen, rennt Tom ein Stück. Erst an der Ecke sieht er sich einmal um, blickt zurück auf das Haus, aber niemand hat ihn beobachtet.

Das wäre erst mal geschafft! Und nun? Bisher hat Tom noch nicht überlegt, wohin er eigentlich gehen will, und so schlägt er zunächst den Weg zum Park ein, den sie sonntags so oft zusammen gegangen sind. Plötzlich fühlt Tom sich unendlich frei. Er wird sich eine Höhle im Wald hinter dem Park bauen und ganz allein darin wohnen, nicht mal Heidi darf hinein, und wenn Mama oder Papa kommen und ihn bitten, doch wieder herauszukommen und bei ihnen zu wohnen, wird er ganz fest «nein» sagen, dann können sie auch nicht darüber bestimmen, bei wem er denn nun wohnen soll. Erst wenn sie ihm versprechen, daß alle zusammenbleiben, Mama und Papa und Heidi und er, dann läßt er vielleicht mit sich reden. Aber das Versprechen müssen sie ihm schriftlich mit Blut aus ihrem rechten Zeigefinger besiegeln. Das hat Tom mal in einer Abenteuerserie im Fernsehen sehr beeindruckt, so daß er jetzt, in diesem wichtigen Moment, wieder daran denken muß.

Im Wald sucht Tom nach einem geeigneten Platz für seine Höhle, aber der ist gar nicht so leicht zu finden. Schließlich wird er müde und setzt sich unter einen Baum. Leider hat er vergessen, etwas zu essen mitzunehmen. Da ist zwar das Sparschwein, aber das kann man nicht essen und zu kaufen gibt es hier mitten im Wald auch nichts. Um sich abzulenken, beginnt Tom, mit seinem liebsten Feuerwehrauto zu spielen. Aber auch das wird ihm schließlich langweilig. Sein Magen knurrt. Er legt sich ins Moos, schiebt den Rucksack unter seinen Kopf, wie er es immer bei Papa sieht, wenn sie zusammen Wanderungen machen, nimmt Teddy Timmi in den Arm und schläft fast sofort ein...

Als er wieder aufwacht, stehen viele Leute mit Taschenlampen und Hunden um ihn herum und reden laut miteinander. Er kann Polizeiuniformen erkennen – und plötzlich ist da auch Papa, der ihn hochzieht und in die Arme nimmt und fest an sich drückt und immer nur sagt: «Tommi, Tommi, was machst du denn bloß, wir haben solche Sorge gehabt um dich!» Und dann kommt Mama und weint und legt ihre Arme um Papa, und Tom und die Leute drumherum sind jetzt ganz still geworden. «Wie in einer Höhle», denkt Tom, als sie so dastehen, und er fühlt sich wohl und geborgen dabei. Mama weint nun auch nicht mehr, sondern streicht Tom nur hin und wieder übers Haar. Keiner sagt etwas. Schließlich setzt Papa Tom wieder ab, nimmt den Rucksack und Teddy Timmi, und dann geht Tom zwischen Mama und Papa durch den dunklen Wald und den Park nach Hause. Dabei hält er beide an den Händen, das hat er schon lange nicht mehr gemacht, weil er doch eigentlich schon viel zu groß dafür ist, aber das ist ihm heute egal.

Auf dem langen Weg zurück reden sie kaum miteinander. Die Eltern fragen und schimpfen auch nicht. Aber Tom spürt, daß sie sehr froh sind, ihn wieder bei sich zu haben. Und seine Angst ist mit einemmal auch nicht mehr so groß. Da ist Mama, und da ist Papa, beide sind an seiner Seite, sie haben ihn gesucht und auch gefunden und gehen mit ihm nun nach Hause. Alles ist gut. Einen Augenblick lang denkt Tom, er habe alles nur geträumt, doch dann sagt Papa und faßt dabei Toms Hand noch fester: «Morgen, wenn du ausgeschlafen hast, werden wir über alles reden, wie große Leute, nicht wahr?» Und Mama fügt hinzu: «Auch wenn du vielleicht nicht alles verstehen wirst, Tom, weißt du doch eines ganz genau: Wir beide haben dich und Heidi sehr lieb, und das wird auch so bleiben.»

Tom blickt von einem zum anderen, er ahnt, daß er etwas hören wird von den Eltern, was er nicht wahrhaben möchte, aber er fühlt auch eine neue Sicherheit: Sie werden gemeinsam damit fertig werden, jetzt wo Mama und Papa ihn, den kleinen Tom, richtig ernstnehmen und nicht so einfach über ihn bestimmen. Aber heute abend will Tom erst mal genießen, daß alles noch so ist wie bisher. Und er zieht statt einer Antwort Mama und Papa noch etwas näher zu sich heran, als sie zusammen das Haus betreten.

Hans-Peter Bernhardt

Trennungs- und Scheidungsberatung – zwei Fallbeispiele

Die traditionelle Vorstellung, daß sich Trennungs- und Scheidungskonflikte ausschließlich mit der Einschaltung der Justiz, d. h. von Anwälten und Familiengerichten, lösen lassen, wird inzwischen immer stärker in Frage gestellt. Entsprechend werden herkömmliche und spezialisierte Beratungsstellen zunehmend als erste Adressen angesteuert, um für die mit Trennung und Scheidung verbundenen emotionalen und lebenspraktischen Schwierigkeiten die Hilfe professioneller Dritter in Anspruch zu nehmen. Mehr als 50 Prozent der Klientel der auf Trennung und Scheidung spezialisierten Familienberatungsstelle, in der ich mitarbeite, kommen auf eigene Initiative, ohne daß ein Überweiser eingeschaltet war. Einzelne Klienten nehmen Anfahrtswege von hundert und mehr Kilometern in Kauf.

Scheidungspaare und -familien sollen für ihre Lebenssituation und die damit verbundenen Krisen Anlaufstellen dort finden, wo sie sie brauchen: in erreichbarer Nähe. Dafür ist es notwendig, daß Ehe- und Familienberatungsstellen ihre Bereitschaft zur Trennungs- und Scheidungsberatung deutlicher als bisher publik machen. Trennung und Scheidung sind keine isolierten Ereignisse, die aus dem Ehe- und Familienzyklus schadlos ausgeklammert werden können.

Zu den verbreiteten Trennungs- und Scheidungsphantasien gehört bekanntlich immer noch die Vorstellung, daß mit der Scheidung der Ehe auch die Familie zu Ende gehe. Ehe- und Familienberatungsstellen haben es in der Vergangenheit weitgehend versäumt, diese Vorstellung öffentlich durch institutionelle Angebote zu korrigieren. Erst das neue KJHG hat gewissermaßen von oben

die Beratung in Trennungs- und Scheidungssituationen gesell-
schaftsfähig gemacht.

Während der Trennungs- und Scheidungsphase sind äußere, materielle und praktische Fragen der häufigste Grund, sich an Beratungsstellen zu wenden. Die damit verbundenen Schwierigkeiten
haben für die Familien einen eigenständigen existentiellen Wert und
eine Eigendynamik. Gesucht werden praktikable und für alle Familienmitglieder annehmbare Lösungen. Mit einer Trennung bzw.
Scheidung sind in der Regel einschneidende Beeinträchtigungen des
sozioökonomischen Status verbunden: Juristen sprechen nicht
grundlos von der Verteilung des Mangels.

Es sind also nicht nur innere Ablösungs- und Trauerprozesse
notwendig, die in der Regel während der Dauer des Trennungsjah-
res und des offiziellen Scheidungsverfahrens ohnehin nicht abgeschlossen werden können. Vielmehr ist gleichzeitig eine Reihe
akuter Entscheidungen zu treffen: Wer bleibt in der Ehewohnung?
Wer zieht aus? Mit wem leben die Kinder zusammen? Wer muß
auf den Alltag mit ihnen verzichten? Wie kann die Betreuung und
Versorgung der Kinder organisiert werden, an denen sich in welchem Umfang beide Eltern beteiligen? Wie können zwei Haushalte
finanziert werden? Wann und wie kann die Mutter eine Berufstätigkeit aufnehmen, um Geld für den Lebensunterhalt hinzuzu-
verdienen? Gemeint ist also der Gesamtkomplex der sogenannten
Scheidungsfolgen. Mediative Ansätze in der Trennungs- und Scheidungsberatung machen diese Fragen ausdrücklich zum Inhalt der
Verhandlungen.

Trennung und Scheidung sind verbreitete, d. h. gewöhnliche Le-
benserfahrungen von Eltern und Kindern, in denen sie in Krisen
geraten können – Krisen freilich, deren Verlauf erschwert und ver-
längert werden kann, wenn er entweder unbedenklich psychologi-
siert oder aber rigoros verrechtlicht wird.

Dennoch sind Ehekrisen und die daraus resultierenden Tren-
nungs- und Scheidungsauseinandersetzungen mit dem Konzept des
«ehelichen Projektionssystems (Paul 1980) am besten zu begreifen. Dieses begriffliche Kürzel ist lediglich die Überschrift für ein
vertrautes Phänomen: die verbreitete Bereitschaft von Scheidungs-

paaren, den enttäuschenden Partner anzuklagen, ihn für die Schwierigkeiten der Ehe und deren Scheitern verantwortlich zu machen. Dabei werden gleichzeitig die eigenen Erwartungen an den Partner und die Partnerschaft als selbstverständlich erlebt und weiterhin aufrechterhalten. Psychologisch besteht die Schwierigkeit, die Andersartigkeit des Partners tolerieren zu können, soweit dieser vom eigenen Wunsch- und Phantasiebild abweicht (vgl. Dicks 1967).

> Das eheliche Projektionssystem
>
> «Zu diesem System, das sich erstmalig während der Ehe bemerkbar macht, gehört, daß man anfängt, die Verantwortung für die eigenen normalen und natürlichen Unzulänglichkeiten in der ehelichen Beziehung abzuschütteln. Man beginnt, im anderen ein bösartiges Wesen zu sehen, dessen Hauptvergnügen und Interesse darin besteht, einen zu verletzen und zu zerstören. Der Partner, der vor der Heirat in liebevoll-bewundernder Weise als Retter oder Held idealisiert wurde, wird nun zum Sündenbock gemacht» (Paul 1980, S. 230).

Bei Trennungen und Scheidungen ist die Wirksamkeit des «ehelichen Projektionssystems» freilich ganz besonders ausgeprägt, wenn nicht gar massiv. Denn für viele Betroffene gehört die einseitig auf den Partner gerichtete Problemsicht beziehungsdynamisch zu den Voraussetzungen ihrer Trennung. Soweit die Person des Partners, seine Eigenschaften und sein Verhalten für die Konflikte verantwortlich gemacht werden können, kann die Trennung von dieser Person tatsächlich als Konfliktlösung phantasiert und mit dieser Erwartung auch praktiziert werden. Das Motto lautet hier: «Weil du so bist, haben wir die Schwierigkeiten, und deshalb trenne ich mich von dir.»

Doch solange diese Problemsicht von den Beteiligten aufgrund intrapsychischer Notwendigkeiten aufrechterhalten werden muß und nicht revidiert werden kann, wird die Paarbeziehung dauerhaften Belastungen ausgesetzt bleiben und die Zerrüttung der Ehe erst wirklich betrieben. Die Wahrnehmung einer eigenen Beteiligung an den Schwierigkeiten wird dabei zugunsten der Ausstoßung des enttäuschenden und abgelehnten Partners vermieden.

Merkmale des ehelichen Projektionssystems

1. Der Partner wird für die Schwierigkeiten verantwortlich gemacht.
2. Vorwürfe, Anklagen, Schuldzuweisungen.
3. Eine eigene Beteiligung an den Schwierigkeiten wird abgelehnt.
4. Selbstbild eines «Opfers».
5. Veränderungen werden vom Partner erwartet.
6. Der Partner ist nicht der «Richtige».
7. Die Beziehung zu ihm/ihr ist ein «Irrtum».
8. Die Phantasie, noch einmal «neu anfangen» zu können.
9. Verbitterung.

Die Fortsetzung des ehelichen Projektionssystems während der Trennung bzw. der Scheidung führt relativ regelmäßig zu einer Spaltung des Paares, in der sich die Partner wechselseitig beschuldigen, ablehnen, hassen oder abwerten. Ohne Lockerung des ‹ehelichen Projektionssystems› ist wahrscheinlich die Ausdehnung des Beziehungskonflikts die Elternschaft des Paares unvermeidlich. Zumeist glaubt in der Folge ein Elternteil, die Kinder vor einem als problematisch, böse, gefährlich oder schädlich erlebten anderen Elternteil schützen zu müssen. Gewöhnlich werfen sich die Partner erzieherische oder charakterliche Mängel vor. Mit dieser Überzeugung geht der Widerstand einher, den Beziehungskonflikt und eine eigene Beteiligung daran wahrzunehmen.

In der Beratung können die folgenden Unterscheidungen eingeführt werden, um die Wirksamkeit des ehelichen Projektionssystems zu lockern:

▶ 1. Die Unterscheidung zwischen intrapsychischen und interpsychischen Konflikten, so daß die Belastungen der Paarbeziehung gemildert, «eigene Anteile» an den Schwierigkeiten gesehen, emotional anerkannt und in der eigenen Person ausgehalten werden können;

▶ 2. die Unterscheidung zwischen Veränderungswünschen und Trennungsabsichten, so daß diese oder bereits gefällte Entschlüsse noch in Frage gestellt werden können und sich die Ehepartner nicht unbedingt gemäß gängiger Konfliktlösungsmuster zur «Flucht aus der Ehe» und zur Scheidung entschließen müssen;

▶ 3. die Unterscheidung zwischen innerer und äußerer Trennung, so daß die Beziehungskonflikte nicht in die Auseinandersetzungen um die Scheidungsfolgen verschoben werden müssen und auch die Scheidung (wie die Ehe) als ein «gemeinsames Unternehmen» verstanden werden kann;

▶ 4. die Unterscheidung zwischen Paarkonflikt und Elternrolle, so daß die Erwachsenen ihre Konflikte als Paar zugunsten ihrer gemeinsamen elterlichen Verantwortung zurückstellen und als Eltern kooperieren können, soweit ihre Kinder und die Situation es erfordern.

Diesen Unterscheidungen liegt eine psychologische Gesetzmäßigkeit zugrunde. Sie besteht in der Regel darin, daß psychische Aufgaben, die ‹hier› nicht gelöst werden konnten, nun ‹dort› wahrgenommen und erlebt werden und auch ‹dort› gelöst werden sollen – gewissermaßen an einem falschen Ort, an den sie aufgrund von Projektions- und Verschiebungsmechanismen verlagert worden sind.

Nach meinen Beobachtungen besteht bei der Mehrzahl der Betroffenen die psychische Schwierigkeit, Veränderungswünsche und Trennungsabsichten innerlich noch ausreichend unterscheiden zu können. Unter den Belastungen einer eskalierten Ehekrise kann diese Unterscheidung anscheinend kaum noch oder gar nicht mehr getroffen werden. Vielmehr werden in einer Art innerer Gleichung Veränderung und Trennung in eins gesetzt. Ich betrachte es deshalb als eine Aufgabe der Trennungs- und Scheidungsberatung, diese Unterscheidung (im Sinne eines Hilfs-Ichs) wieder einzuführen, damit ihre jeweils konkrete Bedeutung für die Klienten geklärt werden kann.

Dennoch ist es selbstverständlich, daß die Verantwortung dafür, ob ein Paar auseinandergeht oder die Ehe fortsetzt, bei den Betroffenen selbst bleibt. Vor allem einseitig festgelegte Positionen von Beratern, die entweder den Schutz der Ehe oder das Recht auf Scheidung betonen, können leicht die konkrete Belastbarkeit der Betroffenen aus dem Auge verlieren und diese überfordern.

Wie die Unterscheidung von Veränderungswünschen und Trennungsabsichten in die Beratungen eingeführt werden kann, hängt von vielen Variablen ab – nicht zuletzt von der Ausbildung und dem persönlichen Stil des Beraters. Ein Beispiel aus meiner Arbeit: Die Klientin lebte seit kurzem von ihrem Mann räumlich getrennt und war mit ihrer Tochter zu ihrer Mutter gezogen. Inzwischen hatte sie eine Beziehung zu einem außerehelichen Partner aufgenommen und war mit der Frage in das Beratungsgespräch gegangen, wie die Trennung ohne Schaden für ihre Tochter vollzogen werden kann. Ich zitiere aus dem Wortprotokoll des Gesprächs:

BERATER: «Was ich verstanden habe, ist, daß Sie sich von den Schwiegereltern vor allem nicht so anerkannt gefühlt haben und die Belastung in der Ehe auch aus diesem Gefühl heraus entstanden ist und Sie sich von Ihrem Mann nicht so unterstützt fühlen, wie Sie sich das gewünscht haben, so daß die Schwiegereltern so viel Einfluß auf Ihre Ehe hatten. Für mich war auch wichtig zu hören, wie wenig Gewicht Sie sich selber gegeben haben. Das ist mir zusätzlich deutlich geworden. Was ich noch nicht ganz verstanden habe, ist, daß Sie sich von Ihrem Mann trennen wollen. Das, was ganz schwierig für Sie gewesen ist, habe ich verstanden, und daß das für Sie anders werden muß, habe ich auch verstanden. Ich kann mir die Belastung für Sie vorstellen. Ich habe noch nicht verstanden, daß Sie sich von ihm trennen müssen.»

KLIENTIN: «Ich sehe es auch selber noch nicht. Also, ich denke da selber noch sehr viel drüber nach. Es ist irgendwie einfach so ein Gefühl gewesen, also, lange Zeit überhaupt nicht bewußt, sondern einfach so ein dumpfes Gefühl des Unwohlseins, an dem ich immer irgendwie rumgearbeitet habe. Und das kam dann immer wieder, und dann ging es mir wieder monatelang gut. Und ich habe aber auch beobachtet, daß es unserem Kind nicht so gut ging. Ich konnte es irgendwie nicht... wir haben uns schon unterhalten, das habe ich ja gesagt, aber irgendwas hat eben nicht gestimmt, aber ich konnte es nicht bestimmen. Und jetzt plötzlich hatte ich das Gefühl, es geht jetzt einfach nicht mehr weiter.»

BERATER: «Das habe ich verstanden. Bis dahin konnte ich Ihnen gut folgen. Ich habe auch verstanden, daß da etwas anders werden muß für Sie an dem Punkt. Aber ich habe noch nicht verstanden, daß Sie sich von Ihrem Mann trennen wollen. Ich möchte diese Unterscheidung machen, weil mir das noch nicht klar geworden ist. Verstehen Sie, was ich anspreche?»

KLIENTIN: (Pause) «Ja, ich glaube, ich verstehe es schon. Aber es ist eigentlich etwas, worüber ich selber noch nachdenke, warum ich eigentlich hierher gekommen bin. Daß ich das eigentlich auch noch nicht so endgültig weiß.»

BERATER: «Also, daß mir da noch etwas bei Ihnen unklar ist, das stimmt einfach auch mit Ihnen selbst überein, daß Ihnen an dieser Stelle auch noch etwas unklar ist.»

KLIENTIN: «Ja, ja.»

BERATER: «Ja, dann stimmt es ja.»

Die Einführung der Unterscheidung zwischen Veränderung und Trennung halte ich (zusammen mit der Einführung des eigenen Anteils, der in dem zitierten Gesprächsausschnitt nur angedeutet wird [sich selbst kein Gewicht geben]) nicht nur in den Fällen für angemessen, in denen die Klienten Trennungsabsichten haben, sondern auch – wie in diesem Fall – dann, wenn bereits Entschlüsse gefaßt und in Form einer räumlichen Distanzierung realisiert worden sind.

Denn solange die Frage der «Scheidungsmotivation» (Kressel & Deutsch 1977) nicht ausreichend beantwortet ist, hat das Versäumnis nach meinen Beobachtungen regelmäßige Folgen: Die ursprüngliche «Ambivalenz» wird sonst in der Psychodynamik des offiziellen Scheidungsverfahrens entschieden. In vielen strittigen Verläufen des Scheidungsprozesses wird von den Beteiligten vor allen Dingen der Nachweis geführt bzw. nachgeholt, daß ihr Entschluß zur Scheidung berechtigt, d. h. «richtig», war. Die Fortsetzung des Schlagabtauschs zwischen den zerstrittenen Parteien kann nicht nur ihre Anwälte und speziell den zuständigen Familienrichter davon überzeugen, daß die Ehe zerrüttet ist und geschieden werden kann, sondern zuallererst auch die Ehepartner selbst.

Zu den hartnäckig aufrechterhaltenen Mythen unter scheidungswilligen Eltern gehört neben der Phantasie, daß nach der Scheidung eine Ein-Eltern-Familie entstehe, auch die Vorstellung, die Kinder vor dem anderen Elternteil schützen zu können. Diese Vorstellung ist zunächst das Ergebnis eines fortgesetzten ehelichen Projektionssystems. Darüber hinaus liegt in dieser Vorstellung die Voraussetzung für problematische, d. h. mißbilligte, sabotierte oder gar unterbrochene Umgangsregelungen, die doch den Zugang des Kindes zum abwesenden Elternteil sichern sollen.

Daher gehört neben der Lockerung des ehelichen Projektionssystems und der Unterscheidung von Veränderungswünschen und Trennungsabsichten die Unterscheidung von Paarkonflikt und Elternrolle zu den elementaren Interventionen in der Trennungs- und Scheidungskonfliktberatung.

Dies möchte ich an Hand eines Beratungsgesprächs belegen. Zunächst die wichtigsten Daten, die mir vor Beginn des Erstgesprächs vorlagen:

Anmelder/in:	Frau A.; 30 Jahre alt; verheiratet seit acht Jahren; getrennt lebend seit einem halben Jahr, teilzeit berufstätig als MTA;
Kinder:	1 Sohn; 7 Jahre alt; lebt bei der Mutter
Überweiser:	Kinderpsychologe;
Anmeldungsgrund:	Frau A. ist nicht einverstanden mit dem Verhalten des Vaters, wenn das Kind bei ihm ist.

Mein Interesse an diesem Fall entzündete sich zunächst an der Konfliktdarstellung durch die Klientin. Daß sie mit dem Verhalten des Vaters nicht einverstanden war, schien mir keine ungewöhnliche, sondern eher eine selbstverständliche Lebenserfahrung zu sein, wenn zwei Menschen in einer Beziehung stehen – unabhängig davon, ob sie zusammen oder getrennt leben, ein Paar oder, wenn sie Kinder haben, Eltern sind. Dennoch hatte die Klientin ausdrücklich dieses Motiv bei ihrer Anmeldung genannt.

Aufgrund der frühen Anmeldung erwarteten wir – eine Hospitantin und ich – noch keinen chronisch bzw. gerichtsnotorisch verhärteten Konflikt. Auch im Gang zum Kinderpsychologen (statt zum Anwalt) glaubten wir eine Ressource für die Beratung erkennen zu können. Vor allem aber schien die Klientin in der persönlichen Formulierung ihres Problems (Ich bin nicht einverstanden mit dem Verhalten des Vaters) die Wahrnehmung und das Erleben eines intra- und interpsychischen Geschehens noch relativ unverstellt zulassen zu können. Wir erwarteten deshalb noch keine irreversiblen Projektionen und auch keine unzugängliche Anklage des Vaters. Auch die Tatsache, daß die Anmelderin nicht nur Mutter, sondern berufstätig war, ließ uns darauf hoffen, ihre Beteiligung an den Schwierigkeiten direkt ansprechen zu können und sie mit dieser Konfrontation nicht extrem zu beunruhigen.

Das anschließende Erstgespräch mit der Klientin nahm folgenden Verlauf: An die Beratungsstelle hatte sie sich gewandt, nachdem sie einen Kinderpsychologen aufgesucht hatte, bei dem das Gespräch jedoch für sie «nicht zufriedenstellend» verlaufen war: «Ich ging da so raus, wie ich vorher reinkam.» Die Klientin blieb deshalb weiterhin um ihren Sohn besorgt und berichtete auch uns relativ detailliert davon, daß und wie ihr Sohn kürzlich «verstört» von einem bei seinem Vater verbrachten Wochenende zurückgekehrt war. Die Verstörung des Kindes hatte sie vor allem daran erkannt, daß sich ihr Sohn bei seiner Rückkehr auffallend distanziert verhalten hatte, wobei es ihr offenbar schwerfiel, die Zurückhaltung des Kindes zu respektieren. Erst am nächsten Morgen zog sie ihr Sohn mit einer Reihe von Beschwerden über den Vater ins Vertrauen, von denen eine, nämlich diese für sie besonders alarmierend war:

KLIENTIN: «Er geht, also mein Mann, mit seiner neuen Freundin – Hermann (der Sohn der Klientin, H. P. B.) ist mit dabei an diesem Wochenende – die gehen zum Essen. Dann sitzen Mann und Frau hier, Kind sitzt gegenüber, und die fangen da das heiße Knutschen an, aber wirklich so, wie man es richtig macht, denn der Hermann hat mir das zu Hause vorgemacht an mir: Ja, so haben sie es gemacht. Und das war dann schon der zweite Fall und die zweite Fr…, also die dritte Frau und der zweite Fall. Und jetzt ist es die vierte Frau und der dritte Fall. Und ich weiß nicht, macht so etwas einem Kind nichts aus, ist es wurscht oder?»

Daraufhin kam es nach Auskunft der Klientin zu einem Telefonat zwischen den Eltern, in dessen Verlauf eine geplante Regelung für die Ferien (von Vater, Sohn und Freundin des Vaters) platzte:

KLIENTIN: «Und ich sagte dann Nein. Und sagte zu ihm auch, ob er das nicht unterlassen könnte, mit seinen wechselhaften Freundinnen immer vorm Hermann rumzuknutschen, weil ihn das einfach stört. Und da meinte er, ich hätte kein Sorgerecht und es geht mich überhaupt nichts an und er macht das schon mit dem Kind selber aus. (…) Und das sehe ich irgendwo nicht ein, daß du dich da nicht mal ein bißchen zusammenreißen kannst. Na ja, das Gespräch war damit beendet.»

Die Verbindung zwischen Mutter und Vater war daraufhin jedenfalls vorläufig unterbrochen. Gleichzeitig wurde auf Initiative der Mutter die Umgangsregelung (genauer: die Ferienregelung) in Frage gestellt. Vorausgegangen war bereits ein telefonischer Kleinkrieg. Auch dafür ein kurzes Beispiel: Anruf des Vaters, um den Sohn früher als sonst abzuholen. Originalton Mutter: «Nein, weil die Besuchszeit fängt um sechs an und nicht mittags um drei.» Wegen des «fehlenden» Sorgerechts hatte die Mutter einen Anwalt eingeschaltet.

KLIENTIN: «Und ich denke mir halt, sind jetzt meine Vorstellungen richtig oder sind sie nicht richtig. Und das, weil ich habe das ja zu entscheiden, geht er jetzt hin oder geht er jetzt nicht hin.»

HOSPITANTIN: «Sie haben nicht das Sorgerecht?»

KLIENTIN: «Ich habe das Sorgerecht mittlerweile beantragt. Im Moment habe ich das noch nicht in der Hand. Aber nächste Woche dann.»

HOSPITANTIN: «Sie sagen aber, Sie haben das zu entscheiden.»

KLIENTIN: «Ja, also dadurch, daß mein Sohn jetzt bei mir wohnt, hat mein Anwalt zu mir gesagt: Sie können jederzeit sagen, der kommt dieses Wochenende nicht. Also, darauf habe ich mich verlassen, also darauf denkt man auch, es ist richtig.»

Tatsächlich hatte sich der Anwalt als Bundesgenosse zur Verfügung gestellt und entsprechende juristische Initiativen in Gang gesetzt. Damit wurde die Sichtweise der Klientin konsolidiert, in der das ‹problematische› Verhalten des Vaters relativ eindeutig als Konfliktherd identifiziert war. Das Selbstbild der ‹sorgenden Mutter› konnte sie weiterhin aufrechterhalten. Die Polarisierung zwischen den Ehepartnern wurde ebenfalls verstärkt und deren Ausdehnung in die Elternschaft des Paares unterstützt.

Im weiteren Verlauf des Erstgesprächs wurde jedoch das Drama der Mutter (und das beider Eltern) zunehmend deutlicher, denn auch die Klientin hatte noch keinen für sie befriedigenden Weg gefunden, Frau-Sein und Mutter-Sein miteinander zu vereinbaren:

KLIENTIN: «Ich meine, ich habe inzwischen auch einen Partner, ja, wir sitzen da, wie wir hier dasitzen. Das haben wir einmal im Spaß gemacht, daß ich den berührt habe. Ich meine, so was muß er mit der Zeit vielleicht auch lernen. Aber das ist heute noch so, daß wir zu Hause, also, wenn er zu Besuch ist, dasitzen, also so ungefähr wie Halbfremde. Wir sprechen zwar und wir lachen zusammen, aber es kommt überhaupt keine Berührung zustande jetzt vor dem Kind.»

BERATER: «Wenn Ihr Sohn...»

KLIENTIN: «Wenn mein Sohn da dabei ist. Weil ich das, ich weiß nicht, ich finde, jetzt muß er erst mal irgendwo die Trennung von den eigenen Eltern verkraften, ehe da noch Dritte und Vierte mit reingezogen werden. Und das ist, was ich mir denke, das mein Mann nicht akzeptiert, und deswegen möchte ich ihn also jetzt erst mal nicht dort hinlassen.»

Die Sorge um ihren Sohn und die Scheu, sich dem Kind gegenüber als eine Frau zu präsentieren, die inzwischen nicht nur eine platonische, sondern (wie der Vater) eine intime Beziehung zu einem Außenpartner eingegangen war, hatten zu einem Konflikt beigetragen, den die Mutter nicht mehr als Schwierigkeit ihrer eigenen Person erleben konnte. Vielmehr trug sie inzwischen diesen Konflikt als Streit um «Erziehungsfragen» mit dem Mann/Vater aus (und dieser offenbar ebenfalls mit ihr). Dabei hatte sie sich darauf spezialisiert, dem Vater Unverantwortlichkeit im Umgang mit dem Kind, Uneinsichtigkeit und insgeheim Promiskuität[1] vorzuwerfen.

Es war offenkundig geworden, daß das Paar trotz räumlicher Trennung emotional einen Beziehungskonflikt in polarisierten Positionen weiterführte. Da der Partner aufgrund der Distanzierung als direktes Gegenüber nicht mehr zur Verfügung stand, wurde der Konflikt nunmehr im Rahmen der Elternschaft des Paares fortgesetzt. In diesem Zusammenspiel hatte die Mutter ‹eine Aufgabe für zwei› übernommen, die als gemeinsame elterliche Verantwortung eigentlich jedem der beiden Eltern zukommen würde, während der Vater offenkundig ebenso einseitig im Protest gegen die damit verbundene Bevormundung steckengeblieben war. Im Verlauf des Beratungsgesprächs waren die Elemente der akuten mütterlichen Konfliktlage soweit deutlich geworden, daß sich auch ein vorläufiges Bild des Konflikts zwischen den Eltern abzeichnete:

1. Eine Mutter macht sich Sorgen um ihr Kind und erlebt dieses als gefährdet;
2. als Problem hat sie dabei das Verhalten des Vaters identifiziert;
3. sie ist darum bemüht, das Kind vor dem als problematisch erlebten Vater zu beschützen;
4. in der Beziehung zu ihrem Kind und dessen Vater, ihrem Mann, kommt sie mit einer persönlichen Schwierigkeit in Berührung;

1 uneingeschränkter Geschl.verkehr mit häufig wechs. Partnern ohne längere Bindg.

5. die Verbindung zu ihrer Person kann sie jedoch nicht herstellen, so daß sie die Wiederbegegnung mit vormals ehelichen bzw. lebensgeschichtlichen Konflikten nicht erkennt;

6. die Abwehr dieser Wahrnehmung beruht auf einer Polarisierung zwischen den Eltern und auf einer Spaltung des Paares;

7. diese Abwehr wird durch «Richtigkeitsvorstellungen» gestützt;

8. in diesem Sinne sucht die Mutter nach einem «parteiischen Objekt», das sie in ihrem Anwalt findet, der dieser Erwartung nachkommt;

9. im Bündnis von Mutter und Anwalt fließt der Konflikt in Initiativen zur Unterbrechung der Umgangsregelung und in einen Antrag auf das Sorgerecht während der Trennungszeit ein.

Offenbar jedoch hatte der Gang zum Anwalt und dessen Intervention nicht zu einer hinreichend befriedigenden Lösung geführt. Der unverarbeitete Konflikt der Klientin nagte weiter als Zweifel an ihren «Richtigkeitsvorstellungen», so daß sie sich – nach dem Intermezzo bei einem Kinderpsychologen – an die Beratungsstelle gewandt hatte:

BERATER: «Und für welche Frage suchen Sie nun hier eine Beratung?»

KLIENTIN: «Eine Beratung suche ich in dem Fall, daß ich mir denke, wie soll das mit so einem Kind weitergehen dann? Weil ich das irgendwo nicht so gut finde, wenn ich halt erziehe oder versuche, das in eine gewisse Bahn zu lenken und das ein bißchen friedlich ablaufen zu lassen, ohne ihn dabei großartig vor Probleme immer zu stellen.»

HOSPITANTIN: «Also, was Sie stört, ist jetzt welcher Teil, um das doch auch noch zu klären?»

KLIENTIN: «Das ist eigentlich das, daß mein Mann mit sämtlichen Frauen rumknutscht und das Kind da zuguckt, ja, und es mittlerweile auch schon die Vierte ist und daß mein Mann da der Ansicht ist, da wird er sich schon dran gewöhnen. Das ist aber nicht meine Ansicht.»

Auf die Einladung der Klientin, Partei zu ergreifen, wollte ich nicht eingehen. Schon in früheren Gesprächsphasen reagierte ich auf dieses Angebot reserviert, indem ich lediglich die Unterschiedlichkeit der elterlichen Auffassungen und Lebensweisen betonte, ohne einer davon zuzustimmen und die andere zu mißbilligen. Weil ich die Polarisierung in der Beziehung der Eltern wahrnehmen konnte, teilte ich das eindeutige Bild vom problematischen Vater nicht. So unternahm ich an dieser Stelle den Versuch, die Aufmerksamkeit der Mutter auf ihre eigene Person und ihr eigenes Verhalten zu lenken:

BERATER: «Ja, wenn das so bleibt von Ihnen her, dann denke ich, wird Ihr Sohn damit auch nicht zurechtkommen.»

KLIENTIN: «Ach so. Also muß ich das praktisch auch machen. Aber ich denk mir immer, dann denkt er sich, jetzt habe ich sie alle beide verloren.»

HOSPITANTIN: «Das ist ein Mißverständnis.» (lacht)

BERATER: «Nein, weil Sie eine wichtige Instanz, die in Ihrem Sohn wachsen könnte, nämlich auf sich aufzupassen in der Beziehung zum Vater, weil Sie ihm die abnehmen.»

KLIENTIN: «Das müssen Sie mir jetzt noch mal sagen. Was nehme ich ihm ab?»

BERATER: «Eine wichtige Instanz in Ihrem Sohn, die in Ihrem Sohn wachsen könnte, wie er auf sich aufpassen will beim Vater, im Umgang mit dem Vater und so, wie der Vater lebt und was der für richtig findet – und da haben Sie unterschiedliche Vorstellungen –, daß Sie ihm diese Instanz, die in Ihrem Sohn ja offenbar noch wachsen muß, da auf sich aufzupassen, was ihm zu viel ist und was nicht, ja, und daß Sie ihm die abnehmen. Und damit bleibt es so. Also, Sie haben die Möglichkeit zu entscheiden, ob Sie es ihm abnehmen oder nicht, ob das Problem bleibt oder nicht.»

KLIENTIN: «Hmhm.»

BERATER: «Und im Augenblick ist es noch so, daß Sie ihm diese innere Distanz, die in ihm wachsen könnte, abnehmen und es für ihn erledigen, so daß das Problem für ihn so bleibt. Haben Sie mich verstanden?»

KLIENTIN: «Hhm. Ja.»

BERATER: «Ja. Also im Augenblick sind Sie auch daran beteiligt, wenn es so bleibt.»

KLIENTIN: «Ja, und jetzt laß ich ihn praktisch dort hingehen, bis er irgendwann selber entscheidet, das will ich nicht, da gehe ich nicht mehr hin, oder er sagt, es ist mir egal.»

BERATER: «Sie können ihm ja trotzdem zur Seite stehen. Aber es ist für mich ein Unterschied, ob Sie ihm zur Seite stehen oder ob Sie für ihn etwas erledigen, was seine Beziehung zum Vater angeht. Und das ist ein entscheidender Unterschied. Und wenn Sie es erledigen, dann sorgen Sie im Grunde genommen von Ihrer Seite dafür, daß es ganz schwierig bleibt für Ihren Sohn und er so überfordert ist, wie Sie ihn erlebt haben. Wird es Ihnen deutlich, wie Sie mitspielen?»

KLIENTIN: «Ja, ich meine, ich nehme ja praktisch, wenn man es von der Seite aus betrachtet, nehme ich meinem Kind die Entscheidung ab und denke für ihn.»

BERATER: «Ja, genau. Da kann dann nichts wachsen.»

Nach einer ersten Irritation hatte mich die Klientin offenbar verstanden. Dennoch konnte sie kein ausreichendes Zutrauen in das von ihr momentan geteilte Verständnis fassen; Zweifel regten sich. Zunächst wurden bei der Vorstellung, ihre Beschützerrolle aufzugeben, noch einmal die Sorgen um ihr Kind virulent.

KLIENTIN: «Aber, ich meine, kann ein Kind mit sieben Jahren irgendwo auch dann sagen: Papa, das mag ich nicht. Ich meine, er liebt ja seinen Vater trotzdem noch, das kann er ja.»

BERATER: «Ja, ich weiß nicht, ob er es sagen kann. Aber Sie sorgen dafür, wenn es so bleibt, daß er es nicht sagen lernen wird. Also, da kann ich Ihnen keine Antwort geben, aber ich kann es Ihnen so sagen: Wenn es so bleibt, sorgen Sie dafür, daß er es nicht lernen wird.»

KLIENTIN: «Und wenn das jetzt, angenommen, es geht jetzt so weiter und er regt sich praktisch bei mir immer wieder da drüber auf, ich mag das nicht...»

BERATER: «Sonst wird es ihm genauso gehen wie Ihnen mit Ihrem Mann. Wenn Sie es ihm abnehmen, wird der genausowenig entschieden zu Ihrem, zu seinem Vater sagen können: Nein, das will ich nicht. Von mir her nicht. Genauso wie es Ihnen gegangen ist mit Ihrem Mann. Sonst wiederholt sich das Ganze. Genau wie es in Ihrer Beziehung war.»

Bisher war der Ehekonflikt der Klientin noch nicht explizit zur Sprache gebracht worden. Deshalb war meine Annahme an dieser Stelle zwar riskant; doch das Risiko war begrenzt: Strittige Umgangsregelungen sind in der Regel eine Fortsetzung des ehelichen Konflikts mit anderen Mitteln (vgl. Bernhard & Riedel 1986). Im Beratungsgespräch hatte jedoch keine aufklärende Verständigung mit der Klientin über diesen Zusammenhang stattgefunden, auch wenn in meinen Augen die Klientin sich in diesem Sinne offenbart hatte. Und tatsächlich keine Überraschung ihrerseits und auch kein Widerspruch. Was nun? Nachdem die Klientin ihr gewohntes Verhalten in Frage gestellt sah, konnte sie auf unsere Anregung hin nach Alternativen suchen, um ihre Verunsicherung zu mildern und die entstandene Lücke in der mütterlichen Sorge zunächst in der Phantasie zu schließen:

HOSPITANTIN: «Was mir ganz wichtig schien, was du vorhin sagtest, das ging vielleicht ein bißchen schnell, du sagtest, daß Sie Ihrem Kind trotzdem zur Seite stehen können.»
BERATER: «Ja, was gäbe es denn von Ihnen her für eine Möglichkeit, von Ihnen her und aus Ihnen heraus für eine Möglichkeit, Ihrem Sohn da zur Seite zu stehen, ohne ihm etwas abzunehmen. Weil es muß ja von Ihnen kommen und aus Ihnen heraus wachsen, denn Sie beide leben zusammen, Ihr Sohn und Sie. Sie müssen ja da einen Weg finden.»
KLIENTIN: «Das ist klar. Aber es ist unheimlich schwer.»
BERATER: «Ja, das glaube ich.»
KLIENTIN: «Es ist auch für mich irgendwie schwer, jetzt hier etwas zu sagen, weil es, ich denke mir, man sollte im Prinzip gar nicht so sehr darauf eingehen auf das Ganze, sondern er braucht

halt vielleicht mehr oder weniger jemanden, dem er das erzählen kann. Und wenn ich dann einen Haufen drauf sage und ‹ich tät› und ‹ich würde› und ‹ich tue›, dann tut er das nämlich. Und das ist irgendwo ein Schmarren, weil dann kommt er wieder nicht selber damit zurecht.»

BERATER: «Also, ich glaube, Sie haben es verstanden.»

Das Beispiel dieses Erstgesprächs sollte illustrieren, wie die Fortsetzung der gemeinsamen Elternschaft in der Beratung einer Mutter wiederhergestellt werden kann. Nach meinen Erfahrungen scheint das vor allem dann möglich zu sein, wenn die Ausdehnung des ehelichen Projektionssystems in die Elternschaft des Paares vom konfrontierenden Dritten zurückgewiesen, die Erwartung, parteiisches Objekt zu sein, enttäuscht und die eigene Beteiligung an den Schwierigkeiten Ressourcen-orientiert (im Sinne der Förderung der elterlichen Verantwortung) und nicht defizitär aufgedeckt wird. Doch natürlich ist auch in diesem konkreten Fall vieles offen geblieben.

Günter Reich

Kinder in Scheidungskonflikten [1]

Die Scheidungszahlen sind hierzulande in den letzten 20 Jahren kontinuierlich gestiegen. Ehescheidungen hat es schon immer gegeben. Es wird sie wahrscheinlich auch immer geben. Zur Zeit allerdings erleben wir einen regelrechten Scheidungsboom. Auf 10 geschlossene Ehen kamen 1986 drei geschiedene. (Ca. jede 3. Ehe wird also geschieden.)

In den USA, deren Entwicklung wir mit zeitlicher Verzögerung auch immer nachvollziehen, sind es bereits 50% aller Erst- und 60% aller Zweitehen. Der Scheidungsgipfel liegt jetzt zwischen dem 3. und 4. Ehejahr, früher im 7. Die «Haltbarkeitsdauer» vieler Ehen hat sich also halbiert.

1986 waren ca. 65 000 Kinder in der BRD von Scheidungen betroffen. Bei Ein-Kind-Familien ist die Scheidungsrate doppelt so hoch wie bei Zwei-Kind-Familien, so daß diesen Kindern oft die Unterstützung durch Geschwister fehlt. 1986 gab es 2,5 Millionen alleinerziehende geschiedene oder getrennt lebende Eltern, in der überwiegenden Mehrzahl Frauen. Die Zahl der alleinerziehenden Väter betrug 200 000. In ca. ⅔ der Fälle werden Scheidungen von Frauen eingereicht. Das heißt nicht, daß die Trennung in jedem Falle von ihnen ausgeht. Wie hoch die Zahl derer ist, die juristisch lediglich das nachvollziehen, was der Mann faktisch schon getan hat, wissen wir nicht. Nicht erfaßt sind hier die getrennt Lebenden, die vorher unverheiratet zusammenlebten und die faktisch getrennt lebenden Paare, die sich eine Scheidung nicht leisten können oder wollen. Sicher ist, daß sich Frauen mit höherer Bildung auch eher scheiden lassen. Dies ist als Folge der größeren materiellen Unabhängigkeit zu sehen, die sie hierdurch erreichen. Der Unabhängigkeitseffekt zumindest gegenüber dem ersten Mann ist allerdings auch durch eine mögliche neue Partnerschaft gegeben, die ebenfalls das Ingangsetzen der juristischen Schritte zur Trennung erleichtert.

Bei jeder Scheidung überlagern sich zwei Bezugssysteme, das juristische und das emotional-familiäre. Genausowenig, wie emotionale Bindungen juristisch eine Voraussetzung für eine zu schließende Ehe sind, beendet die rechtliche Auflösung der Ehe die emotionalen Probleme der Beteiligten. Dies geschieht erst mit der sogenannten *psychischen Scheidung*, einem Prozeß, der in vielen Fällen nie ganz abgeschlossen wird. Auch Jahre nach der Scheidung noch sind viele Partner seelisch mit dem anderen und der gemeinsamen Beziehung beschäftigt. Wenn sie Eltern sind, werden sie es durch das gemeinsame Kind bzw. die gemeinsamen Kinder immer bleiben. In den Kindern lebt der andere sichtbar fort. Die Eltern haben über das Kind mit dem ehemaligen Partner zu tun, auch wenn sie ihn selbst nie wiedersehen. Paare können sich zwar trennen, aber Eltern bleiben immer Eltern. Über die Kinder sind sie stets miteinander verbunden, ob sie dies nun verfluchen oder gutheißen oder ob es ihnen egal ist. Auch für die Kinder bleiben die Eltern immer Eltern und somit für ihre Entwicklung bedeutsam, selbst wenn sie es zunächst nicht wahrnehmen oder wahrhaben wollen. Sogar in sehr zerstrittenen Ehen wollen Kinder *niemals eindeutig* die Trennung ihrer Eltern. Scheidung ist für Kinder selten Befreiung, was diese für die Partner bedeuten mag, sondern der Bruch in einem vertrauten, wenn auch konfliktbeladenen Lebenszusammenhang, dessen schmerzliches Zerreißen. Auch Jahre nach der vollzogenen Scheidung noch bestehen Wünsche nach einer Wiedervereinigung der Eltern. Innerlich akzeptiert wird die Trennung fast nie. Selbst dann, wenn die Kinder bereits junge Erwachsene sind, also im Alter zwischen 16 und 20 Jahren, in dem landläufig ‹Vernunft› und ‹Einsicht› erwartet wird, wollen sie das Zusammenbleiben der Eltern und ein stabiles Elternpaar, das ihren adoleszenten Attacken standhält. Sie fürchten Verlust und Einsamkeit und sind traurig, enttäuscht und wütend über das Verhalten der Eltern, das sie vielfach als Verrat erleben. Eltern blenden diese Sachverhalte, die sowohl durch unsere Forschungen als auch durch die Pionierarbeiten von Judith Wallerstein und ihren Mitarbeiterinnen und Mitarbeitern gut belegt sind (vgl. Wallerstein/Kelly 1980; Wallerstein/Blakeslee 1989), häufig aus, um sich ihrer eigenen Schuldgefühle zu erwehren und sich dem enormen Verantwortungsdruck zu entziehen, der vor allem auf den nun Alleinerziehenden lastet – eine nur zu verständliche Selbstschutzreaktion.

Denn immer noch ist Scheidung mit der *Schuldfrage* verbunden (vgl. Reich 1986). Ob wir es wollen oder nicht, wir sind immer geneigt, dem einen oder dem anderen Partner mehr «Recht» zu geben. Über diese Frage sind nicht nur die beiden Eheleute heftig zerstritten. Verwandte, Freunde und Bekannte machen sich hierüber Gedanken. Es gibt Streitereien und Zerwürfnisse, selbst wenn ihr Verstand ihnen eindeutig sagt, daß es eine ‹Alleinschuld am Scheitern der Ehe› ebensowenig geben kann wie die ‹Alleinschuld an einer gelungenen Partnerschaft›. Natürlich haben die ehemaligen Partner auch nach der Scheidung oft noch ein Leben lang ganz *direkt* und *unmittelbar* miteinander zu tun. Zum Beispiel können sie über den Unterhalt und andere materielle Regelungen bis ins Rentenalter, ja bis zum Ableben des anderen in deren bzw. dessen Leben Einblick nehmen. Scheidung ist also im Sinne der bisherigen Ausführungen, vielleicht etwas zu pessimistisch und überspitzt formuliert, auch heute nur im Tod zu haben, im materiellen Sinne oft, im emotionalen fast immer.

Scheidung löst in diesem Sinne die Familie nicht auf, verändert allerdings drastisch deren Organisations- und Funktionsweise.

Über mögliche Ursachen von Scheidungen ist sehr viel nachgedacht worden. Neben den seelischen Konflikten, denen wir uns im weiteren zuwenden wollen, sind hier vielfältige soziale Veränderungen, denen Ehe und Familie überhaupt ausgesetzt sind, zu nennen:

▷ die Familie ist nicht mehr Garantin des materiellen Überlebens ihrer Mitglieder, was sie vor ca. 100 Jahren noch war;

▷ viele Funktionen der Familie sind auf öffentliche Einrichtungen übertragen worden;

▷ die traditionellen gemeinschaftlichen und auch religiösen Bin-

dungen und damit auch die Vorstellungen von Ehe und Familie
haben sich verändert;

▷ die traditionelle Familie hat vielfältige Konkurrenz bekommen,
unverheiratet Zusammenlebende ohne und mit Kindern,
Alleinerziehende und Singles z. B., so daß wir nicht mehr um-
standslos in vorformulierte Lebensläufe einsteigen können; wir
haben mehr Wahlmöglichkeiten als unsere Eltern und Großeltern, auch wenn es nach wie vor bzw. wieder einen rechtlichen
Druck in Richtung Ehe gibt. Wir müssen uns entscheiden und
dies auch noch begründen können – vor uns selbst und unserer
Umwelt;

▷ die Rollendefinitionen für Mann und Frau haben sich insbesondere in den letzten 30 Jahren drastisch verändert, wobei die Realität oft hinter den Erwartungen zurückbleibt. Männer wie
Frauen haben es schwer, mit den Forderungen nach Gleichbe-
rechtigung und Partnerschaftlichkeit zurechtzukommen, wissen
oft kaum zu definieren, was sie eigentlich erwarten;

▷ unsere Vorstellungen von Partnerschaft, Ehe und Familie haben
sich drastisch gewandelt; vielfach wird die Erfüllung aller im Leben sonst unbefriedigten Bedürfnisse in diesen Beziehungen erwartet, die hiermit hoffnungslos überfrachtet sind. Mit der Vielzahl der Ansprüche an die «ideale Partnerschaft» oder das
«ideale harmonische Familienleben», das wir alle ja strengge-
nommen nur in der Fernsehreklame vorfinden, wachsen natürlich auch die Möglichkeiten, enttäuscht zu werden. Dabei
herrscht faktisch in vielen Ehen ein erschreckender Kommunika-
tionsmangel. Einer Langzeitstudie der Universität Kiel an über
5000 Ehepaaren zufolge reden nach 6 Ehejahren die Partner im
Durchschnitt nur noch 9 Minuten täglich miteinander. Die Partner hocken aufeinander und schweigen sich über das, was sie
bewegt, aus (vgl. Vogel 1987).

Scheidung als Familienkrise –
Krise der Paarbeziehung

Scheidung als Familienkrise ist in ihrem Kern eine Krise in der Beziehung der Ehepartner, der Paarbeziehung. Wer die Scheidung verstehen will, muß die Ehebeziehung verstehen, wenigstens etwas, denn sonst kann die seelische Scheidung nicht vollzogen werden. Diese sollte vollzogen werden, damit der «Ehekrieg» nicht nach der formalen Scheidung noch mit anderen Mitteln fortgeführt wird, wodurch insbesondere die Kinder einer nachhaltig beeinträchtigenden Dauerbelastung ausgesetzt sind. Scheidung ist kein einmaliger Akt, sondern ein Prozeß. Ihr gehen in der Regel eine Vielzahl von Enttäuschungen, Kränkungen, Wut und Auseinandersetzungen zwischen den Partnern voraus. In diese Konflikte werden die Kinder in aller Regel vielfach miteinbezogen, als Bündnispartner, als Tröster, als Vertraute eines Elternteils gegen den anderen, als freiwillige und unfreiwillige Zeugen, Richter und Schlichter in einer Auseinandersetzung, deren Kern sie oft genausowenig verstehen wie die beteiligten Erwachsenen. Denn in aller Regel entzünden sich eheliche Streitigkeiten an Nebenschauplätzen, während die eigentlichen Konflikte und Enttäuschungen unausgesprochen bleiben, ja, für die Beteiligten selbst gar nicht faßbar sind.

Exkurs: Die tieferen Ehekonflikte

Einen wesentlichen Schlüssel zum Verständnis vieler tiefgreifender Paarkonflikte und Ehekrisen bietet zunächst eine Betrachtung der Partnerwahl. Die Wahl eines Dauerpartners ist kein Zufall, sondern lebensgeschichtlich determiniert. Der französische Psychoanalytiker und Paartherapeut Lemaire hat einmal formuliert, daß «die für ein Subjekt am meisten charakteristischen ‹Symptome› in der Wahl seiner Liebesobjekte bestehen, am allermeisten in der Wahl seines Ehepartners». Aus familiendynamischer Sicht ist zu ergänzen: sie ist nicht nur ein ‹Symptom› der Person, sondern des ganzen Familiensystems, dem es angehört. Aus dieser Sicht habe ich die Etablierung einer dauerhaften Paarbeziehung als widersprüchlichen Individuationsversuch beider Beteiligter analysiert (vgl. Reich 1988a). Damit ist folgender regelhaft zu beobachtender Sachverhalt angesprochen: Partner wollen zum einen miteinander in ihren Herkunftsfamilien erfahrene Beziehungsmuster verändern, dort unbewältigt gebliebene Konflikte lösen, deren Defizite ausgleichen. Neben dieser Tendenz zur Veränderung, die in der Regel als die bewußtseinsnähere erscheint, kommt gleichzeitig, hinter dem Rücken der Beteiligten, eine Tendenz zur Fortsetzung des Bisherigen zum Tragen, zur Reinszenierung des Vertrauten (König und Kreische 1985, Kreische 1990). Jede Partnerwahl ist demnach in wesentlichen Bereichen ambivalent. Bei Paaren mit tiefgreifenden, langwierigen Beziehungskonflikten scheint die Ambivalenz jedoch zu überwiegen und nicht zur Weiterentwicklung genutzt werden zu können.

Eheknoflikte sind häufig mit den Erwartungen verbunden, die beide Partner an die gemeinsame Beziehung knüpften. Es finden sich in aller Regel Paare, die in ihren Herkunftsfamilien in wichtigen Bereichen ähnliche Beziehungserfahrungen gemacht, ähnliche Konflikte kennengelernt haben, wobei die Verarbeitungsweisen durchaus differieren und die Familien daher auf den ersten Blick als völlig unterschiedlich erscheinen können. Die tieferliegenden Ähnlichkeiten, die Übereinstimmung in den ‹inneren Welten› machen es möglich, daß Partner sich miteinander rasch vertraut fühlen, oftmals das Gefühl entwickeln, sich ‹schon lange zu kennen›. Sie klinken sich also gleichsam in das – verinnerlichte – Familiensystem ein, und obwohl sie sich anfänglich häufig nichts von ihren Ursprungsfamilien erzählen, sondern anderes zu bereden und zu tun haben, erstaunt es immer wieder, wie aufgrund unbewußter und vorbewußter Wahrnehmungsprozesse unter den vorhandenen Möglichkeiten gerade die bzw. der ‹Passende› ausgesucht wird (vgl. auch Reich 1987). Bei genauerer Untersuchung der Schilderungen des ersten Kennenlernens lassen sich hier bereits viele der späteren Konfliktelemente erkennen.

Entscheidend nun für die Etablierung von Paarbeziehungen ist aus unserer familiendynamischen Sicht die adoleszente Individuation. Die Adoleszenz stellt aus psychoanalytischer Sicht die «zweite

Chance» (Eissler 1966) im Leben eines Individuums dar, mit den bislang unbewältigten Kindheitskonflikten fertig zu werden. In dieser Zeit wird von kindlichen Wünschen nach Geborgenheit durch die Eltern und von diesen als den «ersten Liebesobjekten» Abschied genommen; es wird eine neue, eigenständige Wertorientierung und ein eigener Lebensstil gesucht.

Je weniger Möglichkeiten nun die Ursprungsfamilien boten, die hier «fälligen» Konflikte auszufechten, die hier notwendigen Ablösungsschritte zu vollziehen, desto stärker werden diese «Aufgaben» an den Partner, an die gemeinsame Beziehung, an eventuell geplante, gezeugte oder bereits geborene Kinder oder auch an die Schwiegerfamilien «delegiert». Die Paarbeziehung wird so zur «dritten Chance»: sie soll die räumliche Trennung vom Elternhaus möglich machen, aus familiären Machtstrukturen befreien, sexuelle Konflikte überwinden helfen, aus familiären Wertstrukturen und Idealanforderungen befreien, einen eigenen Lebensstil verwirklichen helfen. Die Erwartungshypothek, die auf vielen Partnerschaften lastet, ist oft erheblich. Zu Konflikten kommt es, wenn die mit der Partnerwahl verbundenen Hoffnungen und Wünsche an die gemeinsame Beziehung sich nicht erfüllen.

Alle Partner verkennen hier wechselseitig mehr oder weniger stark ihre Möglichkeiten. Gemessen an den schönen Erwartungen des Anfangs ist fast jede Ehe gescheitert. Krisen in der Beziehung ermöglichen allerdings auch, unser bisheriges Weltbild zu überprüfen und zu modifizieren. Mit veränderten Erwartungen läßt es sich dann vielleicht besser leben. Manche Partner tun dann das, was sie bisher im Grunde immer vom anderen erwarteten, nun selbst, führen die längst fällige Auseinandersetzung mit ihren Eltern, bilden sich beruflich weiter oder bauen sich einen Bekanntenkreis auf, reden mit dem anderen über Wünsche und Enttäuschungen und sind nicht mehr *so* tief gekränkt, wenn dieser sie uns wieder nicht von den Augen abgelesen hat.

Kritisch wird es, wenn an den alten Wünschen trotz anderer Erfahrungen unverändert festgehalten wird, keine Veränderungen vollzogen werden. Dann sind wir vom anderen enttäuscht wie früher von unseren Eltern, oft ohne genau zu merken, worunter wir leiden. Nicht selten fällt die Trennung vom Partner leichter als die Auseinandersetzung mit unseren Erwartungen.

Konflikte gibt es aufgrund der beschriebenen Ambivalenz vielfach auch, wenn Partner sich zu sehr von dem unterscheiden, was uns aus unseren Herkunftsfamilien vertraut ist. Wir sehnen uns zwar oft nach Veränderung, doch kaum ist sie da, vermissen wir das Vertraute. So ist oft zu beobachten, daß Partner, die z. B. miteinander der Enge des Elternhauses entkommen wollten, sich in der gemeinsamen Beziehung selbst so einengend und engstirnig verhalten, wie sie es vorher immer kritisierten. Wir wiederholen zudem auch immer Aspekte der Ehen unserer Eltern in unseren Paarbeziehungen. Diese sind sozusagen unser innerer Prototyp, der trotz aller bewußten Kritik das am tiefsten in uns verankerte Modell für Partnerschaft bleibt.

Bei tiefgehenden Ehekrisen haben sich die Partner oft innerlich und vielfach auch äußerlich nicht von ihren Herkunftsfamilien abgelöst, sind mehr mit diesen als mit dem Partner «verheiratet» geblieben.

Einmischungen der jeweiligen Eltern in die Lebensführung und die Kindererziehung des Paares verhindern dann, daß dieses wirklich zueinander findet und einen eigenen, unabhängigen Lebensstil entwickeln kann. Die Bildung einer neuen, abgegrenzten Familie gegenüber den Herkunftsfamilien ist häufig der schwerste Entwicklungsschritt für beide Partner, weil der ‹Loyalitätstransfer› von der Herkunftsfamilie auf Partner und Kinder nicht gelungen ist.

Die genannten Faktoren summieren und multiplizieren sich im Laufe der Zeit in den vielen Enttäuschungen und Kränkungen, die die Partner miteinander erleben. In einer ganzen Reihe von Fällen ist es so, daß die Partner sich im Grunde gar nicht trennen oder scheiden lassen wollen. Der Gedanke an Trennung ist hier eher ein Ausdruck von Hilflosigkeit gegenüber den sich eskalierenden, die beiden Partner wie die Kinder bedrückenden Konflikten. In solchen Situationen hätten Gespräche oder eine Beratung, die nicht immer viele Stunden umfassen muß, eventuell geholfen, zu formulieren und zu klären, was nun auf der juristischen Ebene ausgefochten wird. Viele Menschen schämen sich, hier Hilfen in Anspruch zu nehmen, obwohl diese ihnen seelisch und materiell mehr Belastungen ersparen könnten, als es die Scheidung tut. Oft ist auch unbekannt, daß Ehekonflikte in aller Regel etwas mit seelischen Konflikten zu tun haben, also mit der eigenen Lebensgeschichte. Im Prozeß der Scheidung unterscheiden wir in der Regel zwischen drei Phasen:

- der *Ambivalenzphase*, in der beide Partner eine Scheidung erwägen, aber noch unentschlossen sind;
- der *Scheidungsphase*, in der mindestens einer zur Trennung entschlossen ist und juristische Schritte einleitet, und
- der *Nachscheidungsphase*, in der die juristische Scheidung abgeschlossen und die Neuorientierung für alle Familienmitglieder eingeleitet ist.

Die Ambivalenzphase

In dieser Phase befinden sich die Paare oft in einer zermürbenden, insbesondere die Kinder quälenden Unentschlossenheit hinsichtlich einer Trennung, die bisweilen einmal oder auch mehrfach erprobt wird. Die Atmosphäre ist gekennzeichnet durch heftige Auseinandersetzungen, schweigend-drückenden Rückzug, Mißtrauen, Angst vor dem Skandal, vor Einsamkeit und vor der Zukunft. Dem gehen mehr oder weniger intensive und deutliche Versuche des Paares voraus, zu signalisieren, daß etwas verändert werden müßte, die Beziehungsprobleme anzusprechen oder sie zu lösen. Während der Ehekrise regredieren nahezu alle Partner. Sie werden in gewisser Weise selbst zu fordernden und anklagenden Kindern, so daß sie die Bedürfnisse der eigenen Kinder nach Trost und Sicherheit trotz aller guten Absichten oftmals nicht wahrzunehmen in der Lage sind. Manche Paar zeugen sogar ein (weiteres) Kind, um den Zusammenhalt zu sichern. Die Kinder befinden sich in einer Situation permanenter Verunsicherung, in der sie oft selbst herausfinden müssen, was geschieht, weil ihnen niemand erklärt, was die gegenseitigen Vorwürfe, die sich wiederholenden Streitereien, das Weinen der Mutter oder das auswärtige Übernachten des Vaters bedeuten.

Häufig werden die Kinder bereits in dieser Phase zu Verbündeten der Eltern gemacht oder stellen sich, ihrem Bedürfnis nach Gerechtigkeit folgend, auf die Seite des ihnen schwächer erscheinenden Teils. Sie entwickeln Schlafstörungen, damit sie im Bett der Mutter übernachten dürfen, weil sie fürchten, daß diese vom Vater angebrüllt oder angegriffen wird. Sie stellen sich dazwischen, wenn die beiden sich streiten, oder klammern sich an die Gehende bzw. den Gehenden. Hier wie in den folgenden Phasen können Kinder sich an dem Zerwürfnis der Eltern schuldig fühlen. Oft sind die Kinder der äußere Anlaß für Streitereien. Manchmal waren sie sogar der «Heiratsgrund».

«Meine Eltern streiten sich nur über mich», stellte z. B. ein acht Jahre alter Junge fest.

«Meine Mutter sagt, sie hätte nur meinetwegen geheiratet. Wenn ich nicht wäre, wäre es zu dem Ganzen hier nicht gekommen», formulierte eine Zehnjährige. Wir fanden Schuldgefühle von Kindern in allen Altersstufen und nicht nur, wie von Wallerstein und Kelly (1980) betont, hauptsächlich im dritten bis fünften Lebensjahr. Nicht selten werden sie auch von einem oder beiden Elternteilen zu Verbündeten, Tröstern, Ersatzpartnern, Richtern oder Schlichtern gemacht, womit sie hoffnungslos überfordert sind. Bereits in dieser Phase können, wie schon angedeutet, Kinder heftige Symptome entwickeln, die als Bemühen zur Wiederherstellung des alten familiären Gleichgewichts, der Ehebeziehung der Eltern sowie dem Fertigwerden mit eigenen Gefühlen der Angst vor dem Verlassenwerden oder auch der Ohnmacht gegenüber den ablaufenden, von ihnen unverstandenen Ereignissen anzusehen sind.

Die Bereitschaft, sich mit den Ehekonflikten in Therapie oder Beratung auseinanderzusetzen, ist bei den meisten Paaren in dieser Phase am größten, da viele doch noch herausfinden möchten, ob die Beziehung, wenn auch auf veränderter Basis wieder oder noch lebbar ist. Andere nehmen in dieser Phase Beratung oder Therapie im Grunde nur noch in Anspruch, um eine letzte Bestätigung für ihren noch nicht ganz sicheren Trennungsentschluß zu bekommen. Im Vordergrund der Beratungsarbeit steht hier zunächst, mit der Familie ein tragbares Arrangement für die Kinder zu finden, soweit es geht sicherzustellen, daß diese regelmäßig versorgt sind, was in manchen Fällen leider keine Selbstverständlichkeit ist. Es sind z. B. Pläne zu erarbeiten, wann sich welcher Elternteil um die Kinder kümmert etc. Dem folgt der Blick auf den Konflikt des Paares. Dabei wird versucht, auch die biographischen Aspekte zu erarbeiten. Dort, wo die Ablösung von der Herkunftsfamilie noch nicht vollzogen scheint, wird auch die Großelterngeneration in die Behandlung einbezogen. (Dies wird weiter unten noch genauer beschrieben werden; vgl. hierzu auch Reich 1988, Reich u. Massing 1991; Sperling et al. 1982.) Nach der Bearbeitung der Paarkonflikte werden dann mit den Partnern Möglichkeiten des Weiterlebens oder der Trennung erörtert. In der Schlußphase, wenn es nach einer Entscheidung um die konkreten Durchführungsmöglichkeiten geht, werden die Kinder wieder in die Behandlung miteinbezogen, wobei die Eltern ihnen zunächst den jeweiligen Entschluß altersadäquat erläutern.

Zeigen die Kinder hartnäckige Symptome oder eine tiefgreifende Verstörung, sollte parallel oder im Anschluß an die Familientherapie auch Kinderpsychotherapie vorgeschlagen werden.

Die Scheidungsphase

Diese beginnt, wenn mindestens einer der Partner sich zur Scheidung entschlossen hat und einen Anwalt einschaltet. Die gesellschaftliche Fassade ist zusammengebrochen.

Der Entschluß zur Scheidung ist wie der zur Ehe immer auch ambivalent. Ist er allerdings einmal gefaßt, müssen alle Zweifel in der eigenen Person ausgeräumt werden. Wer handeln will und dabei hohe Kosten eingeht, eventuell auch mit Schuldgefühlen zu kämpfen hat, kann Zweifel nicht gebrauchen. Eigene Mitbeteiligung am Scheitern der Beziehung wird dann oft abgelehnt. Der Partner wird zum Schuldigen und Sündenbock. Die Einschaltung der Justiz kann die Konflikte u. U. anheizen. In der Beziehung richten sich «alle Anstrengungen auf die Zerstörung dessen, was man einstmals sorgsam aufgebaut hatte» (Framo 1980, S. 212). «Im Bemühen, sich selbst die Richtigkeit des Entschlusses zu beweisen und zugleich ein Gefühl eigener Loslösung vom (gemeinsamen d. V.) Ich zu entwickeln, sind langsame Teilselbstzerstörungen i. S. des Spruches: Wenn dich dein Arm ärgert, so schlage ihn ab, vonnöten» (Framo 1980, S. 209).

Auch für die Kinder hat sich die Atmosphäre in der Scheidungsphase qualitativ verändert. In ihrem «Kampf ums Überleben» übersehen nun auch besorgte Eltern, daß die Kinder leiden, ja daß ihr eigenes Verhalten überhaupt Auswirkungen auf die Kinder hat. Diese bemerken, daß die Auseinandersetzungen auch um sie gehen, um das Sorgerecht, die Unterhaltszahlungen, die Umgangsregelungen. Immerhin sind ca. 15 % der Sorgerechtsregelungen vor Gericht strittig. Welche unterschwelligen Auseinandersetzungen um die Kinder in juristisch unstrittigen Fällen geführt werden, weiß niemand genau.

Die Kinder leben jetzt allein mit einem Elternteil oder wandern hin und her und können nicht sicher sein, daß der jetzige Zustand der Endgültige ist. Vielfach werden sie zum Streitobjekt oder zum Machtmittel, mit dem sich einer oder beide Partner gute Startbedingungen für die juristische Auseinandersetzung sichern wollen. Das gemeinsame Kind ist hier wie auch in den anderen Phasen der Auseinandersetzung das, worüber man den anderen am nachhaltigsten treffen kann. In extremen Fällen kommt es hier ja auch zum «Kindesraub».

Mit dem Zerbrechen der bisherigen Familieneinheit vertieft sich die Unsicherheit der Kinder. Sie fühlen sich oft allein, überflüssig und verloren. Ihre Anstrengungen zur Erhaltung der Familie sind gescheitert. In dieser Phase auftretende Symptome wie Bedrücktheit, Rückzug, Konzentrationsschwierigkeiten, Interesselosigkeit oder Einnässen sind oft Ausdruck des Verlustes und der eigenen Resignation. Hierzu ein Fallbeispiel:

Der fünfjährige Robert mag nicht mehr in den Kindergarten gehen. Er findet es dort «langweilig», «blöd». Mit anderen Kindern spielt er nicht, schlägt und stört diese aber oft, wenn sie zusammen spielen. Nachher weint er, weil es ihm leid tut. Nachts und manchmal auch im Kindergarten näßt er ein. Von Angstträumen von einem in sein Zimmer eindringenden großen Tier, einem

Krokodil, oder einer Hexe aufgeschreckt, ruft er häufig nach der Mutter, kriecht zu ihr ins Bett.

Robert ist das einzige Kind einer Versicherungsangestellten, Claudia M., 30 Jahre alt, und eines Gymnasiallehrers, Klaus M., 32 Jahre alt. Der Vater ist vor drei Monaten ausgezogen, lebt jetzt allein in einer Zweizimmerwohnung. Die Scheidung wird von beiden angestrebt. Strittig sind insbesondere das Sorgerecht für Robert und eine Reihe materieller Fragen. Vorausgegangen waren gut zwei Jahre andauernde Streitigkeiten zwischen den Eltern. Letzter Auslöser der Trennung war die Tatsache, daß Klaus M. sich mit einer Arbeitskollegin befreundete.

Frau M. meldet zunächst Robert und sich zur Behandlung an. Da sie bereits beim Anruf mitteilt, daß es heftige Streitigkeiten mit Herrn M. um Besuchszeiten, Ferien- und Feiertagsregelung und das Bringen und Abholen gibt, daß eine Einigung über das Sorgerecht noch ausstehe, bitten wir sie zu überlegen, ob sie ihren Ehemann nicht gleich zu dem Gespräch dazuholen wolle. Da sie sich nicht traut, bei ihm anzurufen, weil sie eine Beschimpfung fürchtet, es andererseits aber ebenfalls als sinnvoll ansieht, doch noch zu versuchen, die strittigen Dinge zu besprechen, willigt sie darin ein, daß wir ihren Mann zu dem ersten Gespräch einladen.

Wir legen hierauf großen Wert, um in derart prekären Situationen nicht den Eindruck eines «Platzvorteils» bei einem der Partner entstehen zu lassen. Dies ist natürlich nicht immer zu realisieren.

Im ersten Gespräch wirken beide noch verheirateten Partner äußerst angespannt. Während Herr M. betont, daß an den Schwierigkeiten von Robert, der recht ruhig in der Spiel-Ecke malt, insbesondere die ängstliche Art seiner Frau und ihr «Anklammern» schuld sei, das ihn schon lange gestört habe, kritisiert Frau M. den aufbrausenden Ton ihres Mannes, der nicht nur sie, sondern auch den Jungen ängstige. Wir unterbrechen alsbald die nun folgende Flut von Anklagen, indem wir feststellen, daß eine Trennung ja für alle Beteiligten schmerzlich sei und daß eine sehr verständliche Reaktion, hiermit umzugehen, der Zorn auf den anderen sei. Zudem haben wir den Eindruck, daß beide sehr besorgt um Robert sind, was sich ja auch darin ausdrückt, daß beide zum ersten Gespräch erscheinen. Im weiteren wird tatsächlich sehr deutlich, daß beide Elternteile trotz unterschiedlicher Akzente in der Erziehung sehr engagiert waren und sind. Beide haben seit dem 1. Geburtstag ihres Sohnes die halbe Stundenzahl gearbeitet, um sich um ihn kümmern zu können. Herr M. allerdings plant für sich einen Stellenwechsel, während Frau M. ihre Stelle wie auch die gemeinsame Wohnung behalten möchte. So schlagen wir den Eltern am Ende des zweiten Gespräches vor, Robert für die Dauer der Beratung (12 Sitzungen) weiterhin bei der Mutter in seiner gewohnten Umgebung wohnen zu lassen, und vereinbaren mit beiden feste Besuchstermine beim Vater und den Modus des Abholens und Bringens, um für Robert erst einmal eine Sicherheit zu schaffen. Beide stimmen zu, Herr M. eher widerwillig.

Die folgenden vier Sitzungen finden mit dem Paar allein statt. Hier geht es zunächst um die Konflikte, die aus der Sicht jedes einzelnen zur Ehekrise und zur Trennung führten, und dann um das Kennenlernen des Paares vor dem Hintergrund der jeweiligen Biographie.

Claudia M. hatte nach ihrer Ausbildung als Sachbearbeiterin bei einer Versicherung eine Anstellung in einer größeren Stadt gefunden.

Sie war froh, endlich einen Grund zu haben, dem «Kleinstadtmief» ihres Heimatortes und ihrem einengenden Elternhaus den Rücken kehren und etwas «mehr vom Leben mitbekommen» zu können. Beide Eltern waren sehr darauf bedacht, in der Umgebung einen «guten Eindruck» zu hinterlassen, legten Wert auf Ordnung, Sauberkeit, ein gepflegtes Äußeres. Zudem waren sie stolz auf den materiellen Wohlstand, zu dem sie es durch den Fleiß des Vaters, der einen Supermarkt leitete, gebracht hatten.

Dabei stritten sich die Eltern häufig hinter verschlossenen Türen, und der Vater konnte auch gegenüber den Kindern jähzornig und tyrannisch werden. Die nachgiebige Mutter beklagte sich dann bei Frau M. über ihren Mann und versuchte, bei ihr Trost zu finden. «Ich war dafür zuständig, daß es ihr gut geht.»

An ihrem späteren Mann, Klaus M., den sie in einem Jazz-Lokal kennenlernte, schätzte sie vor allem die «fröhliche, offene Art». «Er war lustig, spielte gut Gitarre, konnte gut reden, gut argumentieren. Er konnte mir stundenlang zuhören, war geduldig, es gab keinen Streit, ein Bilderbuchmann. Außerdem war er Student, in vielem nicht so engstirnig und kleinkariert wie die Männer, die ich vorher kennengelernt hatte. Er nahm die Dinge nicht so genau, war nicht so etabliert.»

Frau M. erschien ihrem späteren Mann «warm und liebevoll», sie war nicht so «kompliziert» wie viele seiner Kommilitoninnen, einfach und klar, stand «fest aus dem Boden der Realität», war «eher zurückhaltend». Dadurch konnte Nähe entstehen. Außerdem schätzte er ihren «guten Geschmack», sich zu kleiden, ihre gemütliche Wohnung.

Klaus M. schob damals gerade seinen Studienabschluß vor sich her, auch bei dem Gedanken, nachher als Lehrer auf sich gestellt zu sein, war ihm unbehaglich.

In seinem Elternhaus, er stammte aus einer Juristenfamilie, wurde auf Geistiges, Musisches und Sport sehr viel Wert gelegt, materielle Dinge wurden abschätzig betrachtet, als «Äußerlichkeiten» abgetan.

Für die von ihm als kühl und streng beschriebene Mutter sollte aus den Kindern vor allem «etwas werden». Sie hatte hohe Leistungsansprüche, denen auch der von ihr oft abschätzig behandelte Vater kaum genügte.

Beide heirateten gegen den Widerstand vor allem seiner Mutter, die anstatt des «unscheinbaren, stillen Kleinstadtmäuschens» – wie sie ihre Schwiegertochter später in einem Mehrgenerationen-Gespräch nannte – lieber eine Akademikerin an der Seite ihres Sohnes gesehen hätte, bevor Herr M. sein Referendariat antrat, wegen einer Schwangerschaft.

Schon bald nach dem Zusammenziehen der beiden kam es zu Streitigkeiten. Klaus M. empfand die Beziehung zu seiner Frau und dem gemeinsamen Sohn Robert als zu «einengend», «erdrückend». Sie sei «kleinkariert», «kleinbürgerlich» und «pingelig in Haushaltsdingen», lege zu viel Wert auf Ordnung und würde seine «intellektuellen Seiten» nicht zu schätzen wissen. Ihre Zurückhaltung erlebte er als ständigen Appell an sich, doch etwas für sie zu tun. Bat sie ihn um Hilfe, etwa, weil es mit Robert schwierig war, reagierte er oft mit Wutausbrüchen. «Ich war sauer, daß sie eine andere Substanz hatte, als sie mir anfangs vorgemacht hatte.»

Frau M. fühlte sich von ihrem Mann überhaupt nicht mehr unterstützt und akzeptiert. Er theoretisiere nur herum, höre nicht zu, sei oft kurz angebunden und jähzornig. «Er ist der Typ meines Vaters geworden, das habe ich nicht gewollt.» Zudem störte sie zunehmend, daß er sich nicht um Wohnung und Haushalt kümmerte, sondern ständig Unordnung machte, so daß sie ihm hinterherräumte. Als die Familie zu uns in die Behandlung kam, war das Ehepaar seit zwei Monaten getrennt. Beide erwogen eine Scheidung.

Schon bald nach dem Zusammenziehen des Paares hatte Claudia begonnen, täglich oder fast täglich mit ihrer Mutter zu telefonieren, wie sie es formulierten, sich «bei ihr auszuweinen». Die Mutter schickte ihr von Zeit zu Zeit Geld, um ihr die Gespräche finanziell zu ermöglichen, da Klaus M. über die hohe Telefonrechnung schimpfte.

Seine Mutter rief nach dem Tod des Vaters auch häufig an, um Ratschläge zur Erziehung des Sohnes zu geben. Er traute sich nicht, hier Grenzen zu setzen. Bei Urlaubsreisen nach Frankreich, die das Paar häufiger unternommen hatte, fuhr er immer mit schlechtem Gewissen an der Heimatstadt seiner Mutter vorbei. Er wollte sie nicht besuchen, traute sich aber auch nicht, ihr offen abzusagen.

Nachdem den beiden auf diese Weise deutlich geworden ist, wie Beziehungsmuster der Herkunftsfamilien sich in ihrer gemeinsamen Beziehung ohne ihr Wollen fortsetzten, bitten wir Frau M., ihre Eltern, und Herrn M., seine Mutter und Schwester zu gemeinsamen Gesprächen einzuladen. Herr M. verkracht sich daraufhin prompt beim nächsten Telefongespräch mit seiner Mutter, so daß sie zunächst nicht kommen will, und es bedarf eines Einzelgespräches mit ihm, um zu klären, daß dies eine Art Flucht nach vorne aus der Angst vor einer wirklichen Begegnung ist, und ihn zu motivieren, es noch einmal ruhiger zu versuchen.

Frau M. kann im Gespräch mit ihren Eltern zum erstenmal erzählen, wie sehr sie unter deren Streitigkeiten und der Rolle als Trösterin der Mutter gelitten hat. Im Verlaufe des Gespräches verliert auch der Vater etwas von seiner anfänglichen Härte und beginnt etwas, mit seiner Tochter mitzufühlen. Es wird im Verlaufe des Gespräches sichtbar, daß die Elternehe sehr stark durch eine Abneigung der jeweiligen Schwiegerfamilien geprägt ist: Die Herkunftsfamilie des Vaters war aus Ostpreußen geflüchtet, während die der Mutter zu den alteingesessenen im Heimatort von Frau M. gehörte, die immer etwas und manchmal reichlich verächtlich auf die neu hinzugezogenen herabblickte, was im Vater eine tiefe, oft nicht ausgesprochene Wut hervorrief.

Insgesamt entlastet das Gespräch Frau M. etwas von ihrer immer noch der Mutter gegenüber gefühlten Verpflichtung.

Im Gespräch zwischen Herrn M., seiner Mutter und seiner Schwester wird dessen Position als «Hoffnungsträger» der Mutter thematisiert, die für ihn recht zwiespältig war und ist. Einerseits band und bindet diese Rolle ihn an die Mutter, engt ihn durch das Gefühl ein, sie nicht enttäuschen zu dürfen und ihre Werte übernehmen zu müssen; andererseits wertete sie ihn bei dieser sehr stark auf, gab ihm auch ein Machtgefühl, insbesondere gegenüber dem Vater. Es wird ihm aber auch deutlich, daß er diesen eigentlich kaum wahrgenommen und kennengelernt hat, ebensowenig seine Schwester. Es deutet sich zudem an, daß eine wichtige Wurzel der Entwertungstendenzen seiner Mutter seinem Vater gegenüber, die er ja in seiner Beziehung zu seiner Frau wiederholt hat, deren ungelöste Rivalität mit ihrer Schwester war. Diese wurde von beiden Eltern eindeutig bevorzugt, durfte eine höhere Schule besuchen und studieren.

Wir wollen hier die skizzierten Familiengeschichten nicht weiter vertiefen. Mit jedem der beiden Partner wird noch ein weiteres Herkunftsfamiliengespräch geführt.

In einer gemeinsamen Sitzung werden die Ergebnisse resümiert. Beide formulieren, daß sie Raum für ihre eigene Entwicklung wünschen. Beiden gelingt es besser, zu sehen, daß nicht primär der andere, sondern die eigenen biographischen Verstrickungen, die hier erworbenen Muster, sie bisher gehindert hatten. Insgesamt wird so das Klima sehr viel versöhnlicher als am Anfang unserer Gespräche. Herr M. entscheidet sich, das Sorgerecht bei seiner Frau zu belassen. Ein endgültiger Vorschlag zum Umgangsrecht soll gemacht werden, wenn sich seine weiteren Pläne deutlicher abzeichnen. Zwei weitere Gespräche werden mit der «materiellen Entflechtung» verbracht. Beide Partner haben bis jetzt über ein gemeinsames Konto verfügt, können also immer feststellen, wieviel der andere ausgegeben hat. Zudem wollen beide ihren Ärger darüber nicht wahrhaben, wenn sie ungleiche Ausgabenhöhen feststellen. Bisher haben sie sich eingeredet, damit «locker» umgehen zu können. Auch als es um die Aufteilung einiger gemeinsam angeschaffter Möbelstücke geht, gibt es noch einmal heftigsten Streit.

Am Ende der Gespräche steht die Aufgabe, Robert den Scheidungsentschluß und die Gründe hierfür zu erklären. Dieser reagiert hierauf zunächst mit tiefer Traurigkeit und einer Verstärkung seiner Symptome, da nun die Trennung der Eltern unausweichlich Realität zu werden droht. Während der Gespräche mit der vereinbarten konstanten Regelung hatte er sich zunächst wieder gefangen, eventuell auch verstärkt die Hoffnung gehegt, die Eltern könnten wieder zusammenkommen, da sie sich ja nun weniger stritten.

Allerdings ist die durch die Veränderung bedingte Symptomatik nach einem dreiviertel Jahr mit dem Einpendeln in einen neuen Rhythmus wieder deutlich reduziert. Denn die weiteren Begegnungen seiner Eltern verlaufen trotz mancher Reibereien im ganzen distanziert-friedlich, da sie den jeweils anderen nicht mehr für ihre enttäuschten Hoffnungen anzuklagen brauchen.

Die Nachscheidungsphase

Diese beginnt mit der juristischen Scheidung und dauert bis zur ‹psychischen Scheidung› der Partner, endet also häufig nie, da die Partner innerlich nicht voneinander und der gemeinsamen Beziehung ‹loskommen›. Dabei bleibt die Bindung in aller Regel in negativer Form durch Groll, Wut, offene und verdeckte Auseinandersetzungen bestehen. Das Gegenteil von Liebe ist nicht Haß, sondern Gleichgültigkeit; und eine relative Gleichgültigkeit gegenüber gescheiterten Lebensträumen zu erreichen, ist eine schwierige, vielleicht gar nicht zu bewältigende Aufgabe. Auch wenn die Partner es nicht wahrhaben wollen, äußerlich wenig miteinander zu tun haben oder gar den Kontakt meiden, sind sie doch noch eine Weile miteinander beschäftigt.

Zunächst bringt allein die Tatsache, daß nun etwas Befürchtetes oder Angestrebtes, je nach Blickwinkel, rechtskräftig und damit endgültig geworden ist, eine Veränderung, manchmal auch ein Schockerleben mit sich. Bisweilen bietet sich auch erst nach der Scheidung, wenn die gerichtlichen Auseinandersetzungen und Umstellungsprozesse abgeschlossen sind, der Pulverdampf nach dem äußeren Kampf sich verzogen hat, die Gelegenheit, über das Geschehene nachzudenken. Manchmal treten jetzt zum erstenmal oder in bisher nicht vermuteter Heftigkeit Gefühle der Einsamkeit, Leere, Kränkung, Trauer oder Wut auf. Es fehlt etwas Vertrautes, und sei es auch «nur» der vertraute Gegner, der «intime Feind», bei dem man Enttäuschungen abladen, den man für Konflikte und Mißlingen verantwortlich machen, dem gegenüber man den Zeigefinger heben konnte.

Es müssen so eine ganze Reihe innerer und äußerer Veränderungen verarbeitet und durchgeführt werden. Die Beteiligten müssen mit dem Verlust des bisherigen sozioökonomischen Status, mit den eventuellen materiellen Verschlechterungen und Veränderungen im sozialen Beziehungssnetz fertig werden. Zwei Haushalte zu führen ist teurer, als nur einen zu haben. Gerade alleinerziehende Frauen sind häufig vom sozialen Abstieg betroffen. Nur ca. ein Drittel aller geschiedenen Frauen erhält Geld vom Ehemann. Nur die Hälfte der

Väter zahlt langfristig Unterhalt für die Kinder. Dabei ist nicht genau zu sagen, in wievielen Fällen tatsächlich «nichts zu holen» ist, wann «getrickst» und wann aus Rachemotiven einfach gar nicht gezahlt wird. 1981 erhielten immerhin 18 % der geschiedenen alleinerziehenden Mütter Unterstützung durch die Sozialhilfe. Zum Teil wird von einer «neuen Armut» geschiedener Frauen gesprochen. Die Neudefinition als Geschiedene(r), als Alleinstehende(r), als Alleinerziehende(r) oder als «Ein-Eltern-Familie» stellt zugleich veränderte und in dieser Form oft unerwartete Anforderungen an die Selbstverantwortung und Entscheidungsfähigkeit der ehemaligen Partner. Es verändert sich der Arbeitsplatz, oder eine Berufstätigkeit muß gesucht und begonnen werden. Der Tagesablauf verändert sich ebenso wie der Freundeskreis. Dieser spaltet sich manchmal in zwei Lager: wer Kontakt zu dem einen ehemaligen Partner aufrechterhält, kann dies nicht mehr zu dem anderen. Hierdurch können sich auch die Freundschaften der Kinder verändern.

Die Beziehungen zu den Herkunftsfamilien, der eigenen wie der Schwiegerfamilie, sind neu zu gestalten. Die Verschlechterung der materiellen Situation der Familien fördert oft eine Intensivierung der Bindungen an die Herkunftsfamilien, die nun wieder als Unterstützer tätig werden müssen. Dies ist eine aus familiendynamischer Sicht oft problematische Konsequenz, da hierdurch alte Abhängigkeiten und Machtansprüche neu begründet werden können. Das Verhältnis der Kinder zu Großeltern, Tanten und Onkeln, Cousins und Cousinen verändert sich. Weiterhin müssen eventuelle neue Bindungen der ehemaligen Partner oder auch die Bildung von Zweitfamilien von den Beteiligten verarbeitet werden. Zusätzlich greifen extrafamiliäre Systeme in die familiäre Dynamik ein: Justiz, Ämter oder Gutachter.

Für die Kinder stellt jede Scheidung einen *Bruch* dar, auch wenn die Verarbeitung der Probleme als «gelungen» angesehen werden muß, es keine langanhaltenden Nachscheidungskonflikte gibt. Sie verlieren mit der vertrauten Beziehung zum anderen Elternteil oft zugleich ihre vertraute Wohnumgebung, den Freundeskreis, müssen die Schule wechseln. Die Wohnung ist vielleicht enger, das

Geld knapper. Die Mutter (oder der Vater) ist belasteter und eventuell häufiger abwesend.

Es wird mehr Selbständigkeit und Orientierung verlangt. Viele Alleinerziehende möchten unter den skeptischen oder mißtrauischen Augen der Umgebung beweisen, daß sie ihre Kinder genauso kompetent und liebevoll erziehen können wie «Normalfamilien». Der Druck, in der Schule mitzuhalten, erhöht sich. Kinder aus Scheidungsfamilien müssen in der Schule bessere Leistungen erbringen, damit sie dieselben Noten bekommen wie Kinder, deren Eltern beide zusammenleben. Schwierigkeiten der Kinder werden von außenstehenden Laien, aber nicht nur von diesen, gern auf das Datum «Scheidung» zurückgeführt, obwohl hier auch andere Faktoren eine Rolle spielen können.

Scheidung bedeutet für Kinder immer den Verlust der vertrauten Beziehungsform zu beiden Elternteilen – auch zu dem nunmehr Sorgeberechtigten. Sie verlieren die bisherige Dreiecksbeziehung zu beiden Eltern, die es ermöglichte, sich bei Konflikten mit dem einen Ausgleich bei dem anderen zu holen, zu dem die Beziehung weiterhin ungestört ist. Dies erhöht den Druck, der auf der Beziehung zwischen dem alleinerziehenden Elternteil und dem Kind lastet. Aggressive Konfliktspannung kann jetzt dort nicht mehr so leicht ausgelebt werden, da die Mutter niemanden hat, der sie schützt. So werden aggressive Impulse nicht selten ganz durch Anpassung unterdrückt oder im außerfamiliären Feld abreagiert. Zudem verlieren die Kinder die Eltern als Paar – als Paar, das sie idealisieren, das sie bekämpfen und mit dem sie sich identifizieren können. Dies hat oft weitreichende Auswirkungen auf die eigenen inneren Bilder von Partnerschaft und Paarbeziehung.

Die seelischen Prozesse, die die Scheidung begleiten und ihr folgen, wurden und werden bisweilen in der Literatur mit der Trauer bei dem Verlust einer geliebten Person durch Tod verglichen. Diesen Vergleich halte ich für äußerst problematisch (vgl. auch Reich u. Bauers 1988). Der Tod ist meines Erachtens mit der Scheidung nicht zu vergleichen. Beim Tod wird eine vertraute und geliebte Person verloren – bei der Scheidung eine bestimmte Form der Beziehung, eben nicht die Person. Diese lebt weiter. Die Beziehung verändert sich oder bricht ab. (Immerhin haben in Ein-Eltern-Familien nur noch 60 Prozent der Kinder Kontakt zu ihren geschiedenen Vätern, nur bei 27 Prozent ist die Beziehung eng und herzlich; vgl. Napp-Peters 1987.) Das Weiterleben des anderen Elternteils, mit dem vielleicht der Kontakt fortbesteht, suggeriert immer die Möglichkeit einer Revision, einer Wiedervereinigung der Eltern. So wie etwa bei Vermißten immer noch gehofft werden kann, sie kehrten zurück (vgl. Meyer 1981).

Die Phantasie der Revision entspricht bei einer Scheidung der Realität eher als beim Tod eines Elternteils und kommt nach unseren Beobachtungen bis in das Erwachsenenalter hinein nicht zum Erliegen. Für mich wurde dies erschütternd deutlich, als ein 67jähriger Großvater sich in einem Mehrgenerationen-Gespräch unter Tränen an die Scheidung seiner Eltern erinnerte, die er nie verwunden hatte, und erzählte, daß es eine ‹biologische Scheidung› seines Erachtens nicht gäbe. Die Eltern gehörten für ihn immer noch zusammen, obwohl alle Gründe augenscheinlich dagegen sprächen. Mit dem Wort ‹biologische Scheidung› drückte er das, was wir mit ‹psychischer Scheidung› ansprechen, sehr viel drastischer und körpernäher aus.

Verstorbene Elternteile werden zudem in der Regel stärker idealisiert als geschiedene. Verstorbenen gegenüber darf Kritik nicht so offen erlebt und formuliert werden wie einem weggeschiedenen Elternteil gegenüber. Verstorbene können sich auch nicht mehr selbst Gehör verschaffen. So ist bei Konflikten der Loyalitätsdruck oft noch höher als im Falle der Scheidung. Hier können Idealisierungen doch zumindest stärker an der Realität ‹abgearbeitet› werden. Der Umgangsberechtigte wehrt sich unter Umständen selbst gegen Angriffe. Die Ambivalenz ihm gegenüber, auch die Wut, von ihm verlassen zu worden zu sein, kann in der Regel erlebt werden. Um Verstorbene können Kinder zudem ungestörter trauern. Trauer bedeutet nicht Kränkung des anderen Elternteils oder Verletzung der Loyalität zu ihm. Gegen die Gleichsetzung der Prozesse spricht zudem, daß der Vaterverlust durch eine Scheidung die Entwicklung von Kindern stärker zu beeinträchtigen scheint als der durch Tod.

Kinder aus geschiedenen oder getrennten Ehen kommen eher wegen Schulproblemen, Aggressivität oder antisozialer Verhaltensweisen in die Behandlung, Kinder von Witwen eher wegen Ängsten und Depressionen. Für die kognitiven Fähigkeiten von Kindern hat der Verlust des Vaters dann die negativsten Folgen, wenn er durch Trennung oder Scheidung der Eltern einsetzt, von langer Dauer ist und keine Ersatzpersonen zur Verfügung stehen (letzteres wird noch beschrieben werden). Die psychosoziale Anpassung von Studenten, deren Eltern geschieden sind, ist schlechter als die von Studenten, bei denen Elternteile verstarben (vgl. hier Fthenakis 1985 und die dort zitierte Literatur).

Familientherapie

Welche Symptome entwickeln nun Kinder durch Scheidungskonflikte? Hier muß eine grundlegende Unterscheidung getroffen werden.

Es gibt passagere Symptome, die aus der Veränderung der Situation, aus den Unsicherheiten der Umstellung resultieren. Sie treten zurück, wenn das Kind Sicherheit gewonnen hat, was Jahre in Anspruch nehmen kann. Sie treten wieder auf, wenn es neue Umstellungen gibt, z. B. eine neue Partnerschaft eines oder beider Eltern, deren zweite Heirat, das Zusammenziehen mit dem neuen Partner, die Geburt eines neuen Geschwisters, auch Schulwechsel und Ähnliches. All dies bedroht das bisher gefundene Gleichgewicht. So müssen laufend Veränderungen verarbeitet werden, die jedes Mal erneut Trennungsangst hervorrufen können. Dies ist auch dann der Fall, wenn eine einmal gefundene Umgangsregelung bedroht ist, selbst wenn diese nicht konfliktfrei ist.

Zudem ist auch der Wechsel von einem Elternteil zum anderen immer wieder eine kleine Trennung, eine Stufe, ein Übergang. Dies ist selbst dann der Fall, wenn beide Eltern einigermaßen kooperieren. So ist der Wechsel von einer angenehmen Situation zu einer anderen schmerzlich, weil man beide Elternteile gern vereint sähe.

Symptome von Kindern in diesen Übergangsphasen sind nicht

als Anzeichen einer beginnenden Persönlichkeitsstörung zu sehen, sondern zunächst als Versuche, mit einer momentanen Überlastung fertig zu werden. Hierzu benötigen sie Zeit und Geduld von seiten ihrer Umwelt. Wie sich jemand in der Anfangsphase nach der Scheidung gefühlt hat, sagt nichts über die langfristigen Auswirkungen auf seine Person aus. Und es wäre eher verwunderlich, wenn Kinder in diesen Situationen keine Symptome entwickelten. Die Eltern sind hierüber von Fachleuten aufzuklären.

Symptome von Kindern vor und nach der ‹Übergabe› (z. B. wenn sie vor oder nach Wochenenden von einem Elternteil zum anderen gebracht werden) zum Anlaß zu nehmen, den Umgang einzuschränken, wie es bisweilen anklingt, erscheint in der Regel völlig verfehlt. Wir können die Tatsache, daß die Eltern geschieden sind, nicht ungeschehen machen.

Welche Symptome finden wir nun in unserer Studie bei Kindern und Jugendlichen, die in der Regel langanhaltenden ungelösten Scheidungsproblemen ausgesetzt sind? Es sind insbesondere:

- dissoziale Verhaltensweisen (ca. 30 %);
- schwere Kontaktarmut (ca. 25 %);
- Lern- u. Leistungsstörungen (ca. 20 %);
- depressive Verstimmungen (ca. 20 %);
- psychosomatische Symptome (ca. 13,5 %).

Judith Wallerstein und ihre Mitarbeiter haben in ihrer bekannten Langzeitstudie die Scheidungsauswirkungen nach 5, 10 und 15 Jahren beobachtet. Neben altersspezifischen Reaktionen ergeben sich als späte Folge bei über 30 Prozent der untersuchten nunmehr jungen erwachsenen Scheidungskinder Ziellosigkeit und unklare Lebensverhältnisse (bei jungen Männern sind dies sogar 40 Prozent), bei 20 Prozent Alkoholprobleme, bei 10 bis 20 Prozent Dissozialität. Viele Kinder aus geschiedenen Ehen erreichen nicht mehr den sozialen Status ihrer Eltern (Wallerstein/Blakeslee 1989).

40 Prozent der 19- bis 22jährigen aus geschiedenen Ehen hatten sich wegen Beziehungsschwierigkeiten in psychotherapeutische Behandlung begeben.

Auch dies kommt unseren Beobachtungen in den Familien nahe,

in denen wir die Auswirkungen von Scheidungen über längere Zeit, manchmal über mehrere Generationen verfolgen konnten. Als wesentliche Langzeitfolge ungelöster Scheidungskonflikte finden wir, daß das Vertrauen in Bindungen und die konstruktive Lösbarkeit zwischenmenschlicher Konflikte nachhaltig gestört ist. Freundschaften, insbesondere Bindungen an gegengeschlechtliche Partner sind immer wieder von untergründiger Trennungsangst begleitet. Dieser Angst wird durch verstärktes Anklammern an den Partner begegnet, der sich daraufhin nicht selten zum Rückzug veranlaßt sieht, was die Befürchtungen dann (paradoxerweise) bestätigt. Oder aber es wird versucht, durch abrupten Beziehungsabbruch der Angst Herr zu werden, durch die Wendung vom Passiven ins Aktive: bevor du mich verläßt, verlasse ich dich. So kommt die von Renate und Gerd Biermann (1978) so eindrucksvoll beschriebene Symptomtradition in Scheidungsfamilien zustande. Meine Kollegin Bärbel Bauers konnte in ihrer Arbeit an der ärztlich-psychologischen Beratungsstelle für Studierende der Universität Göttingen zwei späte Verarbeitungsweisen von Scheidungen finden:

Studentinnen aus Scheidungsfamilien suchen eher zu Beginn des Studiums, nach dem Verlassen des Elternhauses, Beratung, reagieren mit Orientierungslosigkeit in der Lebensplanung und massiver Ausbruchsschuld gegenüber dem Elternteil, mit dem sie zusammengelebt hatten, zumeist der Mutter. Sie entwickeln häufig die Phantasie, schwanger zu werden, der Mutter ein Kind als Ablösungspfand zu lassen, so die schmerzhafte Trennung und damit eigene Zukunftsängste zu vermeiden. Die Mutter soll weiter Mutter bleiben. Bei Studenten aus geschiedenen Familien hingegen äußern sich am Ende des Studiums Ablösungskonflikte in Arbeitsstörungen, Prüfungsängsten und akutem Versagen in Prüfungen.

Wie können wir diesen Unterschied verstehen?

Loyalitätskonflikte als Identitätskonflikte

Wenn Scheidungskonflikte ungelöst bleiben, ist dies für die Kinder immer mit Loyalitätskonflikten verbunden, die mit Identitätskonflikten einhergehen. Kinder sind immer Kinder beider Elternteile und definieren ihre Identität hierdurch körperlich, seelisch und geistig. Wird nun ein Elternteil vom anderen abgewertet oder gehaßt, so wird immer auch ein Teil der Persönlichkeit des Kindes herabgesetzt. Wenn das Kind eine Wertschätzung zu einem Elternteil und somit zu den entsprechenden Anteilen in seiner Person empfindet, muß es auf die Wertschätzung des anderen Elternteils und der entsprechenden Anteile in sich verzichten.

Loyalitätsbrüche sind immer auch Identitätsbrüche. Rückzug aus Beziehungen und auch aus Leistungsanforderungen sind eine Form, Loyalität zu wahren und Identität zu schützen.

Der abwesende Elternteil ist heute in der Regel noch der Vater. Mit ihm fehlt nicht nur eine die Beziehung der Mutter moderierende Person, sondern der «andere Dritte». Den Jungen fehlt die gleichgeschlechtliche, männliche «Hälfte» ihrer Identität als ständiger Interaktionspartner. Diese Seite ihrer Person und damit das wesentliche Bild von Mann-Sein werden oft entwertet. Zusätzlich können wir immer wieder beobachten, daß insbesondere Jungen von ihren Müttern die von diesen abgelehnten, negativen Eigenschaften der Väter im Sinne eines «Du bist so wie…» zugeschrieben bekommen. Auch in diesem Sinne werden sie zum «Nachfolger» des Vaters. Wie eine solche Dynamik über mehrere Generationen aussieht, haben wir an anderer Stelle beschrieben (Reich u. Bauers 1988).

Aus all diesen Gründen ist für Jungen die Orientierung in Scheidungskonflikten oft schwieriger und belasteter als für Mädchen. Mit einer ganzen Reihe anderer Autoren finden auch wir, daß sie in der Regel mehr und stärkere Symptome aufweisen als Mädchen. Insbesondere die *Dosierung und Balancierung traditionell männlicher Eigenschaften* erscheint schwieriger. Entsprechend zeigen Jungen aus geschiedenen Familien einen höheren Grad an sozialer Abweichung und ein geringeres Maß an Selbstkontrolle als Jungen, deren Väter verstorben sind (vgl. Fthenaikis 1985).

Und auch erfolgreich und unabhängig zu sein, seinen Mann zu stehen, wie es traditionell heißt, wird dann schwieriger. Unabhängig zu sein heißt, wie der Vater zu sein und die Mutter zu verlassen. Dies ist mit heftigen Schuldgefühlen verbunden.

Scheidungen und Scheidungsverarbeitungen sind sehr komplexe Vorgänge. Sie sind eng mit der Lebensgeschichte der (ehemaligen) Partner und deren seelischer Entwicklung verknüpft, bestimmen das Erleben der Kinder auf lange Zeit, oft ein Leben lang, entscheidend. Es gibt keine einfachen Erklärungen und keine einfachen Lösungen. Gerade deshalb können Beratungs- und Therapieangebote, die auch den lebensgeschichtlichen Zusammenhang des Geschehens beleuchten, in allen beschriebenen Phasen der Scheidung hilfreich sein, damit die Beteiligten nicht nur die anderen, sondern vor allem sich selbst in ihrem Erleben und Verhalten besser verstehen lernen und sich hierüber insbesondere zugunsten der weiteren Entwicklung der Kinder auch verändern, wo ihnen dieses sinnvoll und möglich erscheint.

Heidi Salm

Wie erleben Kinder die Trennung ihrer Eltern? Anstöße zum Beobachten und Nachdenken

Kinder «erleben die Scheidung der Eltern nicht wie diese als eine neue Chance zu neuem Glück, sondern ausschließlich als einen Verlust». Dieser Aussage von Wallerstein und Blakeslee, 1989, in ihrer Ausschließlichkeit und betont negativen Wertung von Kindererlebnissen nach Scheidungen ihrer Eltern möchte ich widersprechen. Viele Aussagen von Kindern verschiedener Altersgruppen, die mir aus meiner über fünfzehnjährigen Arbeit als Familientherapeutin vorliegen, stehen im Gegensatz dazu. Ich möchte diese Kinder persönlich sprechen lassen und ihre Erfahrungen und Erlebnisse mit der Trennung ihrer Eltern offenlegen. Ich werde dabei auf Tonbandausschnitte und Sitzungsprotokolle zurückgreifen. Die Familien gaben die Erlaubnis, die Namen der Kinder sind verändert.

Die in den Kinderaussagen auftauchenden Familienbilder können als Signale an die Erwachsenen verstanden werden. Für mich ist die verbale und non-verbale Sprache der Kinder stets eine wichtige Information über die Gesamtzusammenhänge in ihrer Familie. Die Fragen, Reaktionen und Antworten von Kindern können helfen, Verstrickungen im familiären Beziehungsgeflecht deutlicher werden zu lassen und die Rolle des Kindes im Familiensystem schneller zu erkennen. Wenn ein Kind sich freiwillig oder auf Nachfragen über sein Befinden äußert und sagt, wie es ihm geht oder wie es sich fühlt, stehen solche Äußerungen im Zusammenhang mit den Befindlichkeiten und Gefühlen der anderen Familienmitglieder.

Leider haben die Erwachsenen häufig den Zugang zur Sprache unserer Kinder verloren. Häufig haben wir Schwierigkeiten beim Zuhören und deuten allzu schnell mit Hilfe unserer eigenen Kindheitsbilder und Erlebnisse die Aussage der Kinder.

Vorstellen möchte ich hier die «verstrickte Familie C.», deren Trennungsprozeß verdeutlicht, wie immer wieder die Paar- und Elternebene vermischt und dadurch die Kinder in zusätzliche Verstrickungen und unklare Grenzen hineingezogen wurden, und sie sind die Opfer.

In meiner therapeutischen Arbeit lasse ich die Familienbeziehungen bildlich durch Verknüpfung von Stricken darstellen. Jedes Familienmitglied verknüpft sich mit jedem, und jeder wählt sich den Körperteil selber aus, mit dem er sein eigenes Band festhält und wo er es und wie er es in welchem Abstand bei Vater, Mutter oder Geschwistern festbinden will. Wenn dann alle verbunden, entsteht häufig ein nicht mehr überschaubares Gewirr von Verstrickungen. Jedes dieser Beziehungsbänder ist Bindung aber auch häufig schmerzhafte Behinderung. Aus Angst, Bindung ganz zu verlieren, werden die Schmerzen der Behinderung oft sehr lange ausgehalten.

Als Beispiel skizziere ich den Fall der *Familie C.* im Trennungsprozeß mit Tochter Luise (9 Jahre) und Sohn Hans (7 Jahre). Als die Familie die Aufgabe mit ihren Beziehungsstricken gelöst hatte, fiel mir besonders ein Strick um Luises Hals auf, der ursprünglich von dem Bruder Hans geknüpft war, inzwischen aber durch die Verstrickungen der anderen aus unterschiedlichsten Richtungen angezogen wurde. Während Herr C. am liebsten alles sofort durchgeschnitten hätte – Frau C. versuchte erschrocken, die nicht geahnten Folgen ihrer angeknüpften Verstrickungen zu entwirren –, zog Hans mit spitzbübischem Gesicht mit seiner einen noch nicht festgebundenen Hand an einem Beziehungsstrick, den er um Vaters Fuß befestigt hatte, um den Vater ganz schnell aus dem Gleichgewicht zu bringen. Luise schien dem Strick um ihren eigenen Hals wenig Bedeutung zu schenken, da ich keinerlei Bewegungen oder Ansätze von ihr wahrnehmen konnte, diesen Strick zu entfernen oder ihn gar aufzulockern. Auf die Abschneideversuche ihres Vaters reagierte Luise sehr spontan. «Hallo, Vati, schneide mich nicht ganz ab von dir, ich kann mich auch ganz neu und fest so an dich anbinden, daß ich dir nicht weh tue.» Frau C., deren Hände durch unterschiedliche Stricke fast unbeweglich waren, klagte ihren Mann an, sie buchstäblich gefesselt zu haben. Hans machte daraufhin der Mutter ein Angebot: «Soll ich dir die Stricke von Papa abschneiden?» – In dieser Familie C. wurden sehr schnell zwei Paare sichtbar (Vater-Tochter/Mutter-Sohn), die im Moment mit dieser Lösung zufrieden schienen. Luise meint: «So gibt es am wenigsten Krach bei uns», Hans: «Ja, das ist so, aber irgendwann einmal will ich auch etwas von Papa haben.»

Drei Monate später hatte das Ehepaar die gegenseitigen Anklagen des schlechten Vaters und der bösen Mutter verstärkt, und alle Versuche von Hans, durch schlechte Schulleistungen sich selbst in die Opferrolle zu begeben, um vom Kriegsschauplatz der Eltern abzulenken, schienen erfolglos. In einer der nächsten Sitzungen machte Hans folgende Feststellung: «Vielleicht habe ich ja Schuld, daß ihr soviel Krach habt. Luise ist schon größer, und mit der Schule klappt es bei mir nicht.» Diese Aussage des Sohnes war dann u. a. die entscheidende Wendung im Trennungsprozeß der Eltern. Herr und Frau C. waren bereit, sich in den weiteren Sitzungen mit ihrer Geschichte als Ehepaar auseinanderzusetzen. Dies wiederum war gar nicht so einfach, da, sobald ich Herrn C. bat, seinen Stuhl von der Tochter weg, in einer seiner Ehefrau gegenüberliegenden Position aufzustellen, Luise ihren Stuhl abermals neben den des Vaters setzte, mit der Aussage: «Dies ist mein Platz, den gebe ich nicht her.»

Erst als Luise dann Sitzungen später mit ihren Eltern Kinderbilder anguckte, wo sie als kleines Baby zu sehen ist – auf einigen Fotografien von der Mutter gehalten, auf anderen vom Vater getragen –, konnte sie direkt fühlen, daß sie von beiden Eltern geliebt war. Auch konnten ihr die Eltern bestätigen, daß selbst bei der Scheidung die Liebe zu ihr nicht versiegt und der Kontakt zu beiden Eltern erhalten bleibt.

Der jüngere Sohn Hans reagierte inzwischen mit bronchialen Infekten und Angstträumen in den Nächten. Auch er hatte sich daheim die Fotoalben aus seiner frühen Kindheit angeschaut. Da die Ehe von Herrn und Frau C. schon vor der Zeugung dieses Sohnes zu kriseln begonnen hatte, waren die Eltern unsicher, inwieweit sie darüber mit dem jetzt schon durch die Schuldgefühle belasteten Sohn sprechen sollten. Ich machte den Eltern Mut, sehr offen vor den Kindern über ihre Wünsche und Erwartungen, wie auch Enttäuschungen und Schwierigkeiten in ihrer Ehe zur damaligen Zeit zu sprechen. Zuerst nahmen die Angstträume von Hans zu. Doch in dem Moment, wo die Eltern ihm mitteilen konnten – und es auch wieder durch Fotos belegten –, wie wichtig ihnen die Geburt ihres Sohnes gewesen wäre, begann sich sichtbar sein Verhalten zu verändern. In den Therapiesitzungen wie auch zu Hause wurde Hans zum unerbittlichen Interviewer seiner Eltern.

Aber die Kinder blieben achtsam. Sobald die Mutter beim Bericht ihrer Eheschwierigkeiten versuchte, dem Ehemann die alleinige Schuld zuzuweisen, protestierte Luise laut mit dem Satz: «Du darfst meinem Papa nicht immer die Schuld geben», und in umgekehrter Situation nahm Hans Körperkontakt zu seiner angeschuldigten Mutter auf.

An diesem Beispiel versuchte ich, aufzuzeigen, wie Kinder lernen, mit eigenen Verstrickungen zu leben, und schon sehr früh die Fähigkeit entwickeln, Therapeuten, Helfer und Ratgeber ihrer Eltern zu sein, was sie aber auf der anderen Seite belastet und häufig überfordert.

Dabei fällt mir der fünfjährige *Jonas* ein, der mir im Erstgespräch der Familientherapie – sehr im Gegensatz zu den festgefaßten und überlieferten Familienbildern seiner Eltern – eine bildhaft vorstellbare Systembeschreibung seiner Familiengruppe gab: «Mama schreit oft sehr laut, daß sie Papa am liebsten nie geheiratet hätte. Peter (3 Monate alter Bruder, H. S.) schreit noch lauter. Ich denke, da müßte doch mein Papa helfen, ganz egal, ob Papa geheiratet hat. Papa sagt gar nichts und liest Zeitung. Ich kann nicht so laut schreien, mein Hals tut oft weh.»

Wie empfindlich Kinder auf einseitig bewertete Bilder der Erwachsenen zum Thema Trennung und Scheidung reagieren, macht der sechsjährige *Ronald* deutlich. Seine Eltern hatten sich nach zweijährigem Trennungsprozeß zur Scheidung entschieden. Das Wortspiel «Scheidung – Entscheidung» war häufig Thema des Prozesses.

Beide Eltern haben das gemeinsame Sorgerecht, Ronald lebt bei der Mutter, verbringt aber sehr häufig Wochenenden und Ferien mit seinem Vater. Nach Ronalds Einschulung baten die Eltern sehr erregt um eine Sondersitzung. Die Lehrerin hatte Ronald am ersten Schultag als «Vaterwaise» begrüßt. Ronalds Kommentar, nachdem er nachgefragt hatte, was ein Waise sei: «Die Lehrerin ist blöd! Zu der braucht ihr gar nicht zu gehen. Zu der gehe ich auch nie in die Klasse. Die weiß ja nicht einmal, ob ein Mann tot oder lebendig ist. Und von dem, was ich mit Armin alles mache, hat sie keine Ahnung.»

Während Ronald sich sehr klar sein eigenes Bild über die Lehrerin machte, blieb die vierjährige *Isolde* bei ihren Wünschen, wie die Erwachsenen sein sollten: «Ich wünsche mir zum Geburtstag eine Mama, die viel lacht und froh ist, einen Papa, der viel Zeit hat für uns, und einen Bruder, der mich nie schlägt.» Als die Eltern sie vertrösteten auf einen späteren Geburtstag, antwortete Isolde: «Ich wünsche es mir aber doch so sehr, daß ich es vielleicht doch bekomme.»

Wir wissen aus der Psychoanalyse, daß diese Wunsch-Phantasiebilder über eine harmonische Familie, die Geborgenheit und Sicherheit vermittelt, auch bei Erwachsenen, häufig mit den Erlebnissen in der eigenen Kindheit zu tun haben und das wird sich wohl auch immer über Generationen hinweg wiederholen. Daß zusätzlich diese Wunschbilder beeinflußt werden z. B. von unseren Medien, zeigte die zwölfjährige *Edith*.

Edith (12 Jahre): «Was ist bei uns so falsch, daß wir nicht alle so um den Tisch sitzen und uns verstehen wie die Familie im Film? Ich habe im Fernsehen eine Familie gesehen, wo der Vater immer abends kam, viel Geld verdient hatte und abends ganz viel Zeit für seine Töchter. Er ging dann mit diesen weg und kaufte ihnen schöne Sachen. Und zu Hause war immer alles gut von der Mutter geordnet, so daß man über gar nichts streiten mußte. Und wenn in dieser Filmfamilie Vater und Mutter Zeit hatten, dann waren sie wie ein Liebespaar. Das ist bei uns alles nicht mehr. Und ich gehe lieber viel weg zu Freundinnen oder gucke mir im Fernsehen Filme an.» (Edith schien, wenigstens zu diesem Zeitpunkt, einen Weg gefunden zu haben, auf ihre Weise mit den ungelösten Spannungssituationen in ihrer eigenen Familie umzugehen.)

Wenn es wirklich stimmen würde, daß ein Kind die Scheidung der Eltern ausschließlich als Verlust erlebt, wären die Schuldgefühle der sich trennenden Eltern berechtigt und eine Trennung auf keinen Fall zu vertreten. Den Kindern müßte dann das Aushalten und Ausharren – auch in zerstörerischen Familienkriegen – anempfohlen werden und zuzumuten sein.

Von der Fähigkeit von Kindern, viel in ihren Familien auszuhalten und sich zuzumuten, legt die deutliche Körpersprache der dreijährigen *Astrid* Zeugnis ab:

Astrid (3 Jahre) stellte sich, wenn die Eltern sich gegenseitig beschimpften und sogar handgreiflich wurden, selber schreiend und weinend zwischen die Eltern, beide festhaltend. Astrid äußerte sich kaum verbal, aber ihre Körpersprache war um so deutlicher, wenn sie ihren Stuhl während der Sitzung zwischen die Eltern schob und versuchte, mit unterschiedlichsten Verrenkungen die körperliche Brücke zwischen den Eltern herzustellen. Weder die Eltern noch Astrid selbst wollten ihren Stuhl aus dem Spannungsfeld herausschieben. Astrid veränderte nur hier und da ihre Position, indem sie sich abwechselnd zu Vaters oder Mutters Füßen auf den Boden setzte und Körperkontakt aufnahm. (In meiner langjährigen Erfahrung als Familientherapeutin habe ich immer wieder die Beobachtung gemacht, daß allem Anschein nach Kinder in Konfliktsituationen zwischen den Eltern eine besondere Sensibilität entwickeln können, für den Elternteil, den sie in diesem Moment als hilfsbedürftiger als den anderen erleben. Sie scheinen dann durch ihre Sitzposition und die Körpernähe ein Hilfsangebot von Kontakt und Zusammengehörigkeit anzubieten. Diese Beobachtung wurde mir immer wieder bei Nachfragen von Kindern bestätigt.) Im Verlauf des Trennungsprozesses von Astrids Eltern konnten sie immer offener Situationen der eigenen Hilflosigkeit ansprechen und damit offensichtlich die dreijährige Tochter entlasten. Astrid machte die veränderte Situation dadurch deutlich, indem sie zuerst ein Stofftier mit auf ihren Stuhl zwischen die Eltern nahm, häufiger aufstand, um zu spielen und auch immer weniger in das Gespräch der Eltern eingriff.

> Astrids Eltern ließen sich anderthalb Jahre später scheiden. Die Mutter äußert sich zum Heute: «Mit Astrid geht alles gut, sie ist gut in der Schule.» Der Vater teilt mit: «So oft ich Zeit habe, bin ich mit Astrid zusammen. Wir genießen es beide. Hoffentlich bleibt es so.»

> Mir fallen allerdings auch andere Beispiele ein, in denen die Kinder die Uneinigkeit von Erwachsenen aushalten müssen, ohne zu wissen, worum es eigentlich geht und wie lange die Ungewißheit anhalten wird.
> Ich denke da an ein Kindermärchen von zwei Geschwistern, das für mich damals sehr ergreifend ihre Situation in einem nicht enden wollenden, zerstörerischen Ehekrieg der Eltern beschrieb.

Das Gespräch zwischen den Eltern war eine unendliche Spirale von Anklagen und Verletzungen. Es blieb also häufig nur das Schweigen – und das sich Gegenübersitzen nahezu in völliger Unbeweglichkeit im Therapiezimmer, wobei die motorische Unruhe der Kinder immer stärker und deutlicher wurde. In solchen und ähnlichen Situationen bitte ich häufig die Kinder, die Familiensituation in Form eines Märchens zu beschreiben. Die Kinder sollten erzählen oder aufmalen, was in ihrer Familie so alles geschieht und wie sie es erleben.

Sybille (8 Jahre) begann: «Es waren dann zwei Schlösser, eins aus weißem Stein und goldenen Türmen mit einem fest verriegelten Tor, wo viele Soldaten Wache hielten. Das andere war ein goldenes Schloß mit großem Garten. Aber alle Fenster waren zu, und die bunte Eingangstür fest zugeschlossen. Zwischen den Schlössern ist ein tiefer Graben, den nur Kinder überbrücken können. Eine ganze Zeit später, sehr viel später, wird dann eine Friedensbrücke darüber gebaut, die aber sofort bei Krach wieder kaputt gemacht wird.»

Bruder *Ulrich* (11 Jahre) erzählte folgendes Märchen: «Bei mir sind es zwei Burgen und Festungen, und die Gräben dazwischen sind sehr tief und kalt. Die Kinder müssen aber in den dunklen Gräben bleiben, denn wenn sie hochkommen, werden sie sofort verletzt und müssen sich für eine Festung entscheiden und die andere verlieren.»

Oft lasse ich die Eltern mutmaßen, wie lange sie annehmen würden, daß ihre Kinder den Kriegszustand aushalten werden. Auch umgekehrt stelle ich den Kindern die Frage nach der Ausdauer ihrer Eltern. Während meistens die Eltern ihren Kindern nur wenig Aushaltevermögen zumuten, aber oft sehr lange Zeit brauchen, um eigenverantwortlich zu einer Entscheidung zu kommen, antworten mir die Kinder sehr viel genauer:

Lisbeth (14 Jahre, Älteste von 3 Kindern): «Vielleicht fällt den Eltern die Trennung leichter, wenn ich aus dem Haus bin und die anderen älter sind. Solange werden wir es eben alle noch ertragen müssen.»

Alfons (11 Jahre, noch zwei ältere Geschwister): «Das wird noch lange gehen. Das ist wie im Krieg, wo keiner weiß, wann der mal zu Ende ist.»

Bei dem Kriegsbild von Alfons fallen mir Beispiele ein, die ich in den letzten Monaten seit Ausbruch des Golfkrieges in meiner Praxis erlebte. Es waren in der Praxis die Kinder, die sehr bald nach Ausbruch des Krieges die Bilder der Kriegsberichterstattung der Medien auf ihre eigene Familiensituation übertrugen, Zusammenhänge sahen.

Auch der zwölfjährige *Hubert* brachte von sich aus die Verbindung des politischen Geschehens und der Familiensituation zur Sprache. Hubert fragte seine Eltern: «Eins verstehe ich nicht, warum ihr gegen den Golfkrieg schimpft und selber doch immer auf euch schießt, ihr seid Parteien wie der Amerikaner und der Hussein, und jeder sagt, er hat recht. Und es geht immer mehr kaputt.»

Als ich seine Mutter fragte, welche Lösung für den Familienkrieg wohl ihr Sohn vorschlagen würde, meinte sie: «Er will, daß wir uns wieder vertragen sollten.» Huberts Aussage aber: «Sofortiger Waffenstillstand! Und jeder, der weiter bombardiert, darf nicht mehr mitverhandeln über das, was hinterher im Frieden passiert.» Als der Vater Hubert nach den Verhandlungsthemen fragte, bekam er von seinem Sohn die Antwort: «Das müßt ihr doch wissen!» (In dieser

Familie nahmen die sogenannten Friedensverhandlungen noch ein dreiviertel Jahr in Anspruch.)

Festgebundenes lösen zu können, ohne es zu verlieren, braucht Zeit! Sind wir nicht oft ungeduldig, weil wir meinen, eigenen Schmerz oder das Leid der anderen, vor allem der Kinder, nicht länger ertragen zu können? Auch wenn wir immer wieder die Erfahrung machen, daß alles seine Zeit zu brauchen scheint und auch ‹Zeit lassen› schon was verändert?

Veronikas Eltern hatten sich vor zwei Jahren entschieden, ihren Ehekrieg der gegenseitigen Anschuldigungen über enttäuschte Erwartungen zu beenden. Sie leben seither getrennt, sind aber bemüht, als Eltern jeweils zu ihren zwei Kindern wie auch untereinander Kontakt zu halten. Als ich *Veronika* (8 Jahre) fragte, wie es ihr jetzt nach der Trennung der Eltern gehen würde, war ihre Antwort: «Bei meinem Papa ist es gut, wenn ich bei ihm bin. Wir machen dann viel zusammen, und ich habe da auch ein Zimmer für mich. Und daß ich bei Mama und Udo (2 Jahre) wohne, ist auch gut. Da bin ich immer noch in meinem Zimmer mit all meinen Sachen. Krach gibt es zwischen Mama und Papa sehr wenig, weil sie sich auch wenig sehen. Jeder macht seine Sachen, glaube ich. Ich gehe jetzt zur Schule und mache oft meine Schulaufgaben schon ganz alleine.»

Die oft nüchterne Direktheit einiger Kinderaussagen berührt mich immer wieder. Aus der Generationsfolge heraus müßten eigentlich Kinder von den Eltern lernen. Doch viele praktische Beispiele zeigen immer wieder, daß Kinder schnell bereit sind, Anstöße, die auf ein Umdenken und auf Veränderungen im Verhalten ihrer Eltern ausgerichtet sind, selber aktiv zu übernehmen. Glauben wir erwachsene Helfer häufig nicht allzu oft, diese Kinder schützen zu müssen, anstatt ihre verbalen und nonverbalen Informationen ernst zu nehmen? Können wir ihnen nicht dieselbe Offenheit und Direktheit zumuten, die sie selbst zeigen, und zunächst ihre Fähigkeiten und Stärken in ihren Rollen als Familienhelfer anerkennen? Die Kinder von dieser sie belastenden Rolle entlasten (die sie ja aus einer inneren Verpflichtung der Familie gegenüber übernehmen) können letztlich nur die Eltern selber.

Von einer bleibenden Entlastung des Kindes, auch nach der Scheidung, würde ich allerdings erst dann sprechen, wenn im Partnerkonflikt auf gegenseitige Beschuldigungen und Verletzungen verzichtet werden kann und jeder bereit ist, eigene Verantwortlichkeit in der gelebten Ehegemeinschaft zu reflektieren. Zu dieser Entwicklung könnten die im Scheidungsprozeß zugezogenen Anwälte hilfreich beitragen, anstatt (wie leider häufig in der Praxis) das Gegeneinander der Ehepartner im aufgebauten Feindbild zu vertiefen.

Daß Kinder im Beschuldigungskrieg ihrer Eltern mißbraucht werden, scheint vielen Eltern nur teilweise bewußt; daß eine vollzogene Scheidung diesen Mißbrauch weiterhin nicht ausschließt, beschrieb die 13jährige *Regula*.

Familie M. mit ihren zwei Töchtern (Regula 11, Ilsi 9 Jahre) kam vor etwa 5 Jahren in meine Praxis. Sie sprachen von Trennung und Scheidung, zeigten aber in der Skulpturarbeit mit der ganzen Familie einen eng in sich geschlossenen Kreis, jeder den anderen festhaltend. Jede Abgrenzung vom anderen wurde als «gegen» jemand erlebt. Die Töchter waren gefangen in den Doppelbotschaften der Eltern (wir gehören fest zusammen/wir wollen uns trennen).

Die Scheidung erfolgte zwei Jahre später, ein weiteres Jahr danach hatte ich um einen Erfahrungsaustausch mit der Familie gebeten. Auf meine Frage an die damals 13jährige Regula, ob sich für sie in der Familie nach der Scheidung der Eltern etwas verändert hätte, sagte Regula:

«Weiß nicht so genau. Anders ist, daß Papa nicht mehr bei uns wohnt. Damals hatten Ilsi und ich Angst, ihn nicht mehr zu sehen. Aber wir besuchen ihn manchmal. Aber er gibt oft noch Mama die Schuld für vieles. Dann hält sich Ilsi die Ohren zu, und ich glaube nicht, daß das mal aufhört.»

Ich fragte, wie die Mutter in solchen Situationen reagieren würde. Regula: «Die fragt mich oft Sachen, die sie dann am Telefon Papa weitererzählt. Sie streiten sich dann darüber am Telefon.» Nach der Scheidung beginnt oft, auch in Regulas Familie, das schwere Umlernen der Elternrollen ohne den festen Rahmen der zusammenlebenden Familie. So fiel es Frau M. z.B. schwer, den Umgang ihres geschiedenen Mannes mit den Töchtern nicht kontrollieren zu kön-

nen und seine andere Art mit Verboten und Erlaubnissen nicht als
«falsch» oder «schädlich» abzuwerten. Herr M. empfand es als
nicht leicht, die Töchter immer wieder gehen zu lassen, ohne sie
durch Versprechen und Geschenke an sich zu binden. 5 Jahre nach
der Scheidung des Ehepaares nahm ich mit der inzwischen 16jähri-
gen Regula Kontakt auf, diesmal ohne ihre Familie. Ich fragte, wie
Regula heute die Trennungszeit und Scheidung ihrer Eltern empfindet, wie sie es jetzt beurteilen würde. Regula sagte mir: «Die hätten
sich schon viel eher trennen sollen damals, dann wäre alles nicht so
schlimm gewesen… Seitdem mein Vater nach N. weggezogen ist,
telefoniere ich häufig mit ihm und besuche ihn in den Ferien.
Manchmal alleine, mal mit Ilse. Auch ich hab dann manchmal Streit
mit ihm, aber das ist dann unsere Sache und nicht so schlimm wie
damals… Streit zwischen meinen Eltern gibt es, glaube ich, nur
noch wenig.»

Die Angst, bei einer Trennung die Sicherheit bietende Bindung
oder die als positiv erlebte Beziehungssituation für immer zu verlieren, erschwert oft Kindern wie auch Erwachsenen das Loslassen.
Aber stehen nicht seit unserer Geburt, wo die Abtrennung aus der
mütterlichen Symbiose begann, viele unserer Entwicklungsschritte
zum eigenständigen Leben im Zusammenhang mit Entscheidungen,
uns von gewohnten Beziehungsformen und Sicherheiten trennen zu
müssen?

Und so gäbe es Beispiele genug. Eindeutige, Sicherheit gebende
Antworten habe ich bisher weder den fragenden Kindern noch den
Erwachsenen zum Thema Trennung und Scheidung geben können.

Die 8jährige Maria schloß eine Sitzung mit ihrer Familie mit folgender Feststellung ab: «Immer dann muß man gehen, wenn es gerade schön war oder man gar nicht gehen will. Wir müssen uns
immer trennen abends beim ins Bettgehen, beim Weggehen in die
Schule, beim Spielen, wenn es Essen gibt, beim Streiten, jeden Tag.»
Dann stellte Maria die Frage an uns: «Geht das immer so weiter bis
ich so alt bin und dann wie der Opa weggehen muß, aber dann für
immer?»

Roland Weber

Stieffamilien

Die Zahl der Stieffamilien, mit denen ich in meiner Arbeit als Familientherapeut zu tun habe, ist in den letzten Jahren deutlich gewachsen. Mir wurde immer klarer, daß deren Probleme nicht ohne die vorausgegangenen Erfahrungen mit der früheren Partnerschaft oder Ehe, mit deren Auflösung sowie mit der Nachscheidungsphase zu verstehen sind.[1] Dieser Erfahrungshintergrund und die realen Folgen der Scheidung sind eine wichtige Co-Determinante für das Zusammenwachsen und -leben einer Stieffamilie.

Stieffamilien entstehen heutzutage in den meisten Fällen durch Scheidung oder Trennung und einer sich daran anschließenden neuen Partnerschaft oder Ehe. In einer von Krähenbühl, Kohaus Jellouschek, Jellouscheck und Weber (1986) durchgeführten Untersuchung betrug dieser Anteil rund 88 Prozent.[2]

Stieffamilien durchlaufen in vielen Fällen einen Prozeß, der in drei unterschiedlich lange Phasen unterteilt werden kann:

▷ die Phase des Abschieds von der bisherigen Partnerschaft und der alten Familie;
▷ die Phase der Teilfamilie;
▷ die Phase der Paar- und Stieffamilienbildung.[3]

Der Übergang von einer Phase zur anderen ist vor allem dadurch gekennzeichnet, daß sich die Familienstruktur durch das Ausscheiden bzw. Hinzukommen von Familienmitgliedern ändert.

Strukturelle Veränderungen sind aber nur ein Aspekt, unter dem die genannten Entwicklungsphasen betrachtet werden können. Sie stehen z. B. in Wechselwirkung mit Veränderungen im familiären Umfeld und bringen zugleich neue zu bewältigende Aufgaben mit sich. Schließlich ist für jede Phase auch ein bestimmtes Lebensereignis charakteristisch. Tabelle 1 zeigt die Entwicklung zur Stieffamilie unter den genannten Gesichtspunkten.

Phase	Ereignis	Struktur	Umfeld	Aufgaben
Phase des *Abschieds* von der Partnerschaft und der bisherigen Familie	Entschluß, die Partnerbeziehung aufzulösen / Auszug / Trennung / Scheidung. Tod eines Partners bzw. Elternteils.	Struktur und Zusammensetzung verändern sich: Auflösung des ehelichen Subsystems; Weiterbestand des elterlichen Subsystems, das jedoch neu arrangiert werden muß (nach Scheidung). Systemgrenze extrem durchlässig.	Verwandte, Freunde und Bekannte nehmen Einfluß. Berater, Sozialarbeiter, Anwälte, Gerichte usw. übernehmen wichtige Rollen.	Die anstehenden Entscheidungen selber treffen; Paarebene von der Elternebene trennen; Kinder aus dem Paarkonflikt heraushalten; Elternbeziehung neu definieren und arrangieren (bei Scheidung); klare Informationen an Kinder geben; Trennungsgefühle zum Ausdruck bringen; Abschied nehmen von dieser Familie.
Phase der *Teilfamilie*	Konstituierung der Teilfamilie. Der außerhalb lebende Elternteil beginnt sein Leben neu zu organisieren.	Es sind zwei neue Holons entstanden; ein Erwachsener lebt mit einem oder mehreren Kindern zusammen; der andere Erwachsene (Elternteil) lebt außerhalb.	Verlust von wichtigen Bezugspersonen, evtl. Ortswechsel, berufliche Veränderungen; Freunde, Verwandte übernehmen wichtige Ersatzfunktionen bei den Kindern.	Neuverteilung der Rollen und Aufgaben; Grenzen nach außen und nach innen neu bestimmen; jeder Elternteil muß getrennt voneinander eigene Ziele entwickeln und seine neue Elternrolle erlernen; alleinerziehender Elternteil darf seine eigene persönliche Entwicklung nicht aus dem Auge verlieren.
Phase der *neuen Partnerschaft* und der *Stieffamilienbildung*	Eine neue, auf Dauer angelegte Partnerschaft wird eingegangen; gemeinsame Haushaltsgründung.	Das System setzt sich jetzt wieder aus zwei Erwachsenen mit Kindern zusammen; neue Strukturen, Hierarchien, Grenzen, Holons bilden und festigen.	Zugewinn an neuen Bezugspersonen, evtl. auch Verluste durch Orts- und / oder Arbeitsplatzwechsel.	Paarbeziehung aufbauen; Aushandeln von Rollen; die verschiedenen Holons zu einem Ganzen integrieren; Beziehung zum außerhalb lebenden Elternteil aufrecht erhalten und neu definieren; der außerhalb lebende Elternteil muß seine Elternrolle vor dem Hintergrund des neuen Stieffamiliensystems definieren, in dem sein Kind lebt; neue Identität als Stieffamilie finden; die spezifischen Chancen dieses Familienverbandes nutzen.

Tabelle 1: Die Entwicklung zur Stieffamilie

Der Übergang von einer Phase zur anderen ist eine Zeit erhöhter Instabilität und Desorientierung, in der es verstärkt zu Symptomen kommen kann. Aus systemischer Sicht (Welter-Enderlin 1991) sind sie Vorboten eines anstehenden sozialen Wandels, der bewußt noch nicht erkannt und akzeptiert wird, und nicht – wie dies traditionell interpretiert wird – Ausdruck von angeborenen oder erworbenen Defiziten, Schwächen und Krankheiten beim ‹Patienten› oder dessen Umfeld (z. B. seiner Familie).

In der chinesischen Kalligraphie wird das Wort Krise durch eine Verbindung der Symbole für Gefahr und Chance ausgedrückt. Das besagt, eine schwere persönliche Enttäuschung, ein schmerzhafter Verlust z. B. durch eine Trennung, eine ernsthafte Erkrankung, oder eine sonstige Krise bedroht das physische und psychische Wohlergehen von einzelnen, Paaren und ganzen Familien.

Bei jeder Krise besteht die Gefahr, daß die Menschen sich nicht weiterentwickeln, an einem gewohnten Lösungsverhalten festhalten und noch Jahre später unter diesem Ereignis leiden, als ob es sie gerade erst getroffen hatte.[1]

Doch in jeder Krise steckt auch die Chance, zu neuen Ufern aufzubrechen und gestärkt aus ihr hervorzugehen.

Abschied nehmen und neu anfangen

Trennung und Scheidung stellen krisenhafte Übergänge sowohl für den einzelnen wie für die Familie und ihre Teilsysteme (Eltern, Kinder) dar. Scheiden tut weh! Daran ändern auch nichts die hohen Scheidungszahlen und die Tatsache, daß Trennung und Scheidung mehr und mehr zur Regel, zum Normalfall werden. Dabei stelle ich immer wieder fest, daß der seelisch nicht vollzogene Abschied von der alten Familie, die nicht abgeschlossene Trauer um das Ende einer existentiellen Liebes- und Alltagsbeziehung (sei sie mit oder ohne Trauschein) sowie fortwährende Konflikte der ehemaligen Ehepartner das Zusammenwachsen und -leben einer Stieffamilie beeinträchtigen oder ein neuerliches Scheitern verursachen können.

Über die Wichtigkeit der Trauer schreibt Jellouschek (1990):

«daß sich die Partner nach einer Trennung mit der Geschichte ihrer Beziehung auseinandersetzen, um zu verstehen, wie diese Beziehung entstehen konnte, wie sie in die Krise gekommen ist und warum sie auseinandergehen mußte. Oft wird das durch rasche neue Beziehungen oder Alltagsgeschäfte zugedeckt. Alles wird verdrängt, nichts wird verstanden. Aber ohne dieses Verstehen gibt es auch keine Trauer. Und betrauert muß diese Beziehung werden, weil ich sie sonst nicht loslassen und auch nicht neu anfangen kann. Ohne Trauerarbeit gibt es auch keinen Frieden mit dem, was war. Seinen Frieden mit der vergangenen Beziehung zu schließen, ist aber nötig, sonst gehen Selbstquälerei und Unversöhnlichkeit womöglich jahrzehntelang weiter.»[5]

Welches sind die wesentlichen Herausforderungen und Aufgaben, die eine Scheidung an alle Beteiligten stellt und die, wenn sie nicht bewältigt werden, das Leben einer Stieffamilie beeinträchtigen – vielleicht sogar unmöglich machen (Wallerstein und Blakeslee 1989, Krähenbühl, Kohaus-Jellouschek, Jellouschek und Weber 1987/1991):

▶ die Ehe oder Partnerschaft beenden;
▶ um den Verlust trauern;
▶ sich selbst wiederfinden;
▶ Emotionen beherrschen lernen;
▶ sich wieder hinauswagen;
▶ sich neu organisieren;
▶ den Kindern helfen.

Auch wenn Kinder das schwächste Glied in der Kette sind, sind sie doch keine passiven Opfer einer Scheidung. Auch ihnen stellen sich Aufgaben, die es zu bewältigen gilt. Wallerstein und Blakeslee benennen folgende Punkte:

▶ die Scheidung verstehen;
▶ strategischer Rückzug;
▶ den Verlust bewältigen;
▶ mit Zorn umgehen;
▶ Schuldgefühle überwinden;
▶ die Endgültigkeit der Scheidung akzeptieren;

▶ das Risiko der Liebe eingehen.

Die hier genannten Aufgaben sind nicht so zu verstehen, daß sie schematisch nacheinander durchgearbeitet werden müssen. Vielmehr ist es so, daß die Betroffenen einmal an der einen, dann wieder an der anderen Aufgabe arbeiten oder gleichzeitig an verschiedenen. Wichtig erscheint mir in diesem Zusammenhang, sich klarzumachen, daß die Lösungen, die zur Bewältigung dieser Aufgaben in Angriff genommen werden, ebenfalls relativ sind. Daher müssen Berater und Therapeuten sich davor hüten, mit idealistischen Meßlatten zu operieren und tatsächliche ablaufende Bewältigungs- und Anpassungsprozesse zu ignorieren oder abzuwerten.

Scheidungen werden – das ist meine Erfahrung – immer nur bis zu einem gewissen Grad so ideal ablaufen, wie es in Lehrbüchern und Ratgebern formuliert wird.

Für die Bewältigung dieser Aufgaben spielt die Zeitdauer bis zur Gründung einer Stieffamilie eine gewichtige Rolle.[6] Erfolgt diese zu früh, sind die mit der Trennung und Scheidung verbundenen Prozesse in der Regel noch nicht abgeschlossen. Dies kann für die Stieffamilie zu verschiedenen Belastungen führen:

▶ Schuld- und Versagensgefühle wie auch Gefühle des Zorns und Wünsche nach einer Wiedervereinigung der Eltern können vor allem kurz nach der Scheidung für erheblichen, aber nur schwer identifizierbaren Zündstoff sorgen;

▶ die geschiedenen Partner sind emotional noch nicht voneinander getrennt und tragen ihre Konflikte weiter über die Kinder aus;

▶ das Gefühl vieler Kinder, bei der Scheidung ihrer Eltern schon nicht gefragt worden zu sein, erfährt durch eine zu rasche Familienneugründung eine erneute Bestätigung;

▶ es bestehen noch wenig oder keine Erfahrungen mit der Praktikabilität der Umgangsregelung und der Situation getrennter Elternschaft;

▶ die alte Familie und Ehe ist noch so präsent, daß sie als Maßstab für die neue Familie und Ehe dient;

▶ der umgangsberechtigte Elternteil wird angesichts der Anfangsschwierigkeiten und Unwägbarkeiten als Eindringling oder Störfaktor angesehen;

- da jedem noch die vorausgegangenen Streitigkeiten und Häßlichkeiten vor Augen sind, bemühen sich alle krampfhaft darum, keine Unstimmigkeiten aufkommen zu lassen;
- die alten Familienmitglieder sind emotional noch gar nicht offen für neue vertrauensvolle Beziehungen und neue Spielregeln des Zusammenlebens;
- der umgangsberechtigte Elternteil hat Angst, von den Kindern zurückgewiesen zu werden und als Elternteil nicht zu genügen. Diese Angst läßt erfahrungsgemäß mit der Zeit nach;
- der umgangsberechtigte Elternteil ist noch voll in der Klärung seiner neuen Elternrolle und muß sich gleichzeitig mit dem oder der ‹Neuen› auseinandersetzen, einer Person, der wahrscheinlich höchst ambivalente Gefühle entgegengebracht werden, vielleicht sogar Haß;
- die neuen Partner müssen sowohl ihren Paarbildungsprozeß in Angriff nehmen als auch den Prozeß der Familienzusammenführung vorantreiben, haben aber für ihre neue Partnerschaft noch keine hinreichende Klärung erreicht.

Dauert die Phase der Teilfamilie zu lange, so bildet sich unter Umständen ein sehr festes Familiengefüge heraus, in das der neue Partner oder die neue Partnerin nur schwer hineinfindet.[7] Besonders eindrucksvoll habe ich dies wiederholt in den Fällen erlebt, in denen der Vater das Sorgerecht für die Kinder erhielt und mehrere Jahre mit den Kindern alleine lebte. Hier hatten die neuen Frauen keine Chance, sich in das schon bestehende Teilfamiliensystem zu integrieren.

Schwierigkeiten können sich auch dadurch ergeben, wenn eines der Kinder in die Partnerersatzrolle gerutscht oder zum Familienoberhaupt aufgestiegen ist. Dieses Kind fühlt sich dann – aus seiner Sicht zu Recht – vom neuen Partner, von der Stiefmutter oder dem Stiefvater, aus der bisherigen Postition verdrängt und findet keinen gleichwertigen Ersatz. Der mit ihm zusammenlebende leibliche Elternteil kommt in entsprechende Loyalitätskonflikte. Gilt der auch noch als der Schuldige an der gescheiterten Ehe, hat er besonders viel Mühe, sich diesem Konflikt zu stellen, da er sich eh schon in der Defensive fühlt. In diesem Hin und Her kann es so weit kommen, daß es plötzlich heißt: «er oder ich – entweder geht das Kind oder ich gehe».

Ähnliches gilt auch für den Fall, daß anstelle eines Kindes die Großeltern bzw. der Großvater oder die Großmutter diese Rolle eingenommen haben und nun plötzlich abdanken sollen. Immerhin kehren rund 30 Prozent der Alleinerziehenden nach der Trennung oder Scheidung in ihr Elternhaus zurück oder suchen enge Anlehnung daran (Schaus/Harmsen-Schaus 1984).[8] Dazu schreibt G. Reich (1990): «Haben sie (die Großeltern) nach der Scheidung sowohl für ihr erwachsenes Kind wie für ihre Enkel Elternfunktionen übernommen, wobei sie für letztere in Krisenzeiten oft die einzige zuverlässige Stütze sein können, so geben sie diese Position u. U. nur ungern wieder auf. Einer neuen Paarbeziehung des/der Geschiedenen oder gar der Gründung einer Stieffamilie stehen sie dann skeptisch oder ablehnend gegenüber. Dies führt dann zu Konflikten vor allem in der Konstituierungsphase der Zweitfamilie.»

Probleme, die ebenfalls mit der Phase der Teilfamilie zusammenhängen können, sind folgende:

▷ der sorgeberechtigte Elternteil traut sich aufgrund von Schuldgefühlen nicht, an die Kinder Aufgaben zu delegieren, die sie bisher nicht zu übernehmen brauchte, in der neuen Familie vielleicht übernehmen müssen;

▷ da andere gegengeschlechtliche Bezugspersonen fehlen, wird die Beziehung zum außerhalb lebenden leiblichen Elternteil idealisiert, wodurch dem Stiefvater oder der Stiefmutter der Eintritt ebenfalls erschwert werden kann;

▷ es bleibt fast kein Spielraum dafür, die wiedergewonnene Selbständigkeit zu erproben und neue, partnerunabhängige Seiten an sich zu entdecken oder zu reaktivieren;

▷ der getrennt lebende leibliche Elternteil – meist der Vater – kommt mit seiner neuen Rolle eines ‹Wochenendvaters› nicht zurecht und drängt in die Teilfamilie hinein, die dadurch nicht zur Ruhe kommt.

Welche Verarbeitungszeit lang genug ist und wann eine Nachscheidungsphase zu lang anhält, läßt sich immer nur im Einzelfall feststellen. Hinzu kommt: Ereignisse sind nicht an sich gut oder

böse, sondern werden durch unsere Attribuierungen und Bedeutungsgebungen – also durch ihre Versprachlichung – dazu gemacht.[9] Sie bestimmen meiner Erfahrung nach nachhaltiger als ob-
jektive Fakten, ob sich Geschiedene als Verlierer oder Gewinner
einer Scheidung empfinden.

Die Struktur der Stieffamilie

Stieffamilien sind kein Überrest oder auch keine Neuauflage der
Kernfamilie, sondern ein Familientyp ganz eigener Prägung bzw.
Struktur.

Diese Struktur wird sehr stark von der der Stieffamiliengründung
vorausgehenden Trennung bzw. Scheidung geprägt und weist folgende Merkmale auf (Krähenbühl et. al.):

▸ Bei einer Stieffamilie lebt ein leiblicher Elternteil der Kinder außerhalb der neuen Familie. Die Kinder haben damit eine wichtige
Beziehung zu einer Person, die nicht dem neuen Familienver-
band – jedenfalls im engeren Sinne – angehört. Welche emotionale, praktische und ideelle Rolle spielt dieser Elternteil? Diese
Frage berührt die Grenzen des Familiensystems nach außen, die
Position des Stiefelternteils innerhalb der neuen Familie und die
Verteilung der Loyalitäten der verschiedenen Erwachsenen gegenüber den Kindern und der Kinder gegenüber den Erwachsenen.

▸ Bei Stieffamilien haben meist alle Mitglieder vor nicht langer Zeit
den Verlust einer wichtigen Bezugsperson erlitten. Damit haben
sie eine Erfahrung gemacht, die ihre gegenwärtigen Gefühle und
ihr Selbstverständnis wesentlich mitbestimmt.

In Stieffamilien bestand eine Beziehung zwischen einem Erwachsenen und dessen Kindern schon vor der neuen Verbindung und
Partnerschaft. Der Stiefelternteil – gegebenenfalls mit seinen Kindern – muß Zutritt zu einem bestehenden Familiensystem finden,
das bereits über gemeinsame Regeln, Werte und Rituale verfügt
und durch die Scheidung vielleicht besonders eng zusammenge-
rückt ist.

▸ In Stieffamilien sind Kinder Mitglieder von mehr als einer Familiengemeinschaft: damit ist zunächst nicht klar definiert, wo und wie die Grenzen der neuen Familie verlaufen. Jubiläen und Feste sind daher oft konfliktbesetzt und wirken weniger einheitsbildend.

▷ In der Stieffamilie hat einer der Erwachsenen (der Stiefelternteil) keine elterlichen Rechte gegenüber den Kindern des Partners, obwohl er von außen betrachtet dem elterlichen Subsystem anzugehören scheint.

Hieran wird deutlich, daß sich die Stieffamilie mit ganz eigenen strukturbedingten Problemen auseinandersetzen muß, die sich einer Kernfamilie so gar nicht stellen. Diese Probleme sind deutlich von der zuvor erfolgten Trennung bzw. Scheidung geprägt.

Stieffamilien haben es – meiner Erfahrung nach – schwerer als andere Familien, ihr Zusammenleben befriedigend zu gestalten. Doch dort, wo es gelingt, profitieren die Menschen in besonderer Weise davon: die Erwachsenen durch größere Reife und Dankbarkeit, die Kinder und Jugendlichen durch mehr Selbständigkeit und Realitätssinn.

Stieffamilien sind aber keine Problemfamilien. Ihre Grundsituation ist kompliziert und macht es ihnen schwer, die vielen unterschiedlichen Bedürfnisse, Erwartungen und Erfahrungen unter einen Hut zu bringen und eine Familie eigenen Zuschnitts zu werden.

Worin liegen die speziellen Chancen einer Stieffamilie? Die Stieffamilie hat die Chance, aus alten Rollenklischees und festgefahrenen Vorstellungen auszubrechen und kreative, eigenständige, neue und originelle Lösungen für das Zusammenleben zu finden. Durch den dazukommenden Stiefelternteil und seine Verwandtschaft wird der Stieffamilie und ihren Mitgliedern ein neues und weiteres Beziehungsnetz und damit die Chance eröffnet, neue Lebensmodelle kennenzulernen und neue Erfahrungen zu sammeln. Gerade die Kinder, deren zweiter Elternteil von ihnen getrennt lebt, fordern die Erwachsenen dazu heraus, Haß, Wut, Verletztheiten und Rivalitätsgefühle gegenüber dem früheren Partner zu überwinden und ihn, auch wenn er nicht mehr Partner ist, doch als Elternteil für das gemeinsame Kind zu akzeptieren und normale Beziehungen aufzubauen.

Stieffamilien könnten also eine Chance und Herausforderung darstellen, die engen Grenzen der isolierten Kleinfamilie auszuweiten und zu neuen Formen des Zusammenlebens zu finden. Diese Formen, die weiter und großzügiger sind und darum das Gefühl einer umfassenden Geborgenheit vermitteln, brauchen wir dringend.

Weil frühere Bindungen zerbrochen sind, bedeutet dies für die Erwachsenen die Chance, die neue Beziehung nicht als selbstverständlich anzusehen. Stieffamilien eignen sich in besonderer Weise zur Einübung kooperativer Beziehungen und von Toleranz und dazu, Unterschiede auszuhalten. Nach dem Schock und dem Trauma der Scheidung kann in der Stieffamilie das erschütterte Vertrauen in Zwischenmenschlichkeit und Alltagsglück wieder zurückgewonnen werden.

Schließlich ist die Situation der Stieffamilie nur im Zusammenhang mit längerfristig sich wandelnden Individualisierungsprozessen zu verstehen. Dazu Elisabeth Beck-Gernsheim und Ulrich Beck (1990):

«Noch in den sechziger Jahren besaßen Familie, Ehe und Beruf als Bündelung von Lebensplänen, Lebenslagen und Lebensläufen weitgehend Verbindlichkeiten.»

Inzwischen haben sich die Verbindlichkeiten gelockert. Dies ist im besonderen ablesbar an der Art und Weise, wie sich Stieffamilien organisieren und miteinander leben. Immer häufiger leben Elternteile mit ihren Kindern allein oder mit einem neuen Partner ohne Trauschein auf Dauer zusammen. Im Kontext von Stieffamilien entsteht ein neuer Elterntypus, nämlich der außerhalb lebende leibliche Elternteil. Aufgrund der bisherigen Scheidungspraxis ist dies oft der Vater: Der Besuchsvater lebt nur zu bestimmten Zeiten mit seinen Kindern zusammen und erfährt daher seine Vateridentität zeitlich und inhaltlich eingeschränkt. Trotzdem beeinflußt er das Gelingen der Stieffamilie und die Identitätsentwicklung seiner Kinder in hohem Maße. Viele Väter wollen heute nicht mehr nur die Alimente zahlen, sondern aktiv und bewußt an der Entwicklung ihrer Kinder teilhaben. Sie sehen von daher ihre Rolle nach einer Scheidung an-

ders als früher. Stieffamilien als Familienverbände mit intern unterschiedlichen Nähe- und Distanzverhältnissen lassen ferner Folgendes erkennen: Die kulturgeschichtlich gewachsene und zur Norm
gewordene Vorstellung, daß Liebespaar und Elternpaar identisch
sind, wirkt auch heute nach. In der gesellschaftlichen Realität werden jedoch anderslaufende Entwicklungen unübersehbar und fordern zu einem neuen Umgang mit überlieferten Normen und gegen-
wärtiger Realität heraus.

Die hier vorgestellten Überlegungen haben auch Konsequenzen für
die Scheidungsberatung und -therapie.

Eine Scheidung bringt, wie Wallerstein und Blakeslee zu Recht
betonen, Aufgaben aus zwei verschiedenen Bereichen mit sich, die
aber aufs engste miteinander verzahnt sind. Erstens müssen die Erwachsenen sich ein neues Leben aufbauen, um die Chance des Neubeginns nach der Scheidung richtig zu nutzen. Zweitens müssen sie
sich um die Kinder kümmern und sie davor bewahren, zwischen die
Fronten der ehemaligen Ehepartner zu geraten.

So macht es wenig Sinn, wenn Scheidungsberatung ausschließlich
auf der Paarebene operiert und den ganzen Bereich der elterlichen
Verantwortung an die Gerichte, Anwälte und Jugendämter delegiert.[10] Für problematisch halte ich, wenn sich der Scheidungs-Bera-
ter ausschließlich auf die Aufarbeitung der Vergangenheit konzentriert. Zweifelsohne spielt Trauerarbeit eine wichtige Rolle bei der
psychischen Bewältigung einer Scheidung, doch möchte ich davor
warnen, diesen Aspekt überzubetonen. Realistischerweise muß
auch gesehen werden, daß fehlgelaufene Abschiedsprozesse im
nachhinein nur begrenzt korrigierbar sind.

Gerade für die Beratung und Therapie von Stieffamilien wäre es
fatal, deren Energien ausschließlich auf die Aufarbeitung der Vergangenheit zu konzentrieren. Die Vergangenheit wird dadurch erst
zu einer schweren, vielleicht sogar unüberwindlichen Hypothek,
die Fatalismus oder Resignation auslöst. Der Schwerpunkt der Beratung sollte daher dort liegen, wo die Familie bessere Zugriffsmög-
lichkeiten hat: also in der Gegenwart und Zukunft[11], nämlich auf
der Entwicklung einer positiven Familienkultur.

Scheidungsberatung sollte sich als eine Instanz verstehen, die die Sehnsüchte und Wünsche von Betroffenen nach einer besseren Zukunft vertritt. Konkret heißt dies, allen Beteiligten bewußt zu machen, daß jetzt, «hier und heute», die Weichen für ihr weiteres Leben gestellt werden. Die Betroffenen müssen wissen, daß es sich jetzt mitentscheidet, ob das Auseinandergehen eine zweite Chance darstellt, dem Leben einen neuen Sinn und eine neue Richtung zu geben. «Der erste Schritt bestimmt die Richtung!» (Wallerstein u. Blakeslee) Er beeinflußt nachhaltig, ob die neuen Partner ihre neue Beziehung nach den Spielregeln ihrer vorausgegangenen Ehen leben – so als ob die Scheidung nie stattgefunden hätte. Der erste Schritt beeinflußt, ob sich die früheren Ehepartner noch Jahre nach der Scheidung hassen und eifersüchtig übereinander wachen. Er beeinflußt auch, wie alle Mitglieder einer Stieffamilie mit den «durchlässigen Grenzen» ihres neuen Familienverbandes zurechtkommen.

Eine faire Trennung ist daher eine lohnende Investition für die nähere und weitere Zukunft. Dies deutlich zu machen und gegen allzu kurzfristige Interessen abzugrenzen, ist daher ein wichtiges, vielleicht sogar das wichtigste Anliegen von Scheidungsberatung.

Hannelore Diez/Heiner Krabbe

Was ist Mediation? – Praktische Gebrauchsanleitung für ein außergerichtliches Vermittlungsverfahren

Mediation ist ein Vermittlungsverfahren in Scheidungssituationen. Es hilft Paaren, ihre Auseinandersetzungen über das elterliche Sorgerecht, die Besuchsregelung, über die finanzielle Unterstützung des Ehepartners und der Kinder sowie weitere Fragen, die sich aus einer Scheidung ergeben, miteinander zu verhandeln. Es geht um die Entwicklung von Lösungen in kooperativer Form, statt Entscheidungen über einen gerichtlichen Streit herbeizuführen.

Vermittlung als Konfliktlösungstechnik bei Streitigkeiten baut auf eine lange Tradition; in der Bundesrepublik ist Mediation als Vermittlungsform bei Trennung und Scheidung erst seit 1982 bekannt.[1]

Bei der Suche nach einer brauchbaren Definition von Mediation für die Praxis ist bereits die Übersetzung des Wortes in die deutsche Sprache ein Problem, da ein entsprechender Begriff im deutschen Sprachgebrauch bisher noch nicht entwickelt worden ist. Korrespondierend zum Wort Heiratsvermittlung könnte man von Scheidungsvermittlung sprechen. Um den Charakter der Konfliktlösung einer Mediation hervorzuheben, könnte man sie als Scheidungslösung definieren. Man könnte Mediation auch als feststehenden Fachbegriff mit in die deutsche Sprache übernehmen.

Inzwischen gibt es eine Fülle von Definitionen zur Mediation. Dabei hängt die Definition davon ab, was ‹mediiert› wird, wer die Mediation durchführt und wo sie angeboten wird. Vereinfacht be-

trachtet, kann Mediation einmal aus therapeutisch-beraterischem
Blickwinkel oder aus juristischem Blickwinkel definiert werden.
Die Definition von Proksch (s. S. 170 ff in diesem Buch) scheint am
ehesten auf die deutschen Lebensverhältnisse zugeschnitten zu
sein.[2]

Ziel der Mediation ist es, die offenliegenden Streitpunkte bei
einer Scheidung zu lösen sowie die zugrundeliegenden Konflikte
sichtbar und verständlich werden zu lassen. Man könnte auch von
äußeren und inneren Zielen der Mediation sprechen. So wird eine
Reihe von vertraglichen Vereinbarungen zum Unterhalt, Vermögen,
Eigentum und zur Elternverantwortung getroffen. Mit der Regelung der Scheidungsfolgen werden zugleich innere, psychodynami-
sche Bereiche berührt, die die Familie, das Paar oder den einzelnen
betreffen. Vertragsverhandlungen ermöglichen oft den ersten
Schritt zur Trennung vom Partner. Die sich trennenden Eheleute
verhandeln und vereinbaren oft zum erstenmal ihre Angelegenheiten gemeinsam: Für sie sind dann die Vereinbarungen der Mediation nachgeholte Ehekontrakte; für die Familie entsteht mit den
Mediationsverhandlungen ein zukünftiges Konfliktlösungsmodell.

Philosophie der Mediation

Für die Praxis der Mediation sind gewisse Grundannahmen von
Bedeutung, die die «philosophische Basis der Mediation» bilden
(vgl. A. Taylor 1988, S. 59).

Dazu zählt die von Deutsch entwickelte Theorie zur Natur
menschlicher Konflikte. Danach geht es nicht um die Frage, wie
man Konflikte zwischen Menschen unterdrücken oder verhindern
kann, sondern wie sie produktiv gemacht werden können. Deutsch
identifizierte typische Charakteristika von destruktiven und konstruktiven Konfliktmustern und entwickelte Ideen und Vorschläge,
einen destruktiven Konflikt in kooperative Umgangsformen umzuwandeln. Dabei wirkt sich die Zuhilfenahme einer neutralen «Dritten Person» positiv aus.

Weiterhin basiert Mediation auf der Übertragung von Erkenntnissen aus der Kybernetik und der Systemtheorie auf menschliche Beziehungen, insbesondere auf das System der Familie. Neben der Psychoanalyse und der Verhaltenstherapie hatte sich die Familientherapie zu einer weiteren Hauptform der Psychotherapie entwickelt. Familientherapie löste das Bild vom Individuum als dem «Helden» ab, der gegen alle Schwierigkeiten allein ankämpft und seinen Weg sucht; das Individuum wurde nun als ein «Teil des größeren Ganzen» gesehen. Das systemische Menschen- und Familienbild nimmt die «Ökologie menschlicher Beziehungen» ins Blickfeld.

Auch im Falle der Krise einer Familie – so bei der Trennung der Eheleute – lebt die Familie als System fort, wenn auch verändert. Man spricht von Ehescheidung, nicht jedoch von Familienscheidung. Mit der gewandelten Sicht von Ehescheidung als einer Familienkrise entstanden auch neue Konfliktlösungsmodelle. Hervorgehoben sei hier das ABC-X-Modell von Hill, das sich mit Streß- und Copingverhalten in Familien beschäftigt (vgl. Welter-Enderlin 1989, S. 51).

Trennung und Scheidung ist danach für alle Familienmitglieder ein kritisches Lebensereignis (Stressor), das Auswirkungen auf die bio-psychosoziale Lebenssituation sowie die kognitiven Einschätzungsprozesse aller Familienmitglieder hat. Einzelne Bewältigungsversuche in der Familie können zu noch stärkerem Streß führen oder aber diesen abbauen und ein neues Wachstum der Familie ermöglichen (vgl. Welter-Enderlin 1989, S. 51–71).

Erst durch den Blick auf das Familiensystem eröffnete sich die Frage, wie im Falle einer Scheidung die sich trennenden Ehepartner und Eltern Vereinbarungen für das weiterhin bestehende Familiensystem treffen können. Fthenakis sprach in diesem Zusammenhang von der «Nachscheidungsfamilie» (Fthenakis, 1982, S. 189–231).

Die Mediationspraxis basiert zudem auf Entwicklungen im rechtlichen Bereich, die ebenfalls eine veränderte Sicht von Ehescheidung und Elternschaft auslösten.

So wurde 1977 das Schuldprinzip in der Ehescheidung abgeschafft. Die Eheleute haben die Chance, ihren eigenen Anteil am Scheitern der ehelichen Beziehung zu erkennen, statt den anderen Ehepartner in projektiven Denkmustern mit Anklagen und Vorwürfen zu überhäufen. 1982 wurde das Gemeinsame Sorgerecht als eine eigenständige Form der elterlichen Sorge anerkannt. Damit trat der Gedanke an die gemeinsame elterliche Verantwortung stärker in den Vordergrund. Die Abschaffung des Schuldprinzips sowie der Gedanke einer gemeinsamen elterlichen Sorge haben im Rechtsbereich wesentliche Voraussetzungen dafür geschaffen, Mediation im Sinne einer eigenverantwortlichen, gemeinsam getragenen Regelungsübereinkunft bei Trennung und Scheidung praktizieren zu können.

Prozeßschritte der Mediation

Wir schlagen fünf Schritte für den Prozeß der Mediation vor. Für jede der fünf Stufen werden wir die besonderen Aufgaben, die angewandten Methoden vorstellen, diskutieren und am Beispiel der Familie D. illustrieren.

> Zunächst zu Familie D.:
> Frau D. (38 J.) und Herr D. (40 J.) waren zehn Jahre verheiratet und haben einen Sohn, Markus, der sieben Jahre alt ist und in die erste Klasse geht. Frau und Herr D. leben seit 2 Monaten getrennt. Herr D. lebt bei einem Freund, während er sich eine Wohnung sucht.
> Herr D. ist Sportlehrer an einer Realschule, Frau D. gibt Klavierunterricht zu Hause und hat ihr durch die Geburt von Markus unterbrochenes Musikstudium wieder aufgenommen. Sie hat jedoch noch keinen Abschluß.
> Frau und Herr D. haben vor fünf Jahren ein Haus am Stadtrand gekauft, in dem zur Zeit Frau D. mit Markus lebt. Das Haus hat einen Wert von etwa 500 000 DM und ist mit einer Hypothek von 250 000 DM belastet. Die Mutter von Frau D., die einen engen Kontakt zu ihrer Tochter hat, unterstützt die Familie finanziell.
> Frau D. hat den Eindruck, daß die Last des Haushaltes und der Erziehung von Markus in den letzten Jahren fast ausschließlich auf ihren Schultern gelegen hat, und ärgert sich über die häufige Abwesenheit ihres Mannes. Seit der Teilnahme an einer

Frauengruppe und dem Beginn einer Therapie denkt sie an Scheidung, hat aber Angst davor, ob sie es finanziell schaffen wird, unabhängig von ihrem Mann zu leben.

Herr D. ist sportlich sehr aktiv, geht gerne Bergsteigen, kommt aber in letzter Zeit kaum noch dazu, da er wegen des Studiums seiner Frau häufig für Markus sorgen muß. Er liebt seinen Sohn sehr, mag jedoch nicht seine ganze freie Zeit für ihn opfern.

Eine besondere Schwierigkeit bereitet der Familie die Versorgung des Hundes von Markus, eines großen ungebärdigen, bisweilen sogar aggressiven Tiers. Markus liebt diesen Hund sehr und ist mit ihm unzertrennlich verbunden.

Frau und Herr D. kommen auf Anraten der Therapeutin von Frau D. in die Mediation.

1. Phase
Vorbereitung und Abschluß eines Mediationskontraktes

In der ersten Phase soll das Feld für mögliche Mediationsverhandlungen abgesteckt werden. Der Vorbereitung auf eine Mediation wird viel Zeit und Aufmerksamkeit geschenkt, da sie der Schlüssel zu späteren Verhandlungen ist.

Dem Mediator kommt zunächst die Aufgabe zu, den ersten Kontakt mit beiden Partnern zu strukturieren. Er gibt Informationen über Vorteile, Grenzen und Grundbedingungen einer Mediation, über seine Rolle als Vermittler und Manager des Verhandlungsprozesses, über die Rolle der Kinder, über die der Rechtsanwälte als Informanten und Ratgeber zukünftiger Vereinbarungen sowie über die Regeln des Mediationsgesprächs.

Die allgemein gehaltenen Eingangsinformationen sollen ein erstes Verständnis für eine Mediation ermöglichen. Dabei sollte der Mediator darauf achten, keinen langatmigen Vortrag zu halten, sondern bereits Verständnisfragen zu seinen Erläuterungen zuzulassen. Von Beginn an sollte er den Kontakt zwischen ihm und beiden Ehepartnern sowie zwischen den Ehepartnern selbst im Auge haben und ein Gesprächsklima fördern, das von Informations- und Aufnahmebereitschaft sowie Direktheit und Offenheit gekennzeichnet ist. Das kann er erreichen, indem er alle Fragen offen und ehrlich beantwortet, Widersprüchlichkeiten bestehen läßt sowie Strategien zur Reduktion von Spannungen einsetzt. Er sollte unterstützende Gesprächs- und Verhaltensregeln vorschlagen, so die Regel, bei den Verhandlungen die Punkte zuerst anzusprechen, in denen offenkundig Übereinstimmung besteht, statt mit den Streitpunkten zu beginnen. Eine andere Regel ist, daß Gegenbeschuldigungen und ständige Unterbrechungen durch eine der Parteien nicht erlaubt sind.

Der Mediator sollte auch betonen, daß es in seiner Macht steht, die Einhaltung der Regeln zu fordern oder gar die Mediation zu beenden, wenn aus seiner Sicht Regeln und Ziele der Mediation ständig mißachtet werden (vgl. A. Taylor 1990, S. 7).

Neben der Strukturierung muß er mit beiden Parteien überprüfen, ob eine Mediation überhaupt für die offenstehenden Verhandlungspunkte sowie die beiden streitenden Verhandlungsparteien geeignet ist. Das berührt die Frage der Motivation beider Seiten, eine Mediation in Anspruch nehmen zu wollen.

Der Mediator sollte zur Einschätzung von Eignung und Motivation der Teilnehmer über diagnostische Fähigkeiten verfügen, um beide Personen und ihre Konflikte taxieren zu können. Im Rahmen von Mediation verzichtet man auf die Anamnese der Konflikte, nutzt jedoch diagnostische Kenntnisse für den Blick auf die zukünftige Lebensgestaltung beider Verhandlungspartner.

Gründe und Motive für eine Mediation werden nun im Gespräch gesammelt. Sie können bereits erste wertvolle Hinweise und Informationen über beide Partner geben. Beweggründe für eine Mediation sind höchst unterschiedlich: einige sind offensichtlich und leicht feststellbar, z. B. Kostenersparnis, andere liegen tiefer – wie der Entschluß, beiderseitig den Konflikt zu verstehen, und der Wunsch, eine gemeinsam getragene Lösung zu entwickeln.

Die Gründe reichen vom Wunsch nach Effizienz – «um die Ausgaben zu verringern» – über Einstellungen gegenüber dem bestehenden Rechtssystem – «aus Abneigung gegenüber den Gerichten» –, über individuelle Faktoren – «um Streit zu vermeiden» – bis hin zum Respekt gegenüber der eingegangenen Ehe – «gemeinsame

Interessen respektieren» (vgl. G. Friedman u. J. Himmelstein 1990, S. 20).

Zudem sollte der Mediator seinerseits die Bereitschaft bei beiden Partnern wecken, Rechtsanwälte zur Beratung und Überprüfung zukünftiger Vereinbarungspunkte mit einzubeziehen; er sollte dies mit zur Bedingung einer Mediation machen.

Mit der Frage nach der Motivation hängt die Frage nach der Eignung der Parteien für eine Mediation zusammen. Dies ist ein äußerst kritischer Punkt, der bereits zu Beginn der Gespräche auftaucht und sich den ganzen Mediationsprozeß hindurch stellt, also immer wieder überprüft werden muß. Es gilt zu erkennen, ob das Streitpotential der Partner für eine Mediation zu hoch ist, ob die Parteien sich im Grad ihrer Offenheit voneinander unterscheiden und ob eine Partei die andere zu bestimmen sucht (vgl. G. Friedman u. J. Himmelstein 1990, S. 21/22).

Die Fähigkeit und Bereitschaft zu fairem Umgang miteinander hat große Bedeutung für die Beurteilung der Eignung. Sie erscheint gegeben, wenn:

- beide Parteien ihre eigenen Interessen vertreten können und sich eigenverantwortlich dafür zeigen können («Autonomie» und «Verantwortung»);
- beide Parteien offen sind, ein Ergebnis zu erarbeiten, das auch der anderen Partei gegenüber fair ist;
- beide Parteien gewillt sind, direkt miteinander zu verhandeln, einschließlich bei Differenzen und Konflikten.

Für die Beurteilung der Eignung spielen noch weitere Anhaltspunkte eine Rolle, die sich aus dem gegenwärtigen emotionalen Zustand beider Seiten ableiten lassen. So sollten beide Partner bereits ihre äußere Trennung akzeptieren können und sich auf eine innere, psychische Trennung zubewegen, eventuell auch im Rahmen einer Beratung oder Therapie. Beide sollten bereit und fähig sein, ihre Elternverantwortung zukünftig wahrzunehmen. Daher sollte der Mediator beobachten, in welcher Phase der Trennung sich beide Partner befinden und welche persönlichen Blockierungen weitere Verhandlungen verhindern.

Beim ersten Gespräch mit dem Paar D. zeigt sich, daß beide bereits gut informiert sind über eine Mediation. Sie hoffen, Lösungen zu finden, bei denen beide trotz ihrer Trennung eine kontinuierliche Beziehung zu ihrem Sohn halten können. Diese außergerichtliche Regelungsmöglichkeit scheint Herrn D. als einen mehr technisch denkenden Menschen besonders gut anzusprechen, während Frau D. von der Mediation erhofft, ihre eigenen pädagogischen Vorstellungen für Markus auch nach der Scheidung besser realisieren zu können.

Frau und Herr D. erfüllen eine wichtige Voraussetzung für Mediation: beide wollen die Scheidung, wenn auch Herr D. noch ein wenig zögerlich ist. Frau D. hat sich bereits seit längerem in einer Therapie innerlich mit ihrer Trennung beschäftigt. Eine weitere Voraussetzung wird von beiden erfüllt, da sie weiterhin gemeinsam für ihren Sohn Markus sorgen wollen. Beide scheinen eine faire Lösung anstreben zu können und zu wollen.

Als ausgesprochen problematisch, wenn nicht gar unmöglich, hat sich Mediation für Personen mit starken psychischen Behinderungen und Retardierungen erwiesen. Mediation scheint ebenfalls nicht geeignet, wenn Gewalt und Mißbrauch, insbesondere gegenüber Kindern sowie eine ausgeprägte Suchtproblematik vorliegen.

Klare Ausschlußkriterien allerdings fehlen bisher; so bleibt es letztlich den ethischen Überzeugungen des Mediators überlassen, inwieweit er beide Partner für geeignet einschätzt.

Unbedingt sollte er den Sicherheitsbedürfnissen der Parteien Rechnung tragen. Die Schweigepflicht für alle Beteiligten des Gespräches nach außen sowie Offenheit und Verantwortung innerhalb der Gesprächsrunde ist eine elementare Voraussetzung: das bedeutet für die Parteien einerseits die Verpflichtung, alle relevanten Daten – insbesondere Konten – offenzulegen, andererseits aber auch die Verantwortung, sich um die Richtigkeit der eigenen Daten und der der anderen Seite selber zu kümmern. Möglich ist auch die Einschaltung von Experten in einzelnen Verhandlungspunkten.

Erst bei Kenntnis aller genannten Umstände kann die Entscheidung zur Mediation getroffen werden. Dabei sollte es möglich sein, die Entscheidung noch einmal zu überdenken. Das Zögern einer Partei sollte ernst genommen werden: *beide* Parteien sollten zusichern können, daß sie für den Mediationsprozeß bereit sind und ihm die entsprechende Bedeutung zumessen.

Der Mediator seinerseits erklärt ihnen, ob er sie für geeignet und motiviert genug hält und ob er die Verantwortung für eine Mediation übernehmen will. Eine Entscheidung zur Mediation muß von allen Beteiligten des Gesprächs getragen sein.

Entschließt man sich dagegen, so heißt dies nicht automatisch, daß den Parteien nur noch der Weg einer gerichtlichen Auseinandersetzung verbleibt. In diesem Fall können weitere Möglichkeiten erörtert werden: So könnte eine Mediation zu einem späteren Zeitpunkt in Frage kommen, etwa wenn sich die gegenwärtigen Gründe einer Ablehnung geändert haben werden, wie etwa die Beendigung einer aufgenommenen Therapie. Denkbar wäre es auch, einen weiteren Vermittler oder einen Rechtsanwalt hinzuzuziehen, der sich im Verhandlungsgeschehen zurückhält und die notwendigen juristischen Informationen gibt. Zudem könnte der Mediator mit den Parteien eine Notlösung vereinbaren, bevor der Entschluß zu weiteren Verhandlungen getroffen werden kann. Am praktischen Beispiel anderer Ehe- und Elternpaare könnte der Mediator deren ausgehandelte Vereinbarungen vortragen. Als neutrale, dritte Lösung zwischen den umkämpften Positionen wäre eine an diesen Beispielen orientierte vorläufige Vereinbarung ein erster, vertrauensbildender Schritt.

Als Übergangslösung vereinbaren Frau und Herr D. für zunächst zwei Monate, daß Herr D. sich eine Wohnung suchen und wochentags ab Schulschluß bis zum Abendessen für Markus zuständig sein wird. Die Wochenenden werden zwischen den Eltern zu gleichen Teilen aufgeteilt. Herr D. trägt einstweilen die Kosten für das Haus und zahlt 500 DM in die Haushaltskasse, während Frau D. ihre Ausgaben durch Klavierstunden bestreiten wird.

Sind schließlich auch noch die Formalien einer Mediation – Zeit, Räumlichkeiten, Kosten – bekannt und erörtert worden, wird ein Mediationskontrakt abgeschlossen. Damit ist die erste Mediationsstufe genommen.

> Als Mediationskontrakt mit der Mediatorin benutzen Frau und Herr D. den vorliegenden Entwurf – (s. S. 276) –, dem sie die erarbeitete Übergangslösung für die nächsten zwei Monate anfügen, wie auch die Zusicherung von beiden Partnern, sich jeweils einen Rechtsanwalt zur Information und Beratung nehmen zu wollen. Die Kosten soll jeder selbst übernehmen.

2. Phase
Zur Verhandlung anstehende Regelungspunkte

In diesem Prozeßschritt werden alle relevanten Verhandlungspunkte sowie alle hierzu notwendigen Informationen aufgedeckt, gesammelt und als brauchbare Streitpunkte formuliert. Dabei sollen alle Tatbestände berücksichtigt werden, die das Gerüst für später zu treffende Vereinbarungen bilden, auch ökonomische und emotionale Faktoren (vgl. Friedman u. Himmelstein 1990, S. 7).

Zuerst sollte der Mediator in dieser Phase den Parteien Gelegenheit geben, alle zur Verhandlung anstehenden Punkte zu sammeln und zu benennen. Dabei sollte er es ihnen überlassen, in welcher Reihenfolge sie sich ihre Themen festlegen, da sich hier Hinweise auf mögliche Konflikte und Ängste der Partner ergeben können. So ist oft festzustellen, daß die «unsicheren» Themen an erster Stelle genannt werden, bei den Frauen das Geld, bei den Männern die Kinder.

Von einigen Mediationsausbildern wird eine festgelegte Themenreihenfolge vorgeschlagen, um beiden Seiten eine feste Gesprächsstruktur anbieten zu können; ökonomische Fragestellungen stehen am Beginn, vor Fragen der Elternverantwortung.

Die Entwicklung einer individuellen, in der Regel unterschiedlich ausfallenden Themenrangliste hat den Vorteil, den Parteien bereits zu diesen Zeitpunkt'zu verdeutlichen, daß sich ihre Auffassungen voneinander unterscheiden dürfen und dies vor einem Dritten öffentlich gemacht werden darf. Der Mediator sollte danach mit beiden klären, in welchen Punkten Übereinstimmung bereits besteht und welche Streitpunkte noch geklärt und verhandelt werden müssen. Die Frage nach bereits erzielten Übereinkünften bringt Klarheit in die Themenliste und kann weitere Schlüsselinformationen über Verhandlungsformen, Streitformen und Konflikte der Parteien liefern.

Die Rangliste der offenen Punkte ergibt bei den Eheleuten D. folgendes Bild:

Frau D.	*Herr D.*
1. Unterhalt	1. Klärung des Sorgerechts
2. Sorgerecht	2. Hauptwohnsitz des Sohnes
3. Betreuung von Markus	3. Betreuung von Markus
4. Haus	4. Begrenzung des Unterhalts
5. Finanzierung des Studiums	5. Haus
6. Schulden	6. pädagogische Absprachen
7. Hund	7. Auto
	8. Hund

Die Rangliste zeigt, daß die Regelungswünsche jedes Partners unterschiedlich besetzt sind. Jeder gibt dem Bereich die oberste Priorität, in dem sie/er am meisten zu verlieren hat: Frau D. legt die Betonung auf die Finanz- und Wohnungsregelungen, während Herr D. den Kinderregelungen den Vorrang gibt. Aufgabe der Mediatorin ist es, die verschiedenen Wertsysteme beider Partner zu verstehen als je individuell existierende Konfliktkreise. Außerdem gilt es, die Bedeutung des Hundes in dieser Familie zu verstehen: Als die Mediation an diesen eigentlich letzten Punkt kommt, entsteht ein heftiger Streit zwischen den Partnern mit zahlreichen Beschuldigungen.

Frau und Herr D. sind übereingekommen, mit dem unstrittigsten Punkt zu beginnen, mit der Betreuung und Versorgung von Markus. Dazu benötigen sie zwei Doppelstunden. Es zeigt sich, daß die Betreuung von Markus eng mit der Sorge und den Kosten um

den Hund verknüpft ist. Die Verhandlungen hierüber geraten in
eine kritische Phase, in der die Mediation fast gescheitert wäre.
Erst als in einem «therapeutischen Exkurs» die ambivalenten
Gefühle des Paares hinsichtlich ihrer Trennung aufgedeckt werden und beiden klar wird, daß sie mit der Anschaffung eines so
schwierigen, bissigen Hundes unbewußt ihre Trennung verhindern wollten, können weitere Punkte besprochen werden. Die
Betreuungsregelungen für den Sohn und den Hund werden danach rasch gefunden.

Bisweilen kann es für den Mediator ausgesprochen anstrengend werden, nicht die verletzten Gefühle ins Zentrum der Gespräche rücken
zu lassen, sondern Gefühle der Parteien lediglich wahrzunehmen,
zuzulassen, auszuhalten und am Mediationsauftrag festzuhalten:
eine Vereinbarung zu erreichen. Nach den bisherigen Erfahrungen
scheint zudem einiges dafür zu sprechen, Paare aus der eigenen therapeutischen Arbeit nicht in eine Mediation zu übernehmen. Der Mediator läuft dann Gefahr, die Ehebeziehung in den Vordergrund zu
stellen. Therapeutische Fähigkeiten können allerdings bei Blockierungen der Mediation helfen, den emotionalen Knoten zu lösen.

Bei Paaren gibt es häufig einen kritischen Punkt, von dem das
Gelingen oder Scheitern einer Mediation abzuhängen scheint: Bei
dem Ehepaar D. etwa war die Sorge für den Hund eng verknüpft mit
den Umgangsregelungen für den Sohn.

Ausgehandelte Betreuungsregelungen für die Kinder sowie Pläne
zur Haushaltsfinanzierung drohen oft daran zu scheitern, daß die
Existenz neuer Partner eine Partei kränkt.

Zurück zur Verhandlung. Die Parteien stehen zu diesem Zeitpunkt vor der Aufgabe, die echten Streitpunkte herauszufiltern. Der
Mediator verhandelt mit beiden über die Reihenfolge ihrer strittigen Punkte und läßt sie mit einem gemeinsam festgelegten Thema
beginnen. Dabei sollte er darauf hinweisen, daß es einfacher ist, mit
einem leicht zu lösenden Punkt zu beginnen und sich erst dann mit
hochstrittigen Problemen zu befassen.

Bei der Verhandlung unterstützt der Mediator beide Seiten darin,
alle relevanten Daten für die einzelnen Verhandlungspunkte zu

sammeln. Mit Hilfe offen formulierter Fragen des Mediators sollten beide Partner für alle Punkte die Realität und die dahinterstehenden Wertsysteme erforschen. Der Mediator kann auch als Hausaufgabe Arbeitsbögen einsetzen, die als Leitfaden für die Exploration der einzelnen Punkte dienen. Die Bögen sollen helfen, eine Reihe von Daten zu erfassen: feste und flexible Kosten des Haushalts, Vermögen, Einkommen, Gesamtwerte. Beide Parteien bringen die ausgefüllten Bögen mit in die nächste Sitzung.

> Frau und Herr D. bringen alle wichtigen Unterlagen, Kontoauszüge sowie die ausgefüllten Formulare mit. Die Mediatorin hat sie in der vorherigen Stunde aufgefordert, als «Hausaufgabe» je zwei Entwürfe für ihre zukünftige Budget-Planung zu machen – einen für sich allein und einen für das Zusammenleben mit Markus, da noch nicht klar war, bei wem Markus zukünftig seinen Lebensschwerpunkt haben würde.
> Die Planungen ergeben jedoch, daß selbst bei sparsamer Lebensführung in beiden Fällen etwa 1000,– DM fehlen würden. Außerdem war strittig, was mit dem Haus geschehen soll. Die Verhandlungspunkte «Wohnkosten» und «Hauptwohnsitz von Markus» sind eng miteinander verknüpft. Beide Partner müssen sich zudem überlegen, wie sie die in jedem Fall vorhandene Dekkungslücke ihrer zukünftigen Ausgaben schließen wollen.

Für den Mediator beginnt nun die Aufgabe, mit den Parteien die Fülle der gesammelten Daten sorgfältig durchzugehen, sie zusammenzufassen und auf offenkundige und versteckte Konflikte hin zu untersuchen. Durch Organisation, Zusammenstellung, Setzen von Prioritäten und machmal sogar durch die Überspitzung der Sorgen und Wahrnehmungen der Parteien hilft der Mediator, die Angelegenheiten von verschiedenen Seiten aus zu betrachten. Dabei wird sich eine Sicht der Dinge herausbilden, die akzeptiert, daß für riesige, unlösbar erscheinende Probleme kleinere, effektiver handhabbare Maßstäbe entwickelt werden können (vgl. Taylor 1990, S. 9). Hierbei gilt es auch herauszufinden, wo die «echten» Streitpunkte der beiden Partner liegen.

Die Mediatorin läßt es nicht zu, daß die Schuldzuweisungen aus der Vergangenheit die Verhandlungen weiterhin blockieren. Sie bezieht sich auf den Mediationskontrakt, wonach das Paar eine möglichst faire Vereinbarung erarbeiten will, die beiden voneinander unabhängige Zukunftsperspektiven gewährleistet. Es geht an dieser Stelle darum, die beiden Streitpunkte «Geld» und «Wohnen mit Markus» in brauchbare Konfliktpunkte umzuwandeln. Mit der Focussierung auf die Zukunft beider Seiten zeigt sich, daß Frau D. den Aufbau einer eigenen beruflichen Existenz anstrebt und sie deshalb auf die finanzielle Unterstützung durch ihren Mann während ihres Studienabschlusses angewiesen sein würde. Für Herrn D. wird deutlich, daß er sich um die weitere Entwicklung von Markus kümmern will und auch wegen seiner sonstigen Interessen viel Zeit für sich haben möchte; daher ist er auf Unterstützung bei der Betreuung von Markus und seinem Hund angewiesen. Hieraus können nun kleinere Verhandlungseinheiten entwickelt werden; zuvor verfestigte Positionen werden verhandelbar, es können auch zeitlich kleinere Einheiten zur Verhandlungsgrundlage gemacht werden («bis zum Examen», «bis zum 14. Lebensjahr von Markus»).

Fragen können hilfreich sein, die sich auf die Unmittelbarkeit, die Dauer des Konfliktes sowie die Intensität der Gefühle beider Seiten beziehen. So wird untersucht, wie groß Blockaden bei der Suche nach tragfähigen Alternativen sind. Hinter den finanziellen und juristischen Dimensionen eines Streitpunkts zeigen sich ungelöste emotional-psychologische Konflikte. So können Parteien darin einen Streitpunkt sehen, zu entscheiden, wer die Steuerermäßigung für die gemeinsamen Kinder erhält. Hinter der finanziellen Frage könnte sich jedoch auch der Vorwurf verbergen, die Kinder im Stich gelassen zu haben, oder gar die Befürchtung, vom ehemaligen Partner erneut übervorteilt zu werden. Diese emotionalen Dimensionen ebenfalls bewußt zu machen, liegt in der Hand des Mediators. Er sollte das Gespräch soweit unter seine Regie bringen, daß emotionale Konflikte erörtert werden können, ohne Offenheit und Gesprächsbereitschaft beider Seiten zu beeinträchtigen.

Ist das nicht möglich, sollte an dieser Stelle der Mediation mit beiden Verhandlungspartnern erörtert werden, ob nicht vor einer Fortsetzung der Mediation die Überweisung in eine Beratung oder Therapie sinnvoll sei, damit die sichtbar gewordenen Verletzungen verheilen können. Die Mediation endet dann an dieser Stelle – vorläufig oder endgültig.

Das Verständnis der tieferliegenden Konflikte, der unterschiedlichen Realitäten und Wertsysteme beider Seiten soll helfen, aus dem Rohmaterial der gesammelten Daten und Streitigkeiten brauchbare Streitpunkte für Verhandlungen zu entwickeln. So müssen scheinbar unvereinbare Informationen in ein Paket von klar umschriebenen Streitpunkten zusammengeschnürt werden, damit die Parteien wissen, um was es bei den weiteren Verhandlungen geht. Bei der Formulierung der Streitpunkte sollte der Mediator Techniken anwenden, die es ermöglichen, die Parteien mit in diese Aufgabe einzubeziehen. Widerstrebende, feindselige und wütende Paare erfordern andere Techniken als solche, die ihren Protest durch Rückzug und Verweigerung ausdrücken.

Zusammenfassung und Neuformulierung der Konfliktpunkte in offene handhabbare Streitpunkte reduzieren Ängste und Unsicherheiten der Parteien und geben ihnen Normalität in ihren Auseinandersetzungen; sie können sich als zwei einander gegenüberstehende Verhandlungs- und Vertragspartner begreifen.

Die Mediatorin achtet in den folgenden Sitzungen darauf, daß die Machtbalance zwischen Frau und Herrn D. erhalten bleibt und sich nicht das alte Beziehungsmuster der Ehe in der Mediation wiederholt. Frau D. hat sich anscheinend meistens angepaßt und ihre Wünsche sowie Interessen zurückgestellt. Verstärkt durch Schuldgefühle wegen ihres Trennungsentschlusses stimmt sie jetzt häufig schnell zu. Hier ist es wichtig, sie zu ermutigen, sich des öfteren bei ihrem Rechtsanwalt über die Streitpunkte zu informieren und ihre Rechtspositionen genau kennenzulernen.

3. Phase
Erweiterung und Umwandlung der Streitpunkte sowie Entwicklung neuer Optionen (Wahlmöglichkeiten)

Auf dieser Stufe stellt sich beiden Partnern die einfache Frage: «Wie können Sie das erreichen, was Sie erreichen wollen?» (vgl. Taylor 1990, S. 10)

Zu jedem formulierten Streitpunkt sollte jede Partei ihren Standpunkt darstellen können.

Wie lassen sich nun Streitpunkte in Verhandlungen auflösen?

Ein Konzept zur Lösung von Konflikten sieht vor, den Blick auf bestimmte, sich wiederholende Muster zwischen zwei Personen, auf zugrundeliegende Prinzipien sowie auf Techniken zu richten, die Bewegung in die Lösungssuche bringen (Friedman u. Himmelstein 1990, S. 51–60).

Folgende Konfliktmuster können eine Lösung hemmen:

▶ Vermeidung (sich weigern, in den Gesprächsprozeß einzutreten),
▶ Kontrolle (des Gesprächsprozesses oder des anderen Partners),
▶ Anpassung (an die andere Partei oder die gesetzlichen Bestimmungen)

Grundlegende Prinzipien, die den Prozeß der Konfliktlösung fördern, sind «Autonomie», d. h. Verantwortung für die eigenen Interessen übernehmen, und «Gegenseitigkeit», d. h. den anderen in fairer Weise respektieren. Der Mediator versucht, ein Gleichgewicht zwischen diesen beiden Prinzipien herzustellen. Er hat darauf zu achten, daß die Partner einerseits ihre Position selbst vertreten können, andererseits gleichzeitig in der Lage sind, der anderen Seite entgegenzukommen.

Um hemmende Muster erkennbar werden zu lassen und den genannten Prinzipien Geltung zu verschaffen, kann der Mediator eine Reihe von Techniken einsetzen. Er sollte:

▶ den Parteien die auftretenden hemmenden Muster aufzeigen und deren Auswirkungen auf den Gesprächs- und Verhandlungsprozeß verdeutlichen;
▶ Druck auf die Parteien vermeiden (Zeit geben, Humor, Negativität umwandeln);

▶ jeder Partei helfen, ihre eigene Wirklichkeit zu erkennen (vereinfachen, zusammenfassen, Gefühle zulassen, positive Feststellungen, orientieren an Gegenwart und Zukunft);

▶ jeder Partei helfen, die Ansichten der anderen Seite zu verstehen (Verständnisfragen zur anderen Position, Rollen- und Perspektiventausch, Rahmen lockern und öffnen, Vielfalt möglicher Antworten anerkennen);

▶ beide Seiten darin unterstützen, sich auf eine Lösungsmöglichkeit einzustellen, die für beide wechselseitig fair und durchführbar erscheint (Wechselseitigkeit des Problems benennen, gemeinsame, sich überschneidende Interessen und Ziele betonen). (vgl. Friedman u. Himmelstein 1990, S. 59)

Bei der Entwicklung neuer Optionen zur Lösung der Streitpunkte kommt dem Mediator wiederum eine aktive Rolle zu. Es gilt, beide Partner zu ermutigen, den gesamten Rahmen der Gestaltungsmöglichkeiten zu jedem einzelnen Streitpunkt zu erforschen. Oft werden brauchbare Möglichkeiten von den Parteien aus der Angst heraus abgelehnt, daß sie die Grundlage für eine Lösung schaffen könnten, die für die andere Seite nicht akzeptabel ist. Wenn der Mediator darin bestärken kann, über den Vorschlag erst zu einem späteren Zeitpunkt zu urteilen, können die Verhandlungspartner es wagen, auch Lösungen vorzuschlagen, die in der Zukunft brauchbarer sein können, als sie gegenwärtig erscheinen. Indem er die jedem Vorschlag zugrundeliegenden Bedürfnisse und Interessen hervorhebt, kann er helfen, eingefahrene Positionen zu lockern.

Hilfreich sind ebenso Projektionen in die Zukunft. Voraussagen über zukünftige finanzielle und gesellschaftliche Entwicklungen sowie die Einbeziehung neu hinzukommender Personen können den Spielraum für Entscheidungen erweitern. Hier kann der Mediator alle Arten projektiver Techniken einsetzen, ein nützliches Instrument ist etwa die Frage: «Was wäre wenn...», verbunden mit der Möglichkeit, entsprechende Szenarien durchzugehen.

Der Mediator kann auch selber Lieferant neuer Wahlmöglichkeiten sein, indem er auf Erfahrungen und Lösungswege anderer Mediationspartner hinweist.

Dem Mediator kommt auf dieser Stufe eine doppelte Rolle zu: er

ist Förderer, aber auch Lieferant fachlich gesicherter Optionen
(Friedman u. Himmelstein 1990, S. 13).

Schon bei der Frage, wie sich beide ihre Zukunft in etwa zwei
Jahren vorstellen, zeigt sich, daß bei Frau und Herrn D. die vorher verhärteten Fronten in bezug auf das gemeinsame Haus aufweichen. Bei der Entwicklung von möglichen Alternativen (Ver-
kauf, Auszahlung eines Partners durch den anderen, Vermietung,
Bitten um vorzeitiges Auszahlen von Erbteilen) finden sie eine
überraschende Lösung: Frau D. hat ihre Mutter um vorzeitige
Auszahlung ihres Erbes gebeten; das reicht aus, ihr Studium zu
finanzieren. – Die Eigentumsfrage am Haus wollen beide bis zum
14. Lebensjahr von Markus offenlassen. Bis dahin wollen sie sich
die monatlichen Unkosten teilen; Frau D. wird vorläufig mit
Markus dort wohnen bleiben.
Herr D. soll das relativ neue Auto behalten, Frau D. die Einrichtung des Hauses bis auf einige wertvolle Gegenstände, die ihnen
von der Familie Herrn D.s geschenkt worden sind und an denen
er hängt. Frau D. will von ihrem Mann keinen Unterhalt (nur für
den Fall, daß Markus ganztägig Pflege benötigen sollte). Das gleiche sollte auch für Herrn D. gelten.
Herr D. will den Unterhalt für Markus auf ein von beiden Eltern
verwaltetes «Kinderkonto» einzahlen, auf das auch die – nicht un-
erheblichen – Geldgeschenke der Großmuter an Markus kommen
sollen. Alle größeren Anschaffungen für Markus wollen sie davon
bestreiten, ebenso sein Taschengeld sowie einen festen Betrag für
seinen Hausanteil. Für den Fall eines späteren Wechsels von Markus zum Vater soll der Vater auf Wunsch ins Haus ziehen können.

4. Phase
Vorbereitung und Entwurf der Mediationsvereinbarung

Auf dieser Stufe werden die angebotenen und diskutierten Optionen in ihren Auswirkungen noch einmal überprüft – das kann
durchaus mit Hilfe fachkundiger Dritter geschehen. Danach wer-

den die Wahlmöglichkeiten inspiziert, mit dem Ziel, eine gemeinsam getragene Vereinbarung zu treffen, die zum Schluß noch formuliert werden muß.

Es sollte betont werden, daß jegliche Entscheidung zu einem Regelungspunkt als ein erster Versuch angesehen wird, der einer weiteren Überarbeitung ausgesetzt ist, wenn die Übereinkunft über alle Punkte erzielt worden ist. Bei keiner Partei sollte der Eindruck entstehen, daß eine einmal getroffene Vereinbarung unveränderbar sei. Das hält Verhandlungen fließend und erlaubt Testphasen für bestimmte Lösungsversuche über eine bestimmte Zeit. Die dazu nötige Gesprächsatmosphäre kann der Mediator nun dadurch fördern, daß er Unklarheiten und Informationslücken anspricht sowie beide Seiten dazu ermuntert, sich genauestens bei Fachleuten zu einzelnen Fragen zu informieren. Dabei sollte er allerdings die Regie nicht aus der Hand geben. Als Informanten kommen Rechtsanwälte, Steuer- und Rentenberater, Immobilien- und Bankfachleute sowie pädagogisch-psychologische Berater in Frage.

Die überraschende Wendung der Mediation macht die Mediatorin skeptisch in bezug auf die beabsichtigte Trennung von Frau und Herrn D. Es könnte sein, daß sie über das Haus und das inzwischen vereinbarte gemeinsame Sorgerecht insgeheim verheiratet bleiben wollen. Es ist jedoch nicht Auftrag der Mediatorin, dies zu klären. Sie verweist Frau und Herrn D. häufig zur Beratung zu ihren Rechtsanwälten über die von beiden Seiten erarbeitete Lösung, die sich von den sonst üblichen juristischen Lösungen unterscheidet.

Verfügen sie über hinreichende Informationen, müssen nun beide Partner auswählen und entscheiden. Der Mediator hilft ihnen als Wegweiser bei der Interaktion. Auch hier sollte er darauf achten, die Gesprächsatmosphäre offen zu halten, statt sie in eine manipulative, konkurrierende oder feindselige Vorgehensweise umschlagen zu lassen (Taylor 1990, S. 131).

Oft entstehen Verhandlungsergebnisse als Kompromiß aus einer Serie gut kalkulierter Zugeständnisse, die auf Einschätzungen über

Verhandlungsgrenzen beider Seiten basieren. Der Mediator sollte die Entscheidungssuche nach der früher ausgehandelten Reihenfolge der Streitpunkte ablaufen lassen oder mit weniger emotional belasteten Entscheidungen beginnen. Bisweilen kann er auch Techniken der Konfrontation anwenden, die die mangelnde Entscheidungsfreudigkeit beider Seiten betonen. Diese Techniken sollten allerdings so eingesetzt werden, daß die Parteien damit keinen persönlichen Angriff verbinden, sondern einen Anstoß der zähen Fortschritte in dieser Phase. Hilfreich sind auch Techniken des Strukturierens und Zusammenfassens.

Ist eine Übereinkunft über alle Verhandlungspunkte erzielt worden, müssen zusätzliche Fragen beantwortet werden, die den Gang des weiteren Verfahrens betreffen:

▸ Wer formuliert die Übereinkunft (der Mediator, eine oder beide Parteien)?

▸ Wie soll das weitere rechtlich bindende Verfahren aussehen (Notar, Vertrag, Scheidungsantrag)?

▸ Wie lange soll die Laufzeit der Mediationsvereinbarung sein?

▸ Welche Möglichkeiten bestehen für spätere Abänderungswünsche?

▸ Welche Lösungswege bestehen bei möglichen, zukünftigen Konflikten (dritter Weg: Kinderkonto, pädagogische dritte Person)?

▸ Sollen regelmäßige Elterngespräche stattfinden, um die Angelegenheiten der Kinder zu besprechen?

Sind auch diese Fragen gelöst, sollte eine Ruhepause folgen, um mit Abstand zu urteilen, ob die Vereinbarung weiterhin als haltbar und nützlich angesehen werden kann. Hier mag es von Vorteil sein, wenn Experten auf beiden Seiten alle Entscheidungen noch einmal durcharbeiten und prüfen. Beide Parteien sollten sich allerdings vorher darüber verständigen, daß sie die Experten nicht als «Professionelle» einbeziehen, die ihnen vorschreiben, was sie tun sollen, oder die gar ihre Ansichten einbringen, wie die Parteien ihr Leben betrachten sollen.

Denkbar wäre auch weiterhin, daß der Mediator Kontakt zu Rechtsanwälten anregt, wobei sich beide Seiten jeweils einen

Rechtsanwalt aussuchen sollten. Denkbar ist auch, daß bei allen Prozeßschritten der Mediation ein Anwalt als Co-Mediator teilnimmt.

Haben beide Seiten die notwendigen Informationen und Ratschläge eingeholt und sind alle Überprüfungen verarbeitet, wird der Mediator ein Protokoll aller Vereinbarungen erstellen – in der amerikanischen Praxis wird es «Memorandum» genannt.

Die Mediatorin protokolliert den Verlauf der Sitzungen sowie die erzielten Vereinbarungspunkte. Einer der beiden Anwälte formuliert die Vereinbarung, die Frau und Herr D. bei einem Notar unterschreiben werden. Aus steuerlichen Gründen wollen sie erst in zwei Jahren einen Scheidungsantrag stellen.

In der zusätzlichen Elternvereinbarung regeln sie die alltägliche Betreuung und Versorung von Markus; Ferien, Feiertage, Familienfeste, Krankenkasse, Kommunion, die Sorge für den Hund, den Abschluß einer Ausbildungsversicherung, die Bedingungen für das «Kinderkonto», Krankheitsbetreuungszeiten, die Bedingungen für einen möglichen Wechsel zum Vater, regelmäßige Elterngespräche und wöchentliche Telefonate.

Im Gegensatz zur Vereinbarung über die Folgesachen ihrer eigenen Trennung, die alle zwei Jahre überprüft werden soll, beschließen sie für den Elternvertrag die Laufzeit für jeweils ein Schuljahr. Außerdem kommen sie überein, daß sie im Konfliktfall wieder Mediation in Anspruch nehmen wollen, bevor sie juristische Schritte einleiten werden.

5. Phase
Inkrafttreten der Vereinbarung, Durchführung und regelmäßige Überprüfung

Der letzte Schritt beginnt damit, das Memorandum in eine rechtlich verbindliche Form zu bringen. Dabei kann das Protokoll durch einen Anwalt, einen Notar oder auch durch die Parteien selber aufgesetzt werden. Danach können die Parteien beginnen, ihre selbstentworfenen Vereinbarungen umzusetzen.

Ist auch die Einhaltung von beiden beabsichtigt, so kann die Verwirklichung dieser Absicht doch eine längere Zeit in Anspruch nehmen. Probleme können situationsbedingt durch externe Faktoren wie Arbeitsplatzverlust, Wohnungswechsel entstehen oder sich aus persönlichen Veränderungen ergeben, oft als Resultat einer abgeschlossenen Therapie.

Ist nach Einschätzung beider Seiten genügend Zeit verstrichen, die Mediationsvereinbarung praktizieren zu können, sollte ein Rückblick über die zurückliegenden Erfahrungen stattfinden. Wenn beide Seiten mit der Ausführung zufrieden sind und keine Veränderungswünsche anmelden, sollte der Mediator auf den Sinn eines Rückblicks im Sinne eines TÜV beim Mediator hinweisen.

Danach sollte er explizit feststellen, daß er nicht weiter verantwortlich für beide Parteien ist, und die Gespräche abschließen. So löst sich der Kontakt und damit auch die Bindung, die sich während des Mediationsprozesses zum Mediator gebildet hat. Die Verantwortung für den weiteren Verlauf der Übereinkunft geht ganz auf die Parteien über.

Mit dem Ende des Mediationsprozesses beginnt für beide Partner ein neuer Lebensabschnitt: sie sind endgültig getrennt und bleiben als Elternpaar in neu ausgehandelten Verpflichtungen verbunden.

Professionalisierung der Mediation

Bei einer noch jungen Disziplin wie der Mediation ist es sinnvoll, Praxis sowie weitere Entwicklungen kritisch zu untersuchen. Mediation sollte in der Öffentlichkeit als eine eigenständige Dienstleistung erkennbar sein.

Daher sollten bestimmte Grundkenntnisse, Fähigkeiten und Fertigkeiten sowie realistische Standards für die Mediationspraxis gefordert und gefördert werden. Dies wäre denkbar im Rahmen von Ausbildungsprogrammen und Trainingsseminaren, die in Deutschland allerdings noch nicht in großer Zahl vorhanden sind.

Mediatoren sollten zumindest in folgenden Bereichen über Grundkenntnisse verfügen: im Steuerrecht bei Trennung und Scheidung, im Familienrecht sowie in systemischer Sicht von Familie und der am Scheidungsprozeß beteiligten Berufsgruppen.

Der Mediator sollte eine breite Palette an Grundtechniken beherrschen. Die Ausbildung in einer Interventionstechnik – möglichst systemisch – sei ebenso empfohlen wie die Beschäftigung mit Konflikttheorien und -lösungstechniken.

Da Mediatoren aus unterschiedlichen Berufen kommen, sollte die Ausbildung zusätzlich ein spezialisiertes Programm enthalten, das die jeweils berufsfremden Fachbereiche abdeckt. So sollten die Juristen Beratungskurse belegen, um zu lernen, wie sie effektiv mit Gefühlen umgehen können; psychosoziale Berufsgruppen benötigen Kurse über Steuerrecht, Finanzplanung sowie juristische Bestimmungen bei Trennung und Scheidung. Ausbildung und Praxis sollten von einer regelmäßigen Supervision begleitet werden.

Um die Seriosität von Trainingsseminaren und Workshops zu gewährleisten, plädieren wir für die Gründung einer Arbeitsgemeinschaft für Mediation, die Informationen, Bildungsmaterial und Lehrpläne für zukünftige Mediatoren anbietet sowie den Aufbau von Mediationstrainings und -diensten übernimmt. In diesem Zusammenhang sei auf das Beispiel der Academy of Family Mediators (AFM) in den USA hingewiesen, die Minimalforderungen für Ausbildung und Praxis des Mediators formuliert hat und die als Orientierung für die Praxis in Deutschland dienen könnte.

John M. Haynes

Mediation.
Basisinformationen für Interessierte

Scheidungsmediation soll helfen, eine Ehe ohne Feindschaft zu beenden. Der äußere Rahmen von Mediation gibt Ihnen die Möglichkeit, über Ihre eigenen Regelungen zu verhandeln, wenn Sie sich zu Trennung und/oder Scheidung entschlossen haben.

Sie können sich zu Beginn der Scheidungsmediation von einem Anwalt beraten lassen, um sicherzugehen, daß Sie Ihre Rechte kennen, obwohl Sie in der Mediation direkt nur mit Ihrem Ehepartner verhandeln. Während des Mediation-Prozesses können Sie sich jederzeit mit einem Anwalt beraten. Sie werden sowieso einen Anwalt brauchen, der Ihnen nach dem Mediationsprozeß Ihre Vereinbarungen in eine juristische Form bringt, wie später ausführlich beschrieben wird.

Mediation ist kein Weg, die Konflikte der Vergangenheit zu lösen. Vielleicht werden Sie allmählich einige dieser zurückliegenden Probleme in einem anderen Licht sehen können, aber wir werden nicht daran arbeiten, sie zu lösen. Wir werden hingegen versuchen, durch den Prozeß von ‹Verhandlung auf Gegenseitigkeit› ein neues Leben voll neuer Möglichkeiten für jeden von Ihnen zu finden.

Um das zu erreichen, müssen wir unter uns dreien ein Gefühl von gegenseitigem Respekt entwickeln. Zu oft wird Scheidung in einem Gewinner-Verlierer-System erlebt. In einer solchen Situation ist ein Kompromiß schwierig, weil er als eine Niederlage angesehen wird. Eine geschickte, aber weniger ehrliche Taktik wird um des Sieges willen akzeptiert. Das endgültige Resultat ist jedoch immer ein Verlust für Sie beide, weil in dieser Situation ‹Gewinnen› bedeutet, daß die menschliche Würde des anderen nicht voll geachtet wird.

Der Prozeß der Scheidungsmediation soll die ‹Gewinner-Verlierer›-Ebene ausschalten. Weil dieser Prozeß ‹gegenseitig› ist, können Sie nicht auf Kosten des anderen gewinnen. Aber auch verlieren können Sie nicht. Es muß eine Vereinbarung dabei herauskommen, die für Sie beide akzeptabel ist und die von Ihnen bestimmt wird. Wir nennen das eine ‹Gewinner-Gewinner›-Lösung.

Mit dieser Kontrolle über eine solche Lösung werden Sie die Erfahrung machen, welchen Einfluß Sie haben über Entscheidungen, die Ihr Leben betreffen.

▷ Scheidungsmediation ist nicht ‹gegenparteilich› – Sie sind Partner in der Entscheidung.

▷ Scheidungsmediation ist ‹gegenseitig› – Sie müssen beide zustimmen, oder es funktioniert nicht.

▷ Scheidungsmediation gibt Kraft – Sie behalten die Kontrolle über die Entscheidungen für Ihre beiden Lebenswege.

Sie werden aus diesen Verhandlungen mit einer neuen Achtung gehen – und mit einer klareren Sicht über sich selbst und was die Zukunft für Sie bringen kann. Sie können die Vergangenheit hinter sich lassen und sich auf die Zukunft konzentrieren.

Meine Aufgabe besteht darin, Ihnen zu helfen, eine Vereinbarung zu finden. Ich vertrete keinen von Ihnen einzeln. Mein Ziel ist die Vereinbarung, mit der Sie beide leben können. Ich werde meine Geschicklichkeit im Vermitteln dazu benutzen, Ihnen zu helfen, herauszufinden, in welchen Punkten für eine Vereinbarung Sie übereinstimmen und in welch wichtigen Punkten nicht.

Wenn das geschehen ist, werde ich Ihnen helfen, auch über die entscheidenden strittigen Punkte zu verhandeln, damit eine Vereinbarung erreicht werden kann. Ich werde auch im Konflikt zwischen Ihnen vermitteln, so daß der Prozeß produktiv wird und nicht destruktiv.

Der Prozeß

In der ersten Phase werde ich Ihnen helfen, das Feld für die Verhandlung abzustecken. Ich werde mit Ihnen Ihre Nah- und Fernziele definieren. Offensichtlich haben Sie sich viele Gedanken über alles ge-

macht, und Sie haben sicher viele Ideen, was die endgültige Vereinbarung alles einschließen soll. Sie können Ihre Vorstellungen «aus-
loten», bevor Sie sie tatsächlich vorschlagen. Ich kann Ihnen helfen,
indem ich Ihnen meine Erfahrungen mitteile, was andere Paare
schon ausgearbeitet haben und was in der Regel üblich ist.

Ich kann die Vereinbarung nicht bestimmen, ich kann auch keine
Übereinkunft aufzwingen. Meine Rolle ist, Ihnen zu helfen, daß Sie
eine Übereinkunft erzielen. Ich werde keine Position beziehen zu
den Verhandlungspunkten.

Mein Interesse gilt der Vereinbarung als Lösungsweg, und es gilt
Ihnen als Menschen. Ich kann Ihren Schmerz mitfühlen; ich möchte
Sie durch diesen schwierigen Prozeß begleiten und Ihren Schmerz
verringern helfen. Letztlich hoffe ich, Ihnen dabei zu helfen, daß Sie
diese Verhandlungen dazu benutzen, die Vergangenheit hinter sich
zu bringen. Die Ehe geht zu Ende, aber Sie haben noch ein Leben vor
sich. Dieses neue Leben kann beeinträchtigt werden, wenn Sie am
Ärger aus der Trennungszeit festhalten – oder aber das neue Leben
kann eine aufregende Möglichkeit sein, sich selbst zu bestimmen.

Ich werde für Sie beide arbeiten, daß Sie eine Vereinbarung erreichen, die es jedem von Ihnen ermöglicht, sich auf die Zukunft zu
konzentrieren und auf die Chancen, die sie birgt. Es gibt einen typischen Vereinbarungsprozeß, dem wir folgen werden, davon jedoch
abweichen, wenn Ihre persönlichen Bedürfnisse es verlangen.

Diese finanzielle Schätzung umfaßt drei Teile:
- Einkommen
- Haushaltspläne
- Vermögen und Verpflichtungen

Sie werden Formblätter erhalten, die Ihnen diese Schätzungen erleichtern. Diese werden für jeden von Ihnen verschieden sein je nach
bestimmten Faktoren. Z. B.: Wer wird hauptsächlich für das Kind/
die Kinder verantwortlich sein? Wird einer von Ihnen weiterhin in
Ihrem bisherigen Heim wohnen bleiben? Oft bleibt der Elternteil
mit der Hauptverantwortung für das Kind/die Kinder dort. Der
andere muß deshalb bei seinem Haushaltsplan eine Mietwohnung
oder ein anderes mögliches Arrangement zum Wohnen einplanen.

Diese Ausgaben werden am besten auf monatlicher Basis berechnet. Wenn Sie nur die wöchentlichen Ausgaben wissen, multiplizieren Sie diese mit 4,3, um etwa die monatliche Ausgabe zu erhalten.

Das hauptsächliche Ziel dieser vollständigen Haushalts-Informationen ist, Ihnen Zahlengrundlagen für Ihre Entscheidungen zu liefern. Ich werde mit Ihnen an diesen Zahlengrundlagen arbeiten, und wir werden eher nach allgemeineren Richtlinien suchen als nach einer exakten Auflistung. Seien Sie deshalb nicht zu sehr besorgt, wenn Sie bestimmte Zahlen nicht herausbekommen können – wir werden sie zusammen herausarbeiten.

In manchen Ehen hat ein Partner die Verantwortung für die Haushaltsplanung und die Verwaltung der Finanzen übernommen. Das läßt den anderen eher «im trüben fischen», wenn er jetzt die Zahlengrundlagen vorbereiten soll. Durch die Haushaltsplanung wird jeder von Ihnen mit den gleichen Zahlengrundlagen ausgestattet, und befähigt Sie beide, vernünftige Entscheidungen für Ihre Zukunft zu treffen.

Es gibt Zeiten, in denen ist es für den Partner, der die Kontrolle über das Geld hat, schwierig, seine Informationen mit dem anderen zu teilen, weil dieses Wissen oft mit Macht gekoppelt ist. Wenn Sie jedoch dieses Wissen als Grundlage für eine ‹gegenseitige› Entscheidung nicht mit Ihrem Partner teilen, müssen Sie es womöglich später dem Richter mitteilen, der dann eine «einseitige» Entscheidung machen wird, wobei Sie dann alle Entscheidungsgewalt verloren haben. Wenn Sie es jetzt offenlegen, können Sie sicher sein, daß Sie diese Macht beide behalten und ausüben können.

In gewissem Sinn arbeiten wir also zusammen darauf hin, daß Sie wirklich die Macht haben, Ihre *eigenen* Entscheidungen für Ihre *eigenen* Lebenswege zu treffen. Das heißt aber, Zahlen und Daten an diesem Punkt wirklich offenzulegen, damit diese Entscheidungen «gegenseitige» sein können.

Einkommen

Sie müssen Ihr Bruttoeinkommen für das nächste Jahr überschlagen. Sie müssen ebenso Ihr Nettoeinkommen veranschlagen, denn nur das Nettoeinkommen kann für eine Verteilung herangezogen werden. Jeder sollte die jeweiligen Steuerrückzahlungen aufschreiben, ebenso die möglicherweise höhere Steuerklasse. Außerdem wird es vielleicht andere Einkommensabzüge geben, die weitergeführt werden müssen und die so das Einkommen verringern.

Zum Beispiel werden vielleicht Gewerkschafts- oder Berufsverbands-Beiträge weitergehen oder Renten bzw. Ruhestands-Abzüge. Darum müssen wir erst übereinstimmen in der Summe, die gemeinsam zur Verfügung steht, bevor wir zu dem kommen, was jeder von Ihnen zukünftig für sich braucht.

Diese Nettoeinkommenszahlen werden wahrscheinlich noch berichtigt werden müssen, wenn unsere Verhandlungen fortschreiten. Zum Beispiel, wenn einer von Ihnen zustimmt, daß ein festgelegter Betrag auf ein gemeinsames Konto für die Ausbildung der Kinder eingezahlt wird, dann werden sich die Nettoeinkommenszahlen dementsprechend verringern. Sie könnten außerdem entscheiden, wie die Krankenversicherung für die Kinder aussehen soll. Wenn das entschieden ist, werden die Extrakosten dafür möglicherweise auch das Nettoeinkommen verringern.

Manche Paare entwickeln eine Vereinbarung, nach der der Ehemann eine neue Lebensversicherung abschließt, um die Unterhaltsverpflichtungen abzusichern. Die Kosten für diese Versicherung sollten berechnet und das Nettoeinkommen sollte dementsprechend berichtigt werden.

Indem Sie all diese Daten zusammensammeln, werden Sie beginnen, Verhandlungsspielraum für eine Einigung zu entwickeln. Sie können nichts verteilen, was Sie nicht haben. Sie werden anfangen, zu realisieren, daß es mehr kostet, getrennt zu leben als zusammen zu leben. Deshalb werden Sie möglicherweise *beide* einige Einschränkungen in Ihrem Lebensstandard machen müssen, wenn die Trennungszeit beginnt. Das kann zu Unsicherheit und Ungewißheit -

führen. Diese Ungewißheit ist ein fester Bestandteil unserer Verhandlungen, genau wie die emotionalen Schwierigkeiten, die zur Trennung geführt haben. Sicherheit ist ein Teil unserer Verhandlungen, und diese werden erst Erfolg haben, wenn Ihren Bedürfnissen voll stattgegeben wird.

Vorbereitete Zahlen und Daten helfen Ihnen, sich größere Wahlmöglichkeiten zu überlegen. Ihre endgültige Vereinbarung wird wahrscheinlich Ehegattenunterhalt und/oder Kindesunterhalt enthalten. Es gibt Pros und Contras für beides und wie die Zahlungen aufgeteilt werden könnten. Wir werden auch die Möglichkeiten von Einkommensänderungen und Veränderungen der Lebenshaltungskosten in Betracht ziehen müssen.

Je nachdem, an welchem Punkt Ihrer Einkommenskurve Sie sich befinden, wollen Sie vielleicht eine Klausel einfügen in bezug auf zukünftige Steigerungen. Angenommen, der Mann hat seinen Einkommensgipfel noch nicht erreicht und die Trennung wird den Lebensstandard entscheidend senken: Dafür möchten Sie vielleicht eine Klausel, die ein autonomisches Anwachsen (der Unterhalts) durch einen bestimmten Prozentsatz der zukünftigen Einkommenssteigerung festlegt.

Oder Sie entscheiden, daß z. B. der Ehemann einen Einkommensgipfel erreicht hat, der sich nur noch durch Lebenshaltungskosten verändert: In diesem Fall möchten Sie vielleicht den Unterhalt jährlich angleichen durch einen vereinbarten Lebenshaltungskosten-Betrag. Oder Sie möchten den Unterhalt verringern im Lauf der Jahre, wenn das Einkommen der Frau steigt.

Innerhalb des Mediationsprozesses werden wir
- laufende und zukünftige Einkommensdaten aufstellen
- Finanzpläne entwickeln
- das eheliche Vermögen auflisten
- Ihre kurz- und langfristigen Ziele definieren
- allgemeine Bereiche herausarbeiten, wo Sie übereinstimmen
- entscheidende Bereiche benennen, wo Sie nicht übereinstimmen
- Punkte herausarbeiten, die symbolischen Wert haben und emotional besonders besetzt sind
- die elterlichen Regelungen für die Kinder durcharbeiten

▹ über die finanziellen Probleme verhandeln
▹ eine Vereinbarung ausarbeiten

Die Sitzungen dauern normalerweise zwei Stunden. Wir werden uns allerdings keine Grenze setzen, wenn wir versuchen wollen, die Punkte zu Ende zu bringen, die wir uns für diese Sitzung vorgenommen haben.

Meine Rolle als Mediator ist, Ihnen zu helfen, daß Sie die Kontrolle über den Entscheidungsprozeß, der Ihre Lebenswege bestimmt, wiedererlangen. Mein Hauptaugenmerk gilt der Zukunft; außerdem will ich Ihnen helfen, die neuen Möglichkeiten in Ihren neuen Rollen zu finden.

Richtlinien für Haushaltspläne

Der Sinn solcher Richtlinien ist, Ihnen zu helfen, herauszufinden, was es Sie kosten wird, getrennt zu leben. Ihre Gesamtausgaben werden ganz sicher ansteigen. Sie werden bei der Aufstellung eines Haushaltsplanes allerdings auch aufwendige Posten entdecken, die reduziert werden können, ohne daß Ihr Lebensstandard sich wesentlich verändert. Außerdem hilft Ihnen die Aufstellung eines Haushaltsplanes, eine vernünftige ‹Datenbasis› zu entwickeln, von der aus Sie die Verhandlungen beginnen können.

Für die meisten Menschen ist es schwierig, einen Haushaltsplan zu machen. Manche sehen darin Pfennigfuchserei oder Buchhalterei. Wenige von uns lieben diese Geschäfte. Trotzdem: Haushaltsplanung ist wirkliche Finanzplanung, die uns befähigt, intelligente Entscheidungen zu treffen und vernünftige Wahlmöglichkeiten zu haben.

Wir werden nicht jeden Groschen zählen, wenn wir Ihren Haushaltsplan vorbereiten, sonst würden Sie ja in die Verzweiflung getrieben. Benutzen Sie Ihre Konto-Auszüge als allgemeine Richtschnur, um die Kategorien aufzustellen, die hier aufgezählt sind. Versuchen Sie nicht, jede Ausgabe zu rekonstruieren. Unser Ziel ist, Ihnen zu ermöglichen, daß Sie selbst mit Hilfe der vergangenen Erfahrungen Ihre ungefähren Vorstellungen entwickeln, daß Sie zukünftige notwendige Ausgaben veranschlagen, wobei Sie erkennen müssen, daß Ihre zukünftige Haushaltsplanung sich von Ihrer bisherigen unterscheiden wird.

Wenn Sie erst kürzlich ein neues Auto gekauft oder Ihre Einrichtung erneuert haben, dann wissen Sie, wie teuer solche Sachen sind. Wenn Sie gerade so zurechtkommen und die Waschmaschine auch noch kaputtgeht, wird Ihnen auch noch so starkes Wünschen keine neue bescheren.

Deshalb: Denken Sie an Autos, Geräte, Einrichtungen oder andere teure Sachen, die Sie möglicherweise in den nächsten zwei Jahren ersetzen müssen, und bringen Sie sie in Ihren Haushaltsplan ein.

Vermögen

Eheliches Vermögen muß festgestellt werden, und eine gerechte Verteilung muß Teil der Mediations-Vereinbarung sein. Das heißt nicht unbedingt eine gleiche Verteilung, denn es könnte gerechter sein, das Eigentum auf andere Weise zu teilen. Wir werden daran arbeiten, das Ehevermögen festzustellen, vollständig aufzulisten, und dann über die Verteilung entscheiden.

Verpflichtungen

Verpflichtungen werden auf die gleiche Weise behandelt wie das Vermögen.

Belange der Kinder

Bis hierher haben wir uns auf die wirtschaftlichen Dinge konzentriert. Nun zu den Kindern. In unserer Gesellschaft werden die Kinder in dreierlei Weise gesehen:

a) als Eigentum – «Sie gehören mir.» «Ich habe alles, was ich habe, in sie investiert. Ich sehe in ihnen meine Zukunftshoffnungen.»

b) als Waffen – «Wenn er denkt, er kann sie so oft sehen, wie er will, ist er verrückt.» «Wenn ich schon für sie zahle, entscheide ich auch, wann sie mich besuchen und wann ich die Kinder sehe.»

c) als Menschen, die ängstlich sind in bezug auf die Zukunft, aufge-
spalten in ihrer Loyalität; als Menschen, die Gefühle und Bedürfnisse haben; die unabhängig von jedem von Ihnen und doch wieder abhängig von Ihnen beiden sind.

Die meisten von uns haben eine Kombination all dieser Gefühle,
und es ist schwer zu entscheiden, welche Gefühle echt sind.

Ein Familienrichter hat folgende Grundrechte für Kinder in Scheidungen benannt:

1. Das Recht, als betroffene Person mit eigenen Interessen behandelt zu werden und nicht als ein Pfand, ein Besitz oder als Eigentum eines oder beider Elternteile.

2. Das Recht, in der Umgebung aufzuwachsen, die dem Kind die
beste Möglichkeit bietet, ein verantwortlicher Mitmensch zu
werden.

3. Das Recht auf tägliche Liebe, Fürsorge, Ordnung und Schutz des
Elternteils, der das Sorgerecht für das Kind hat und bei dem es
wohnt.

4. Das Recht, beide Elternteile zu kennen und von der Liebe und der
Obhut jeder der Elternteile durch angemessenen Umgang zu profitieren.

5. Das Recht auf eine positive und konstruktive Beziehung zu beiden Eltern, wobei kein Elternteil den anderen in den Augen des
Kindes abwerten oder erniedrigen darf.

6. Das Recht, moralische und ethische Werte durch Vorschrift und
Übung zu entwickeln und Grenzen für das Verhalten gesetzt zu
bekommen, so daß das Kind schon früh Selbstdisziplin und
Selbstkontrolle entwickeln kann.

7. Das Recht auf angemessenen Unterhalt, der bestmöglich von beiden Eltern aufgebracht werden kann.

8. Das Recht auf die gleichen Erziehungschancen, die das Kind
ohne die Scheidung der Eltern hätte.

Selbstverständlich will keiner von Ihnen Nachteile für die Kinder.
Beide wollen Sie das Beste für sie. Wenn jedoch die Kinder als
Feilsch-Objekte angesehen oder während des Verhandelns gar nicht
beachtet werden, dann besteht die Gefahr, sie zu schädigen.

Deshalb ist es wichtig zu bestimmen, wie die Kinder in den Entscheidungsprozeß einbezogen werden können. Sie haben ein Recht auf Mitsprache, wenn es um Dinge geht, die ihr Leben betreffen. Die genaue Art und Weise dieser Mitsprache sollten, so bestimmt werden wie die bisherigen Familienentscheidungen. Man wird nicht einen Sechsjährigen gleichwertig an den Verhandlungen teilnehmen lassen. Andererseits können Sie nicht von Sechzehnjährigen erwarten, daß sie/er stillschweigend eine Lebensregelung akzeptiert, ohne daran mitgewirkt zu haben. Ein Teil der Verhandlungen wird sich darum drehen, wie die Kinder am besten in die Bereiche einbezogen werden können, die einen direkten Einfluß auf ihr Leben haben. In bezug auf Ihre Kinder stehen Ihnen viele Wahlmöglichkeiten offen:

▹ *Nahes Wohnen (Joint Residency)*: Diese Regelung sieht vor, daß Sie weiterhin nahe beieinander wohnen bleiben (zumindest im gleichen Schulbereich), wobei die Kinder Teile jeder Woche oder jeden Monats in jedem Haushalt verbringen und das Kommen und Gehen durch eine passende Abmachung geregelt ist.

▹ *Gemeinsame Elternverantwortung (Joint Parenting)*: Sie kommen überein, alle elterlichen Entscheidungen gemeinsam zu treffen, auch wenn die Kinder hauptsächlich bei einem von Ihnen wohnen.

▹ *Alleiniges Sorgerecht*: Die Kinder leben mit einem von Ihnen, der alle Entscheidungen trifft; das Zugangsrecht des anderen Elternteils wird entweder durch eine offene Abmachung oder durch genaue Festlegungen über das Wann und Wo des Zugangs zu den Kindern geregelt.

Das ‹Nahe-Wohnen›-Modell liegt vielleicht außerhalb Ihrer Vorstellungen. Aber wenn Sie planen, nahe beieinander zu wohnen, und wenn Sie die im wesentlichen freiere Art dieser Regelung akzeptieren können, dann sollten Sie sie ernsthaft in Betracht ziehen.

Es ist wichtig, nicht zu vergessen, daß Sie für Ihre Kinder immer Eltern bleiben werden, auch wenn Sie sich entscheiden, nicht länger als Mann und Frau zusammenzuleben. Es gibt einige gut geschriebene, leicht lesbare Bücher, die wir Ihnen empfehlen können.

Während des Scheidungsprozesses haben manche das Gefühl,

daß jedweder Kontakt mit dem Kind, der dem anderen Elternteil eingeräumt wird, ein Zugeständnis sei. Eine derartige Haltung ist ein Bleigewicht am Fuß dieses Elternteils. Zusätzlich zum normalen Zugang sollte jeder Elternteil die Verpflichtung des anderen bedenken, für die Kinder zu sorgen. Wenn z. B. Ihr Bruder in einer anderen Stadt krank wird und Sie ihn besuchen wollen, könnte Sie die Schulpflicht der Kinder daran hindern. Wenn Sie eine enge, detaillierte Regelung haben, werden Sie kaum in der Lage sein, den anderen Elternteil zu bitten, für ein paar Tage die Kinder zu versorgen, während Sie Ihren Bruder besuchen.

Sie beide sind die Eltern und auch wenn Sie nicht länger die tägliche Verantwortung für die Sorge der Kinder teilen können, so doch die allgemeine Verantwortung.

Eine solch offene Regelung bedeutet, daß die Kinder nicht gänzlich eine Belastung für die Freiheit eines Elternteils werden. Diese Regelung weitet die Vorstellung von einer gemeinsamen Elternverantwortung während der Ehe zu einer nachehelichen Elternbeziehung aus.

Folgende Punkte sollten beim Erarbeiten der Elternregelungen beachtet werden:

▸ Alter und Geschlecht des Kindes sowie Verhalten und Beziehung zu beiden Eltern und den Geschwistern
▸ die Anpassung des Kindes zu Hause, in der Schule und in seiner Umgebung
▸ die seelische und körperliche Gesundheit aller Beteiligten

Wenn Sie die Sorgerechtsfrage angehen, müssen Sie auch die Aspekte des Kindesunterhalts berücksichtigen. Hat das Kind Vermögen? Wenn ja, hat das Einfluß auf den Kindesunterhalt?

Eine andere Frage, die Sie entscheiden müssen, ist, was eigentlich Kindesunterhalt ist. Die erste Antwort wäre: Nahrung, Kleidung, Unterkunft, Gesundheit und vielleicht Erziehung. In welchem Ausmaß? Inwieweit können Sie das alles aufrechterhalten wie bisher? Wenn Sie z. B. wollen, daß Ihre Kinder reisen können als Teil ihres Reifungsprozesses, dann sollten Sie Reisekosten in den Kindesunterhalt aufnehmen, um das bezahlen zu können.

Wenn Sie also für die Zukunft planen, denken Sie an folgende, Ihre Kinder betreffende Aspekte:

▸ Die Kinder haben Rechte
▸ *Sie* haben ein Recht auf häufigen Umgang oder auf Erleichterungen von den täglichen Belastungen der Kindererziehung
▸ Die Kinder haben Bedürfnisse
▸ Sie haben feste Vorstellungen für den Lebensweg der Kinder

Es wird einen wichtigen Einfluß auf das Gefühlsleben Ihrer Kinder und auf deren zukünftige Beziehung zu Ihnen beim Heranwachsen haben, wie Sie Ihre Elternbelange klären.

Die Verhandlungen

Vorbereitung
Vorbereitung ist der Schlüssel zu erfolgreichen Verhandlungen. Darum verwenden wir so viel Zeit darauf, als Ausgangspunkt eine möglichst genaue Zusammenstellung von Daten und Fakten vorzubereiten. Wenn es dann zu Verhandlungen kommt, gibt es einige wichtige Grundregeln zu beachten.

Gewinnen Sie einen Überblick über Ihren Fall und Ihre Rechte:
Sie sollten Ihre Rechte genau kennen, notfalls unter Einschaltung eines Rechtsanwalt, was nicht bedeutet, daß ein Anwalt für Sie die Verhandlungen führen sollte. Sie sollten klar zum Ausdruck bringen, was die Vereinbarung Ihrer Meinung nach berücksichtigen muß. Wenn Sie eine ungefähre Vorstellung davon haben, was Sie brauchen, dann überlegen Sie genau, warum Sie es brauchen. Nehmen Sie sich jeden Punkt einzeln vor, und arbeiten Sie selbst daran, welche Gründe Sie dafür haben.

Bedenken Sie die Verhandlungsposition Ihres Ehepartners:
Wenn Sie sich überlegt haben, wie Sie vorgehen wollen, dann versuchen Sie zu überlegen, wie die andere Seite vorgehen könnte. Wie wird er/sie auf Ihre Vorschläge reagieren? Welche Argumente wird

er/sie vermutlich gegen Ihre Vorschläge vorbringen? Und was wird er/sie wahrscheinlich vorbringen, um diese Ansprüche zu stützen?

Erkennen Sie die Sachzwänge:
Wenn Sie diese Punkte durchgehen, dann werden Sie allmählich auf die Sachzwänge stoßen, die vorhanden sind und die miteinbezogen werden müssen. Sie können z. B. nicht mehr aufteilen, als überhaupt im Ganzen verfügbar ist. Wenn Sie davon ausgehen, daß Ihr Partner für seinen Lebensunterhalt 20000,– DM benötigt, das Gesamteinkommen jedoch nur 40000,– DM beträgt, können Sie nicht 30000,– DM beanspruchen. Oder wenn es nur ein Auto und einen Verdiener gibt und der nur mit dem Auto zur Arbeit kommen kann, dann kann man nicht mehr frei entscheiden, wer das Auto bekommt.

Legen Sie Ihre Punkte fest:
Legen Sie jetzt die Punkte fest, die Sie bei der jeweiligen Sitzung vorbringen wollen, und ordnen Sie Ihre Ziele je nach Wichtigkeit.

Wenn Sie sich diese Punkte schon in der Vorbereitung gut zurechtlegen, dann erleben Sie bei den tatsächlichen Verhandlungen keine Überraschungen.

Während Sie sich auf die Verhandlungen vorbereiten, werden Sie vor den Schwierigkeiten oft zurückschrecken. Sie werden fürchten, es nicht richtig zu machen. Vieles wird Ihren Zorn wieder aufleben lassen, da dabei wahrscheinlich einige Gründe für die Scheidung berührt werden.

Die Rolle des Mediators:
An dieser Stelle ist es meine Rolle, Ihnen beiden zu helfen, Ihren Standpunkt herauszuarbeiten. Ich werde mich dabei ganz auf das konzentrieren, was in *Ihrem* Interesse liegt, ohne zunächst die andere Seite zu berücksichtigen – da Sie beide bei den Verhandlungen Zugeständnisse machen müssen.

Es gibt ein paar hilfreiche Verhaltensregeln für die Sitzungen. Ich werde im Gespräch zunächst die Gebiete berühren, wo Übereinstimmung besteht, nicht die offenkundigen Streitpunkte. Von einer gemeinsam erreichten Übereinkunft aus lassen sich weitere annehmbare Regelungen auch für die strittigen Fragen leichter finden.

Wenn Sie einen Punkt einvernehmlich geregelt haben, werde ich das festhalten, und damit ist er vom Tisch. Das heißt nicht, daß wir nicht zu einem späteren Zeitpunkt diese Frage wieder aufnehmen können, und selbstverständlich ist nichts endgültig entschieden, bis die tatsächliche Vereinbarung unterschrieben ist.

Bei allen Gesprächen geht es mir darum, eine Vereinbarung zu erreichen, mit der Sie beide leben können. Deshalb werde ich immer nach einem *Ja* Ausschau halten und ein vorschnelles *Nein* zu vermeiden suchen. Doch hat jeder von Ihnen das Recht, nein zu sagen, wenn Forderungen für ihn gänzlich unannehmbar sind.

Sie werden jetzt erkennen, wie wichtig es ist, den Standpunkt des anderen wahrzunehmen, ohne dabei die eigene Position aus dem Blick zu verlieren. Gleichzeitig sollten Sie in der Lage sein zu erklären, warum Ihre Vorschläge vernünftig und annehmbar sind. Damit Ihnen dies gelingt, werde ich Sie bitten, Ihre Vorschläge zu unterbreiten und dann zu erklären, warum sie für den anderen wie für Sie selbst vorteilhaft sind.

Oft ist es schwierig, sich zu entscheiden; und je wichtiger eine Entscheidung ist, desto schwieriger ist sie zu treffen. Man kann nun die Last einer schweren Entscheidung dadurch vermindern, daß man zwei Alternativen «zwingend» zur Wahl stellt! Vergegenwärtigen Sie sich Situationen, wo Sie zwei ungefähr gleichwertige Alternativen finden konnten. Vermeiden Sie es, etwas zur Wahl zu stellen, wo einer von Ihnen leer ausginge. Denken Sie immer daran, daß das Ziel, das Sie sich gesetzt haben, auf verschiedene Weise erreicht werden kann. Seien Sie offen für alternative Lösungsvorschläge und -wege. Versuchen Sie auch herauszufinden, für welche Ziele Sie einen ‹Handel› anbieten können. Verhandeln ist die Kunst, Kompromisse einzugehen – das erfordert Zugeständnisse.

Wenn es Spannungen gibt, was in dieser Situation fast nicht zu vermeiden ist, kommt es darauf an, sie so stark wie möglich zu verringern. Seien Sie also dankbar, wenn Sie in der Auseinandersetzung einen Vorteil erringen, oder wenn der andere in einem Punkt nachgibt, belohnen Sie den anderen mit Offenheit. Das wird es leichter für Sie beide machen, auch an anderen Punkten Kompromisse zu schließen. Versuchen Sie, eine gewisse Würde zu bewahren. Fangen Sie nicht an, sich zu verteidigen. Sie haben genausoviel in die Ehe eingebracht wie Ihr Partner. Legen Sie Ihren Standpunkt dar, sprechen Sie über die Streitpunkte, versuchen Sie zu überzeugen, aber verteidigen Sie sich nicht – auch Sie haben Rechte.

Zuhörenkönnen ist die wahre Kunst des Verhandelns. Sie kennen Ihren Ehepartner sehr gut. Achten Sie genau auf Signale, wann und wie Zugeständnisse erreichbar erscheinen. Reden Sie nicht mehr als nötig. So manche Vereinbarung ist schon daran gescheitert, daß eine Person unentwegt geredet hat, bis der Punkt überschritten war, an dem der andere bereit war zuzustimmen. Denken Sie auch daran: Solange Sie zuhören, können Sie nichts preisgeben.

Schweifen Sie nicht vom Thema ab. Es ist hilfreich, wenn Sie sich bereits vor der Sitzung Punkte zurechtgelegt haben, die Sie besprechen wollen. Achten Sie darauf, daß diese Punkte Zentrum des Gesprächs bleiben. Wenn Sie sich zu einem bestimmten Zeitpunkt nicht festlegen können, lassen Sie sich nicht unter Druck setzen. Erbitten Sie Bedenkzeit. Ich werde auf diesen Punkt achten und Ihnen helfen, eine voreilige Festlegung zu vermeiden.

Versuchen Sie immer, die Diskussion möglichst problemorientiert zu halten. Werden Sie nicht zu persönlich. In einem solchen Fall werde ich versuchen, das Gespräch wieder auf die Sachfragen zurückzuführen. Sollte das nicht gelingen, beenden wir die Sitzung, denn ein persönliches Gespräch ist einer Problemlösung abträglich.

Verhandeln ist ein systematisches Suchen nach Lösungen für eine Vereinbarung, mit der Sie beide gut leben können. Voraussetzung dafür ist Geduld und ein Mindestmaß an gutem Willen. Auch wenn es noch so erfolgreich ist, kann es doch nicht die Probleme lösen, die zu Ihrer Trennungsentscheidung geführt haben. Sie können jedoch so erreichen, daß Sie diese Entscheidung mit weniger Schmerz sowie mit einer gewissen Würde bewerkstelligen und Ihnen der ganze Vorgang nicht aus den Händen gleitet. Es könnte Ihnen helfen, die Vergangenheit hinter sich zu lassen und sich auf die Zukunft zu konzentrieren – eine Zukunft, die nicht durch eine fremdbestimmte Vereinbarung geregelt ist, sondern die Sie selbst mitbestimmt haben.

Die Umsetzung der Vereinbarung

Wenn Sie eine Vereinbarung erreicht haben, werde ich eine Einverständniserklärung (Memorandum of Understanding) ausarbeiten, die Sie beide zu Ihren jeweiligen Anwälten mitnehmen. Die fügen dann Ihre erzielte Übereinkunft in eine rechtswirksame Trennungsvereinbarung ein. Manchmal schlägt ein Anwalt noch geringfügige Änderungen oder Vereinbarungen vor, von denen Sie das Gefühl haben, daß sie die eigentliche Absicht verändern, statt zu größerer Klarheit beizutragen. Bevor Sie dann die Verhandlung wieder aufrollen, sollten Sie sich untereinander und mit dem Mediator absprechen. Dies ist wichtig, weil in Mediation erreichte Vereinbarungen ein ‹Paket› darstellen, in dem Ihre gegenseitigen und Ihre eigenen Interessen sorgfältig abgewogen sind.

Schlägt ein Anwalt wesentliche Änderungen vor, dann sollten Sie die Mediation deswegen nicht gleich für erfolglos halten. Im Rahmen einer fortlaufenden Mediation sollten Sie über diese Änderungen nachdenken. Denken Sie daran: ohne Mediation wäre die gesamte Vereinbarung durch Ihre Anwälte ausgehandelt worden, und der Vorgang wäre vielleicht viel schwieriger, schmerzhafter und langwieriger gewesen. Je komplizierter Ihre finanzielle Sachlage ist, desto mehr werden Ihre Anwälte zur endgültigen Gestalt der Einverständniserklärung beitragen. Sie sollten nicht versuchen, die Einverständniserklärung durch die Beratung durch einen Anwalt in eine rechtswirksame Vereinbarung umzuwandeln: als ein rechtsgültiges Dokument ist sie nicht gedacht.

Gebühren

Das Mediationshonorar ist zahlbar nach jeder Sitzung, je nach Zeitaufwand. Wir bitten Sie, Mediationskosten in einer angemessenen Weise zwischen Ihnen beiden aufzuteilen. Für die Ausarbeitung der Einverständniserklärung wird eine Gebühr von zwei Stunden veranschlagt.

(Übersetzung: Hannelore und Heinz Georg Diez)

Gisela Mähler / Hans-Georg Mähler

Das Verhältnis von Mediation und richterlicher Entscheidung. Eine rechtliche Standortbestimmung

Rechtliche und psychische Scheidung

Wir sind Anwälte und damit häufig erste Ansprechpartner, wenn die Familie in die Krise gerät und zumindest für einen der Ehepartner die Trennung oder Scheidung unausweichlich erscheint. Die Parteien kommen zu uns, um Schutz zu suchen, weil sie sich in ihrer persönlichen und materiellen Existenz bedroht fühlen. Sie haben das Bedürfnis nach Sicherheit, nach rechtlicher Information und ein generelles Schutzbedürfnis aus der Angst, die eigenen Interessen dem anderen Partner gegenüber nicht ausreichend vertreten zu können. Der Anwalt ist die Person seines Vertrauens, an den sich der Betroffene in diesem Informations- und Schutzbedürfnis wendet. Der Anwalt ist der Garant seiner Partei, daß dieser Gehör, rechtliches Gehör, gewährt wird.

Die Menschen kommen in sehr verschiedenen Stadien der Trennung zu uns. Viele stecken noch mitten im Prozeß des Beziehungstodes. Und der ist sehr schmerzlich. War doch einmal das Versprechen, zusammenzubleiben, auf Lebenszeit ausgerichtet. Und das soll nun das Ende sein? Menschen, die akut in der Trennungssituation stehen, sind oft verwirrt. Gefühle von Wut und Niedergeschlagenheit, von Macht und Ohnmacht, von Hilflosigkeit und Freiheit, von Zärtlichkeit und Aggression liegen dicht beieinander. Häufig ist die Wut dominant, das ist belebend und entlastend. Wie sonst, mag sich mancher Betroffene fragen, sollte ich die Situation überstehen?

Es wird sichtbar, daß sich Trennung und Scheidung auf zwei Ebenen vollziehen, der psychischen und der rechtlichen. Die Aufgabe von Anwälten kann nicht darin liegen, die psychische Scheidung zu bearbeiten. Das würde normalerweise ihre Fähigkeiten überschreiten und zu Rollendiffusionen führen. Der Klient sucht beim Anwalt in erster Linie keine psychische Hilfe, sondern sein Recht. Damit tritt freilich eine Fragmentierung ein, gewissermaßen wird der Betroffene in rechtliche und psychische Kategorien aufgeteilt. Will er auf der psychischen Seite Hilfe in Anspruch nehmen, wird er eine Beratungsstelle aufsuchen oder vielleicht auch einen Therapeuten, um den Trennungs- und Trauerprozeß zu verarbeiten. Gibt es eine Möglichkeit, diese Fragmentierung aufzulösen? Können die Parteien eine Unterstützung darin finden, ihre durch Trennung und Scheidung bedingten sachlichen, rechtlichen und persönlichen Konflikte unmittelbar zu lösen? Wie müßte ein solcher ‹dritter Weg› aussehen? Mediation versucht, hierauf eine Antwort zu geben. Bevor wir uns dem jedoch näher zuwenden, erscheint es uns zum Verständnis zweckmäßig, die Zusammenhänge zu beschreiben, in denen sich normalerweise eine Scheidung vollzieht.

Das klassische Konfliktlösungsmodell für Scheidung

Wenn einer der Partner einen Anwalt aufsucht, wird der familiäre Konflikt auf eine neue, durch das Recht geprägte Ebene gehoben. Durch die Professionalisierung wird ein eigenes, institutionell verankertes System aktiviert: wir nennen es das kontradiktorische System. Drei Elemente sind hervorzuheben:

Materiell oder inhaltlich ist das ‹kontradiktorische System› vom Anspruchsdenken geprägt. Grundlage sind die vom Gesetz eingeräumten subjektiven Rechte, die in Rechtspositionen münden.

Das soll an einem Beispiel erläutert werden.

Helen und Heinrich Santis leben in Scheidung. Sie haben zwei Kinder, Markus (7) und Daniela (11). Herr Santis arbeitet als Ingenieur, Frau Santis hat ihr Studium als Sozialpädagogin abgebrochen, als Markus unterwegs war. Sie sind Miteigentümer einer hochverschuldeten Eigentumswohnung. Auf einen Bausparvertrag, der auf den Namen von Herrn Santis läuft, sind DM 15 000,– angespart. Die häufig bei einer Scheidung anzutreffenden Probleme haben nun im Gesetz eine Regelung erfahren. Beim Streit, wo die Kinder zukünftig leben sollen, kann Frau Santis beispielsweise das Sorgerecht für sich beanspruchen, mit der Folge, daß sie allein bestimmen kann, wo die Kinder sich aufhalten. Sie kann Kindes- und Ehegattenunterhalt verlangen, den Ausgleich des in der Ehe erwirtschafteten Zugewinns, den Versorgungsausgleich, die Zuteilung der Ehewohnung und die Herausgabe gewisser Hausratsgegenstände. Dem stehen gleiche Rechte von Herrn Santis oder möglicherweise Einwendungen entgegen. Die Ansprüche münden jeweils in konkreten Anträgen vor Gericht, beispielsweise auf Zahlung von Kindesunterhalt in Höhe von je DM 510,– usw.

Verfahrensrechtlich ist das ‹kontradiktorische System› im Streitfall auf die Entscheidung durch den Richter ausgerichtet. Er soll möglichst kompetent sein, insbesondere fundierte Rechtskenntnisse haben, um eine Entscheidung zu treffen, die der Norm entspricht.

Beispiel: Nach §§ 1602, 1610 BGB ist der verdienende Elternteil verpflichtet, angemessenen Kindesunterhalt zu bezahlen. Das Oberlandesgericht Düsseldorf hat hierzu eine Tabelle entwickelt, die inzwischen von allen anderen Gerichten angewandt wird (die Düsseldorfer Tabelle), wonach Herr Santis für Markus und Daniela bei einem Einkommen von DM 4500,– monatlich je DM 510,–, abzüglich der Hälfte des Kindergeldes, zu bezahlen hat.

Auf dieser materiellen und verfahrensrechtlichen Grundlage beruht das Parteienmodell. Das Recht fällt nicht einfach vom Himmel, sondern muß von den Parteien erkämpft werden. Jeder hat seine Rechtsansprüche geltend zu machen; trägt er die für ihn vorteilhaften Umstände nicht vor, werden diese nicht beachtet.

Für unser Beispiel bedeutet das: Unterläßt es Herr Santis, die ehebedingten Schulden geltend zu machen, werden sie bei der Festsetzung der Unterhaltshöhe nicht berücksichtigt.

Das Parteienmodell wird verstärkt über den Anwaltszwang.

Hierdurch soll die Gleichheit der Parteien vor dem Gesetz verankert werden. Mit der Scheidung sind so tiefgreifende Entscheidungen verbunden, daß die Gesetzesunkenntnis oder die mangelnde Formulierungsfähigkeit des einen oder anderen Partners sich nicht zu seinen Lasten auswirken soll.

Diese Elemente, nämlich das normative Positionsdenken, die Drittentscheidung durch den Richter und das an Anwälte delegierte und verstärkte Parteienmodell im Kampf um das Recht sind folgenreich:

Jede Partei versucht, im Angesicht des Rechtes zu gewinnen, es geht in diesem Sinne um Sieg und Niederlage, um ein Entweder Oder. Die Unterschiedlichkeit der Positionen wird im Kampf um das Recht festgezogen. Der offensive Charakter des Anspruchsdenkens trägt die Tendenz in sich, daß die Schwäche des Gegners als Waffe im Kampf um das Recht ausgenutzt wird. Rechtsentscheidungen bringen Aufspaltungen mit sich, weil immer nur Einzelfragen entschieden werden können. Vor allem wird die psychische Scheidung und die Regelung der äußeren rechtlichen Gegebenheiten aufgeteilt. Das äußert sich institutionell, etwa indem Beratungsstellen nicht mit Anwälten zusammenarbeiten dürfen, weil Beratungsgespräche den persönlichen Anteil und damit die eigene Schwäche zum Gegenstand haben. Die Akzeptanz der eigenen Schwäche ist im Beratungsfeld das Nadelöhr zur Wandlung. Im Kampf um das Recht hingegen könnte die Schwäche, wäre sie bekannt, gegen den anderen eingesetzt werden, um Vorteile zu erringen.

Mit dem ‹kontradiktorischen System› sind Risiken verbunden. Etwa, daß der Konflikt häufig in einem zu frühen Stadium an rechtliche Instanzen herangetragen wird. Die Parteien geben damit eigene Lösungen, die an persönliche Bedürfnisse und die Geschichte der persönlichen Beziehung geknüpft sein können, zu früh zugunsten einer ‹objektiv gerechten› Lösung auf. Durch diesen Verlust an Eigenständigkeit begeben sich die Betroffenen der Möglichkeit einer persönlichen Lösung des Konfliktes.

Das Recht läuft Gefahr, seinen dienenden Charakter zu verlieren und zum Korsett zu werden, die Betonung des Anspruchsdenkens entwickelt eine Dynamik, von Gegnerschaft.

Die ja auch vorhandenen Gemeinsamkeiten der Interessen treten eher in den Hintergrund oder werden jedenfalls durch die Einnahme der gegensätzlichen Positionen von diesen dominiert. Durch die Polarisierung verkümmert erlebnismäßig ‹die andere Seite›, die jede Partei ja auch in sich trägt. Der Verlust der Ambivalenz verfestigt die gegensätzlichen Überzeugungen und Positionen der Parteien.

Dem anderen wird vorgeworfen, was er Unrechtes tut, er wird damit abgewertet. Gerade wenn es um die Kinder geht und gefragt wird, wer der zur Erziehung Geeignetere sei, wird das Selbstwertgefühl beider Parteien angegriffen. Das führt leicht zur Eskalation des Konfliktes. Die psychische Scheidung als Voraussetzung für eine gedeihliche Zusammenarbeit des Paares in seiner bleibender Verantwortung als Eltern wird eher verhindert, weil keine Notwendigkeit besteht, den eigenen Anteil am Scheitern der Beziehung zu bearbeiten. Jeder kann eher in der freilich nur vordergründig entlastenden Position verharren, der andere sei schuld an der Trennung.

Die Kommunikation zur Lösung der Konflikte wird eingeengt. Jeder hat Angst, der andere könne Äußerungen, insbesondere selbstkritischer Natur, als Waffe gegen ihn benutzen. Dadurch wird auch die Kreativität zur Lösung von Konflikten beschnitten. Angst und einseitige Festlegung verhindern nicht nur das Aussprechen von Gedanken, sondern lassen den Gedanken von vornherein nicht zu. Es entwickelt sich nur schlecht ein Klima, in dem kreative Lösungen, die die Akzeptanz von Fehlern voraussetzen, entstehen.

Dieses System ist nicht darauf angelegt, die Interessen des anderen zu berücksichtigen, was zur Grundlage einer beide befriedigenden Lösung gehörte. Die letztliche Drittentscheidung durch den Richter nimmt den Parteien die Möglichkeit, selbst eine Lösung zu finden.

Die Implikationen und Gefahren des ‹kontradiktorischen Systems› dürfen nicht darüber hinwegtäuschen, daß es notwendig ist. Es findet seine Legitimation in allererster Linie im Schutz des Schwachen.

Er – oder sie – soll durch das Recht geschützt werden. Damit ist überhaupt eine der Kernfunktionen des Rechtes angesprochen. Ohne ein solches System herrschte eine nicht hinnehmbare Rechtsunsicherheit, in aller Regel würde sich der Stärkere durchsetzen.

Das ‹kontradiktorische System› dient damit vor allem den Parteien, die sich infolge des Trennungskonfliktes nicht persönlich zu einigen vermögen. Es läßt freilich auch noch viel Raum für Verständigung, gerade weil die Normen abstrakte Wertungen konkretisieren, sind die Parteien aufgerufen zu überprüfen, ob sie für sie selbst zutreffen. Dies war auch der tiefere Grund, weshalb die Anwälte im Interesse ihrer Parteien die ‹konventionelle Scheidung› erfanden, die vor der Scheidungsreform im Jahre 1977 gegen die bis dahin geltenden Bestimmungen entwickelt wurde. Die Wirklichkeit hatte seinerzeit das Recht überholt, ein Grund für den Gesetzgeber, das Recht der Wirklichkeit anzupassen und die ‹einverständliche Scheidung› (§ 630 ZPO) einzuführen.

Dennoch: Das Zusammenspiel der beschriebenen Elemente tendiert dazu, Konflikte zu verschärfen, gerade dann, wenn die Parteien nicht in geübter Form mit dem ausgebildeten Rechtssystem umzugehen vermögen.

Mediation als Antwort auf das klassische Konfliktlösungsmodell

Betroffene, befragt, was sie am meisten während des Scheidungsverfahrens verletzt hätte, sprechen von der Ohnmacht, die sie im herkömmlichen System empfanden, und davon, daß ihnen die Lösung des Konfliktes weggenommen wurde. Sie fühlten sich ausgeliefert und verstanden nicht einmal, was mit ihnen passierte. Viele haben daraus eine Skepsis gegenüber dem Recht entwickelt. Ist dies notwendig? Und wie kann Recht seine eigentlich dienende Funktion für eine möglichst optimale Lösung, die von beiden Partnern als gerecht empfunden wird, einnehmen? Was müßte geändert werden, welche Ansatzpunkte bieten sich anstelle der herkömmlichen Denkmuster und Streitformen an?

Versucht man, den Grund der beschriebenen Verletzungen auf den Begriff zu bringen, handelt es sich stets darum, daß die Eigenständigkeit und Autonomie der Betroffenen mißachtet wurde. Sinnvoll ist daher, vor- und außergerichtlich die Autonomie der Parteien und ihre Fähigkeit, eigene Lösungen zu finden, zu stärken.

Der Zuwachs an Autonomie läßt sich auf das Ergebnis ebenso wie auf den Weg dorthin, auf das Wie und das Was, beziehen. Im ‹kontradiktorischen System› zählt in erster Linie das Ergebnis, der Weg spielt eine nur untergeordnete Rolle. Im mediativen Ansatz kann das Ergebnis nicht besser sein als der Weg dahin. Damit wird zugleich die Grenze des Mediationsprozesses aufgezeigt: Ohne ein Mindestmaß an Autonomie ist Mediation nicht möglich. Ist das Ungleichgewicht der Parteien im Verhältnis zueinander zu groß, braucht es zum Schutz des Schwachen das ‹kontradiktorische System›.

Der mediative Ansatz bezieht sich polar auf das herkömmliche ‹kontradiktorische System›. Deshalb stehen den prägenden Elementen des klassischen Ansatzes jene des mediativen Ansatzes gegenüber: dem normativen Positionsdenken das bedürfnis- und leistungsbezogene Interessendenken, der richterlichen Drittentscheidung das persönliche Aushandeln der Lösung durch die Parteien selbst mit Unterstützung eines Mediators und dem anwaltschaftlich delegierten Parteienmodell das kooperative Verhandeln.

Auch beim Interessendenken geht es zunächst um Selbstbehauptung. Ohne daß ich weiß, was ich will und wie ich es will, kann keine tragende Lösung gefunden werden. Das Interesse finde ich, wenn ich nach dem Warum der Position frage. Weshalb will ich als Mutter das Sorgerecht für Markus und Daniela, den Unterhalt, die Wohnung usw.? Kern des Interesses ist, etwa beim Unterhalt, der Bedarf des Berechtigten auf der einen Seite und die Leistungsfähigkeit des Verpflichteten auf der anderen Seite.

Für unser Beispiel heißt das: Frau Santis braucht eine Mindestsumme an Geld, um mit den Kindern gemeinsam zu leben, Herr Santis kann nur eine bestimmte Summe hergeben, weil er sonst selbst am Hungertuche nagt usw. Interesse definiert sich freilich nicht nur von der eigenen Position her, sondern aus der Zusammenschau eines Interessengeflechtes. Das an Interessen orientierte Denken öffnet den Raum, Gemeinsamkeiten in den Vordergrund zu rücken, beispielsweise das gemeinsame Interesse der Eltern, die Kinder durch den Trennungsprozeß nicht über Gebühr in Mitleidenschaft zu ziehen. Damit wird das Entweder-Oder-Denken, der Kampf um Sieg und Niederlage, abgelöst durch das Streben nach der Ausgewogenheit der Interessen. Ziel ist, daß möglichst keiner verliert und beide gewinnen.

Ein solches Denken fördert insbesondere die gemeinsame Suche, brachliegende Potentiale im Interesse beider Seiten einzusetzen. So kann es beispielsweise Herrn und Frau Santis dienen, wenn Herr Santis einen überobligationsmäßigen Unterhalt während eines bestimmten Zeitraumes zahlt und die Kinder zu sich nimmt, damit Frau Santis ihre Ausbildung als Sozialpädagogin abschließen kann, und so jeder für sich und beide zusammen anschließend für die Kinder durch Arbeitsteilung besser sorgen können.

Das an Rechtsnormen orientierte Anspruchsdenken bedingt im idealtypischen Fall eine kompetente Person, die die Rechtsnorm interpretiert und anwendet, eben den Richter. Dem Interessendenken entspricht demgegenüber das persönliche Aushandeln eines Ergebnisses durch die Parteien selbst. Hier liegt der Ursprung des mediativen Ansatzes: Die Parteien behalten den Prozeß in der Hand, die Konflikte werden den Betroffenen nicht durch Delegation an Anwälte, das Gericht, Sozialarbeiter oder Sachverständige entfremdet. Die Parteien bleiben selbst ‹Inhaber› ihrer Konflikte.

Während das normative Entscheidungsdenken die Komplexität der Zusammenhänge oft stark vereinfacht, damit Sachverhalte überhaupt noch entscheidungsfähig sind, wird das Aushandeln von Problemen der Komplexität individueller Lebenszusammenhänge viel eher gerecht. Es erlaubt differenzierte Lösungen, die mit einer Entweder-Oder-Entscheidung überhaupt nicht erzielbar wären. So könnte beispielsweise die angesparte Bausparsumme dafür eingesetzt werden, eine Tagesmutter zu bezahlen, damit Frau Santis ihre Ausbildung beenden kann.

Hierzu wäre Herr Santis nach den Gesetzen jedenfalls dann nicht verpflichtet, wenn er die Bausparsumme im Rahmen des Zugewinnausgleiches für sich beanspruchen könnte, da ihm seine Eltern diesen Betrag zum Wohnungsbau geschenkt hatten. Darüber hinaus kann in eine Lösung einbezogen werden, was rechtlich an sich keine Grundlage hat. So beispielsweise, wenn bestimmte Gegenstände, etwa Bilder, für Frau oder Herrn Santis einen unterschiedlichen ideellen Wert haben und deshalb in ein persönlich angemesseneres Austauschverhältnis gelangen können.

Allerdings: Häufig sind die Parteien nicht fähig, allein solche Ergebnisse auszuhandeln. Wenn die Parteien jedoch letztendlich die Entscheidung selbst treffen und verantworten, so geschieht dies mit Hilfe einer dritten Person, die selbst nicht mit eigener Entscheidungsmacht ausgestattet ist: eines Vermittlers, eines Mediators. Seine Aufgaben und Funktionen korrespondieren aufs engste mit den Unfähigkeiten, Unfertigkeiten und Unkenntnissen der Parteien, wie wir im Nachfolgenden noch sehen werden.

Die Entscheidungsfindung im konventionellen Verfahren erfolgt durch Rechtsanwendung; wenn beispielsweise klar ist, daß Frau Santis das Sorgerecht für die Kinder erhält oder die Kinder zumindest von ihr versorgt und betreut werden, muß sie noch nicht arbeiten, weil Markus erst 7 Jahre alt ist. Sie hat deshalb einen Anspruch auf Betreuungsunterhalt. Will Herr Santis diesen Unterhalt nicht zahlen, wird Frau Santis um ihren Unterhalt kämpfen, genauso wie sich Herr Santis dagegen wehren wird. Die Parteien führen in diesem Sinne einen Kampf um ihr Recht.

Dem tritt beim mediativen Ansatz die Kooperation gegenüber. Kooperation beschreibt hauptsächlich den Weg einer Lösungsfindung. Auch hier geht man von der Berücksichtigung des Eigeninteresses und der Selbstbehauptung aus, ohne die kein tragfähiges Ergebnis erzielt werden kann. Doch geht dieses Verfahren einen Schritt weiter. Jede Seite reflektiert auch die Interessen und Möglichkeiten der anderen mit und findet auf diese Weise zu einer Abwägung beider Ausgangspunkte, vielleicht sogar zu Verständnis für die Situation des anderen. Jedenfalls vermag jede Seite ihre eigene

Position durch die Einbeziehung der Gegenseite neu zu überdenken und möglicherweise auch realitätsgerechter einschätzen. Wenn sich Frau Santis in die Situation ihres Mannes hineindenkt, wird sie ihr Augenmerk nicht nur auf ihren eigenen Bedarf lenken, sondern auch dessen Leistungsvermögen berücksichtigen. Vielleicht erwachsen gerade daraus die Energien, sich zu überlegen, wie zum Vorteil beider die materielle Grundlage gebessert werden kann, etwa indem Lösungen mit optimaler Steuerersparnis angestrebt werden.

Das Verstehen des anderen Standpunktes bedeutet nicht, diesen zu akzeptieren. So kann sich aber die Gelegenheit ergeben, selbst bestimmte Positionen loszulassen. Das ist besonders wichtig für ein an Interesse ausgerichtetes Denken, weil sich eigene Probleme durch die Gesamtschau in einem neuen Kontext, einer neuen Färbung, einer neuen Gewichtung darstellen, aus der heraus auf Zukunft orientierte Gestaltungsmöglichkeiten geöffnet werden.

Der mediative Ansatz ist ein Versuch, Nachteile des ‹kontradiktorischen› Verfahrens auf- bzw. möglichst schon im Vorfeld abzufangen. Anstelle eines Entweder-Oder-Denkens tritt ein Und-Denken. Es geht nicht um die Eliminierung der Unterschiede, nicht um Sieg und Niederlage, sondern um ein ergänzendes Denken und um die Suche nach Lösungswegen, die den beiderseitigen Interessen gerecht werden. Beide Parteien sollen nach Möglichkeit nicht verlieren, sondern gewinnen. Mit Hilfe des mediativen Ansatzes können Spaltungen aufgelöst, insbesondere die psychische mit der juristischen Scheidung zusammengesehen und so die Trennungsdynamik in den Ablösungsprozeß einbezogen werden. Die psychische Scheidung kennt Trauerphasen. Der Phase des Nichtwahrhabenwollens folgt die bereits eingangs geschilderte Phase des emotionalen Chaos, die, wenn es gut geht, abgelöst wird durch die Phase der Akzeptanz, vornehmlich des eigenen Anteils am Scheitern der Beziehung. Daraus wachsen neue Verständnismöglichkeiten zwischen den Partnern. Die positiven Elemente der Beziehung können wieder stärker in den Vordergrund treten. Wenn dieser Prozeß gelingt, können sogar wieder Gefühle von Dankbarkeit dem Partner gegenüber erwachen, die die Grundlage für eine Versöhnung darstellen können. Der mediative Ansatz stützt – ergebnisbezogen – diesen Prozeß.

Indem die Interessen des Partners mitgedacht werden, wächst auch die Einsicht für seine Seite, wodurch das gegenseitige Verständnis gefördert und die Versöhnungsbereitschaft unterstützt wird. Der mediative Ansatz hat zwar keine therapeutische Zielsetzung, aber häufig eine heilsame Wirkung.

Er ist besonders geeignet, die Unterscheidung zwischen der Trennung als Paar und dem Weiterbestehen der elterlichen Verantwortung zu initiieren. Häufig sind beide Eltern daran interessiert, daß die Kinder durch die Trennung so weit wie möglich nicht in Mitleidenschaft gezogen werden. Wie in der Regel wird man auch bei Herrn und Frau Santis davon ausgehen können, daß sie das Beste für ihre Kinder wollen. Wenn es das beste für die Kinder ist, wie sich in der Familienforschung der letzten Jahre herauskristallisiert hat, zu beiden Elternteilen einen guten Kontakt trotz Trennung und Scheidung zu behalten, wird dies für die Eltern eine starke Motivation sein, entsprechende Lösungen zu finden. Da die Regelung der Betreuungsfrage von ausschlaggebender Bedeutung für die laufenden Unterhaltszahlungen ist, mit der Regelung der Wohnverhältnisse zusammenhängt und Auswirkungen auf die vermögensrechtliche Situation hat, wird damit ein komplexes Geflecht aller zu berücksichtigenden Umstände aktiviert. Es ist gewiß kein Zufall, daß in den USA Mediation gerade für das Sorge- und Umgangsrecht eine außergewöhnliche Bedeutung erlangt hat.

Die Auflösung der Fragmentierung kann sich vor allen Dingen auch auf institutionellem Sektor widerspiegeln. Im ‹kontradiktorischen System› ist es wegen der befürchteten Ausnutzung der Schwäche des anderen nicht möglich, etwa als Berater eines Paares mit den Anwälten im Sinne eines Informationsaustausches zusammenzuarbeiten. Dies ist im Mediationsprozeß durchaus möglich und häufig angebracht. Das Paar kann sich rundum, also z. B. auch bei Steuerberatern, Versicherungsmaklern, Erziehungsberatungsstellen, Kinderärzten und anderen Berufsgruppen, sachverständig machen, um eine für sie individuell möglichst optimale Lösung zu erarbeiten.

Da alle Informationen bei den Betroffenen selbst zusammenlaufen, müssen keine Datenschutzgesichtspunkte berücksichtigt werden. Wichtig ist lediglich, daß alle Informationen im Vertrauensraum der Mediation bleiben und gegenüber dem ‹kontradiktorischen System› abgeschirmt werden, in dem Informationen aus dem Vertrauensraum zu richterlichen Entscheidungskriterien umfunktioniert werden könnten. Deshalb wäre es gefährlich, wenn Personen, die gesetzlich in das kontradiktorische Verfahren eingewoben sind, wie etwa über § 50 des Kinder- und Jugendhilfegesetzes Vertreter des Jugendamtes, im Mediationsprozeß selbst beteiligt würden. Ist aber klargestellt, daß eine Weitergabe von Informationen in das kontradiktorische System ausgeschlossen ist, kann je nach Bedürfnis der Parteien jeder professionelle Dritte, und damit auch ein eigener, datenmäßig abgeschirmter Beratungsdienst der Jugendämter oder der Allgemeinen Sozialdienste, in das mediative System mit einbezogen werden.

Eine besondere Funktion kommt im mediativen Netzwerk den Anwälten zu. Gerade dann, wenn der Mediator nicht rechtskundig ist und wegen des Rechtsberatungsgesetzes auch keine eigene juristische Beratungstätigkeit entfalten darf, sind die Parteien auf Anwälte angewiesen. Die Anwälte haben in diesem Zusammenhang allerdings zunächst bis zum Abschluß des Mediationsprozesses ausschließlich eine beratende Funktion. Sie sind gewissermaßen rechtliche Sachverständige der Parteien. Ihnen obliegt es in dieser Phase, im Vertrauensraum der Beratung ihrer Partei zu verdeutlichen, welche Rechte ihr nach dem Gesetz zustehen, um so die Möglichkeit zu eröffnen, die im Mediationsansatz entwickelte Lösung vor dem Hintergrund der rechtlichen Ansprüche und Einwendungen zu überprüfen.

So wird ein Anwalt in dieser Phase Frau oder Herrn Santis erläutern, welche gesetzlichen Unterhaltsansprüche für die verschiedenen Alternativen der Kindesbetreuung bestehen, welche Rechte es gibt, das gemeinsame Eigentum aufzulösen, und wie diese Rechtspositionen miteinander im Zusammenhang stehen, um die für die

Parteien gesetzlich günstigste Regelung zu verdeutlichen. Die Gesetze selbst weisen die Grenzen der Vereinbarungsmöglichkeiten auf und können entsprechend den ihnen zugrundeliegenden Prinzipien, etwa dem Bedürfnis- und Leistungsfähigkeitsdenken, im Unterhaltsrecht wegweisende Richtung geben. Die Anwälte haben besonders bei nichtjuristischen Mediatoren ferner die Aufgabe, die gefundene Lösung rechtlich fundiert zu formulieren, so daß sie entweder in eine notarielle Vereinbarung münden oder als Vereinbarung zu Protokoll des Gerichtes gegeben werden kann.

Gerade weil die Parteien dazu aufgerufen sind, sich selbst zu vertreten und keinen sie jeweils vertretenden Anwalt an ihrer Seite haben, ist ein Mindestmaß an persönlicher Kompetenz Voraussetzung des mediativen Ansatzes. Fehlt es an dieser Autonomiekompetenz, liegt es in der Verantwortung des Mediators, die Parteien in das ‹kontradiktorische Verfahren› zum Schutz der Schwachen zu verweisen. Das gleiche gilt, wenn sich beispielsweise ein Verhaltensmuster der Parteien nicht auflösen läßt, wonach immer nur der eine das Sagen hat und der andere sich anpaßt und damit ein großes Ungleichgewicht, sowohl auf der Beziehungs- als auch auf der Vereinbarungsebene, zu entstehen droht.

Das ‹kontradiktorische Verfahren› und nicht das mediative ist auch dann geboten, wenn die Parteien so sehr verletzt oder gekränkt sind, daß es ihnen nicht möglich ist, aus dem circulus vitiosus des Rachedenkens herauszutreten, und deshalb auch keine selbstverantwortliche Lösung finden können.

Überhaupt mag eine Gefahr des mediativen Ansatzes in seiner eigenen Überschätzung liegen. Wenn die Autonomie der Parteien das zentrale Moment von Mediation ist, muß es auch in der Autonomie eben dieser Parteien liegen, das ‹kontradiktorische Verfahren› und die Schutzmöglichkeiten in ihm zu wählen. Gerade Parteien, die sich unsicher fühlen, werden lieber einen Anwalt an ihrer Seite haben, der sie vertritt, zumal den Anwälten in außergerichtlichen Verhandlungen eine große Bandbreite von Möglichkeiten an die Hand gegeben ist und viele der beschriebenen Elemente auch in diesem Rahmen anwendbar sind.

Schließlich liegt eine Gefahr des mediativen Ansatzes darin, zu früh die Unterschiedlichkeit der Positionen aufzugeben. Trennung bedeutet ja in erster Linie, die bisherige Gemeinsamkeit aufzulösen. Wird die Gemeinsamkeit der Interessen zu früh betont, werden die Lösungen keine Tragfähigkeit ausweisen.

Qualifikation des Mediators

Daß die Parteien häufig nicht in der Lage sind, allein, ohne Unterstützung eines Dritten zu einem Ergebnis zu kommen, hat vielfache Gründe. Sie wissen häufig nicht, was bei einer Trennung auf rechtlichem Sektor regelungsbedürftig ist, und wollen zwar selbstverantwortlich die Entscheidung treffen und auch den Weg dahin gehen, fühlen sich aber allein hierzu außerstande. Sie sind vielleicht auch ungeübt, mit der Trennungssituation umzugehen, und wissen nicht, was dies beispielsweise für die Kinder bedeutet. Demzufolge stellen sich dem Mediator verschiedene Aufgaben:

Er hat eine aufklärende Funktion: er versieht die Parteien mit den notwendigen Informationen und – ist der Mediator ein Anwalt – berät er sie rechtlich. Er hat eine kommunikative Funktion: er schreitet ein, wenn die Parteien mit ihrem Latein am Ende sind, ihre Kommunikation eine sachliche Lösung nicht mehr zuzulassen scheint. Hierbei ist darauf zu achten, daß die Konflikte auf der Ebene ausgetragen werden, wo sie hingehören, z. B. nicht auf dem Rücken der Kinder, wenn es um Paarprobleme geht. Indem der Mediator die eine und die andere Partei versteht, stellt er eine Brücke dar, die das Verständnis der Parteien füreinander erleichtert. Der Mediator hat eine kognitive Funktion: er lenkt das Augenmerk der Parteien darauf, ihre Probleme in einem neuen Zusammenhang zu sehen, um so festgefahrene Vorstellungen aufzubrechen.

Der Mediator hat auch eine pädagogische Funktion. Sind Kinder aus der Verbindung hervorgegangen, ist der Streit der Parteien nicht mehr allein ihre Sache. Die Kinder sind notwendigerweise mit einbezogen, in ihrem Interesse ist er hier Pädagoge. Die Bewußtmachung der bleibenden elterlichen Verantwortung im Unterschied zur Trennung als Paar ist zugleich ein Symbol für die Gesamtlösung an sich, spiegelt sich doch hierin fundamental, daß das Partikularinteresse mit dem gemeinsamen Interesse verbunden ist. Der Mediator hat eine Formulierungsfunktion. Der Mediationsprozeß ist beendet, wenn die Parteien eine Vereinbarung getroffen haben, die die Scheidungsfolgen regelt. Sie wird in aller Regel verbindliche Kraft erhalten wie jede Scheidungsvereinbarung.

Deshalb bedarf es letztendlich entweder einer notariellen Beurkundung oder der Einführung in das ‹kontradiktorische Verfahren› über die Anwälte zu Protokoll des Gerichtes. Es ist nun die Aufgabe des Mediators, diese Vereinbarung zu formulieren. Hierzu sind rechtliche Grundkenntnisse notwendig. Ist der Mediator nicht selbst Jurist, werden sich die Parteien anwaltschaftlicher Hilfe bedienen müssen. In diesem Falle bleibt es die Aufgabe des Mediators, die Konturen der Lösung exakt zu fixieren. Letztendlich ist es seine Aufgabe, mit den Parteien das Ergebnis vor dem Hintergrund einer gesetzlichen Regelung zu vergleichen. Würde dieser Schritt unterlassen und eine der Parteien erführe etwa nach einem halben Jahr, daß sie auf dem herkömmlichen Wege DM 100 000,– mehr bekommen hätte, wird im Zweifel die Vereinbarung zerbrechen. Der Erfolg von Mediation wird langfristig davon abhängen, ob diese Aufgabe sorgfältig erfüllt wird.

Aus der Beschreibung der Funktionen des Mediators wird deutlich, daß er besondere berufliche Qualifikationen braucht. Er benötigt nicht nur Rechtskenntnisse, Kenntnisse aus der Entwicklungs- und Familienpsychologie, Einsichten in Strukturzusammenhänge von Familien und institutionellen Systemen, ein breitgefächertes Wahrnehmungs- und Interventionsspektrum, was emotionale und kommunikative Prozesse anbelangt, das Vermögen, die Besonderheiten der psychischen Trennung in die äußere juristische Trennung zu integrieren, sondern insbesondere auch die Fähigkeit, die Parteien darin zu unterstützen, in Zusammenschau all dessen zu einer individuellen Lösung zu finden.

Im Idealfall wird der Mediator zum Schluß überflüssig, weil die Parteien selbst mediativ zu handeln gelernt haben.

Um diese Kenntnisse, Fertigkeiten und Fähigkeiten zu erwerben, bedarf es einer besonderen Ausbildung. Wir sind dabei, in einem gemeinnützigen Verein, dem «eidos-Projekt Mediation», eine curriculare Ausbildung zu entwickeln.

In Ländern, in denen Mediation schon länger praktiziert wird, beispielsweise in den USA, hat sich gezeigt, daß der Zugang zu Mediation von den verschiedensten Berufen gewählt wird, vornehmlich von Anwälten, Ehe- und Familienberatern, Familientherapeuten, klinischen Psychologen und Sozialarbeitern.

Vor diesem Hintergrund sind die gesetzlichen Erlaubnisvorbehalte zu beachten. Die geringsten Schwierigkeiten bestehen bei den Anwälten. Ihnen ist es nach dem Rechtsberatungsgesetz allein vorbehalten, Rechtsberatung zu betreiben. Bedenken gegen die Tätigkeit eines Anwaltes, Mediation zu praktizieren, könnten sich allenfalls daraus ergeben, daß der Anwalt gehalten ist, die Parteien nicht im widerstreitenden Interesse zu beraten oder zu vertreten. In diesem Sinne wird ein Anwalt nach § 356 StGB bestraft, der beiden Parteien bei der ihm in dieser Eigenschaft anvertrauten Angelegenheit pflichtwidrig dient. Dies ist dann der Fall, wenn er die beiden Parteien im «entgegengesetzten Interesse» (§ 45 Ziff. 2 der BRAO) berät oder vertritt.

Nach der Rechtsprechung eindeutig verboten ist, daß ein Anwalt zunächst einen Scheidungswilligen berät und anschließend den anderen im Prozeß vertritt oder zunächst eine Partei vertritt und dann die andere. Diese Verbote gelten nach fester Rechtsprechung unabhängig vom Willen bzw. dem Einverständnis der Parteien, weil § 356 Strafgesetzbuch nicht in erster Linie die Treuepflicht des Anwaltes gegenüber seinem Auftraggeber, sondern das öffentliche Interesse an der Integrität der Rechtspflege schützt. Ist es dem Anwalt verboten, beide Ehepartner zu beraten und in dieser Weise als Mediator tätig zu sein? Wenn dies der Auftrag beider Partner ist, wäre die Erfüllung dem Anwalt nur dann untersagt, wenn die Interessen beider Parteien im Sinne der Integrität der Rechtspflege inhärent, d. h. denknotwendig, widersprüchlich wären. Diese Auffassung läge nahe, wenn man das fragmentarisch auf jede einzelne

Scheidungsfolgesache beschränkte Positionsdenken für das Alleinseligmachende hielte, weil nämlich der Anspruch der einen Partei notwendigerweise auf Kosten der anderen erfüllt würde, als immer nur entweder der eine oder der andere ‹gewinnen› könnte. Dem ist aber ganz und gar nicht so.

Familienrecht ist, jedenfalls weitgehend, dispositives, also kein zwingendes Recht. Das Wächteramt des Staates beschränkt sich auf die Überprüfung der Sorgerechtsregelung, wenn sie von den Eltern vorweg getroffen wurde, hier im Interesse des Kindes, und auf den Versorgungsausgleich, wenn er abweichend vom Gesetz geregelt wird, hier im Interesse, den Schwächeren zu schützen. Die begrüßenswerte Wächterfunktion ändert nichts an der Tatsache, daß interessebezogenes Denken das Wohl jeder Partei und insbesondere auch der Kinder eher gewährleisten kann als ein Positionsdenken, daß es insbesondere einer Partei nicht verwehrt sein darf, die partikularen Positionen, etwa im Unterhalts- oder Zugewinn- oder Versorgungsausgleichsrecht, im Zusammenhang zu sehen und Lösungen zu entwickeln, die aus der Gesamtschau beiden Parteien Gewinn bringen.

Das heißt, die Konfliktpartner können sehr wohl die prozeßorientierte Entwicklung einer gemeinsamen Lösung der Optimierung fixierter inhaltlicher Positionen vorziehen und den Anwalt beauftragen, sie sowohl hinsichtlich der im einzelnen zu regelnden Inhalte als auch der jeweiligen wechselseitigen Interessen zu beraten. Das Bedürfnis hiernach ist in der Praxis groß und steigt mit zunehmender Information.

Die einverständliche Scheidung ist als prozessual mögliche, praktisch häufigste und im Hinblick auf das Kindeswohl wünschenswerteste Trennungsform anzustreben. Sie entspricht im übrigen auch am ehesten dem fundamentalen Grundrecht der Autonomieförderung unserer Verfassung (Art. 2). So wäre es geradezu pflichtwidrig, wenn der Anwaltsstand sich der Aufforderung entziehen würde, im Auftrag beider Parteien eine den Rechtsstreit vermeidende, dem Rechtsfrieden und der Solidarität dienende Tätigkeit zu entfalten. Eine solche Tätigkeit ist dem Anwalt auch nicht fremd, wenn er etwa von mehreren Personen den Auftrag erhält, einen Gesellschaftsvertrag zu entwerfen oder eine gesellschaftsvertragliche Auseinandersetzung zu betreiben, was ohne Zweifel statthaft ist. Eines allerdings ist dann eindeutig:

Daß es sich bei der Tätigkeit des Anwalts als Mediator nur um eine Beratung, keinesfalls um irgendeine Form der Vertretung handelt, versteht sich während des Mediationsprozesses aus dessen Wesen von selbst. Dem Anwalt ist es aus dem Verbot, widerstreitenden Interessen zu dienen, aber auch im Anschluß an seine Tätigkeit als Mediator verwehrt, eine der Parteien vor Gericht im Scheidungsverfahren zu vertreten. Der Mediationsprozeß endet mit der Fixierung der Vereinbarung. Dann ist der Anwalt gehalten, die Vertretung einem Kollegen zu überlassen, um von vorneherein auch nur der Eventualität vorzubeugen, in einen Interessenwiderstreit zu geraten, der im Wesen des ‹kontradiktorischen Verfahrens› liegt und dann möglicherweise nicht vermeidbar wäre. So etwa, wenn die Auskünfte im Versorgungsausgleichsverfahren anwaltschaftliches Eingreifen notwendig machten.

Zusammenfassend ist damit festzuhalten, daß die vom Scheidungsverfahren oder von Trennungssituationen Betroffenen ihre Interessen selbst definieren können. Wenn sie ein entsprechendes vorrangiges gemeinschaftliches Interesse postulieren, ist es Aufgabe des Anwaltes, hierauf einzugehen. Eine Vertretung nach außen nach Abschluß des Mediationsprozesses ist aber nicht mehr möglich im Hinblick auf die potentiellen Interessenunterschiede, die sich beim Scheitern der gemeinschaftlichen Interessendefinition ergeben könnten.

Nicht gesperrt für eine Vertretung sind im übrigen die Anwälte, die zunächst beratend einen Mediationsprozeß je auf einer Seite begleitet haben, da hier ein Interessenwiderstreit nicht zu befürchten ist.

Wie steht es mit den gesetzlichen Erlaubnisvorbehalten von Nichtanwälten, beispielsweise Familienberatern oder Therapeuten? Nach dem Rechtsberatungsgesetz haben sie keine Erlaubnis zur Rechtsberatung. Ihnen stellt sich die Frage, ob das Recht im Mediationsprozeß überhaupt benötigt wird, wenn ja, wie es eingeführt wird. Die Auffassung, man könne ohne das Recht, also sozusagen am Recht vorbei, und anstelle der rechtsnormierten Lösungsvorschläge eine eigene Lösung schaffen, wird gerade von nichtjuristischen Mediatoren in den USA immer wieder vertreten. Sie sehen das Recht als eine Art Hilfsdimension, die eigene Überlegungen und Entscheidungen ersetzt, die auch als Korrektiv überflüssig werde, wenn ein wirklicher, emotional getragener Entscheidungsprozeß zustande komme und so die Lösung auf persönlicher Gerechtigkeit basiere.

Diese Vorstellung geht unserer Auffassung nach in aller Regel an den Erwartungen der Betroffenen vorbei. Eine faire Lösung ist nicht nur persönlich geprägt, sondern steht notwendigerweise im Kontext allgemein üblicher Regelungen. Das Wesen des Mediationsprozesses ist es nicht, sich dem Recht zu entziehen, sondern sich mit dem Recht in Beziehung zu setzen. Dies kann ich aber erst, wenn ich auch über das Recht Bescheid weiß. Die Gesetze haben in diesem Zusammenhang mehrfache Funktionen: Als Partei muß ich sie kennen, um zu wissen, auf welche Rechtspositionen ich möglicherweise verzichte. Die dem Recht zugrundeliegenden Prinzipien können hilfreiche Gestaltungshinweise bei der Lösung sein. Das Recht ermöglicht den Betroffenen, ihre persönliche Lösung mit der gesetzlichen zu vergleichen. Die Kenntnis der Gesetze ist in aller Regel erforderlich, damit alle Vorteile im gemeinsamen Interesse genutzt werden können. Schließlich wird es wichtig sein, zwischen der rechtlichen Regelung und einer gemeinsam gefundenen Lösung eine Brücke zu schlagen, damit das Ergebnis nicht auf tönernen Füßen steht.

Wenn also die Aufklärung über das Recht und die rechtliche Beratung Teil des Gesamtprozesses sind, muß sich der nichtjuristische Mediator überlegen, wie er legal das Recht einführen kann. Dazu gehört zunächst, daß er zumindest die Kategorien des Rechtsbereichs, in dem er Mediation betreibt, hier also das Familienrecht, sozusagen als soziale Faktoren kennt. So wie der Anwalt sich im psychologischen Bereich zusätzlich kompetent machen muß, ist der nichtjuristische Mediator gehalten, sich rechtliche Grundkenntnisse anzueignen, soweit sie zur Standortbestimmung notwendig sind. Aufklärung über rechtliche Grundinhalte ist noch keine Rechtsberatung, somit erlaubt und aus unserer Sicht auch unverzichtbarer Grundbestandteil des Mediationsprozesses. So wird auch ein nicht-juristischer Mediator z. B. darüber informieren, daß es das gemeinsame Sorgerecht gibt oder das Trennungsjahr. Wie sich dies aber auf den Einzelfall bezieht, welche Voraussetzungen hier rechtlich vorliegen, welche Bedeutung ihnen zukommt, bleibt einer Rechtsberatung vorbehalten. Da diese andererseits unserer Auffassung nach unabdingbar zum Mediationsprozeß gehört, müssen notwendigerweise hier Anwälte eingeschaltet werden, die den Parteien beratend zur Seite stehen.

In den berufsethischen Standards, die in den USA herausgebildet worden sind, gehört die Verweisung an den Anwalt zu den Pflichtaufgaben jedes Mediators. Damit soll von vornherein vermieden werden, daß eine der Parteien benachteiligt wird. Allerdings ist die Qualität der anwaltschaftlichen Tätigkeit in diesem Zusammenhang, wie oben bereits erwähnt, eine besondere. Denn der Anwalt vertritt die Partei nicht, sondern steht ihr in dieser Phase als quasi sachverständiger Berater zur Seite. Die Partei soll sich möglichst sachkundig machen, um zu einer eigenen Entscheidung kommen zu können.

Mediation im Schatten und im Licht des Rechts

Es ist klar, daß nach unserer Auffassung die Bezugnahme auf das Recht im Einzelfall unabdingbar zum Mediationsprozeß gehört.

Dies gilt auch in bezug auf das Recht insgesamt als gesetzlichem Kontext, weil der Mediationsprozeß nicht etwa außerhalb der Rechtsordnung, sondern vielmehr voll im rechtlichen Bezugsrahmen steht. Auch die in der amerikanischen Literatur sprichwörtlich gewordene Rede vom Verhandeln «in the shadow of Law» (zurückgehend auf Mnookin und Kornhauser) meint mit Schatten den vorgegebenen Rechtsrahmen, dem wir uns nicht entziehen können.

Aber wir können in den auch existenten, ja vorgesehenen Freiräumen unsere Rechtswelt persönlich durch Verhandlung gestalten. Wir können uns ‹vertragen›, indem wir Verträge schließen. Nicht nur das von oben gesetzte Recht, sondern auch das Vertragsrecht ist

Recht. Es ist nach unserer Rechtsordnung sogar vorrangiges Recht, insbesondere im Familienrecht.

Das Grundrecht der Würde des Menschen und der persönlichen Freiheit ist in Art. 1 und 2 des Grundgesetzes postuliert. Im für die Sorgerechtsentscheidungen maßgeblichen § 1671 BGB ist der Vorrang der Elternentscheidung beim Sorgerecht eindeutig, das Bundesverfassungsgericht hat in seiner bahnbrechenden Entscheidung zum gemeinsamen Sorgerecht im Jahr 1982 den verfassungsrechtlich garantierten Vorrang der Elternautonomie (Art. 6 GG) sogar als Auftrag eindrucksvoll formuliert. §§ 17 und 28 des am 1.1.1991 in Kraft getretenen Kinder- und Jugendhilfegesetzes fordern soziale Instanzen auf, die Eltern durch Beratung in ihrer Autonomie zu unterstützen.

Unser Rechtsstaat beruht auf dem Vorrang persönlicher Freiheit und damit der Eigenlösung vor staatlichen Eingriffen.

Insoweit enthält und trägt unser Recht die Grundwerte, die für den Mediationsprozeß maßgeblich sind. Mediation will die Eigenständigkeit der Konfliktpartner und ihre Fähigkeit zu autonomen Lösungen fördern. Insofern beruht dies auf einem auf sittlicher Freiheit gegründeten Menschenbild, wie es in unserer rechtsstaatlichen Ordnung verankert ist.

Unser Recht gibt weitgehende Gestaltungsmöglichkeiten und greift erst sekundär normierend ein. Mediation verhilft zur Nutzung der Freiräume. Mediation ist keine ausschließliche Alternative zum Recht, sondern unterstützt in seinen Bahnen die vertragliche und damit persönliche Rechtsfindung.

Die anhaltende Diskussion um alternative Konfliktlösung und die Rolle des Rechts krankt an einer Verwechslung. Setzt man, was durchaus geschieht, den emanzipativen Ansatz mit ‹psychologisch› und den Eingriffsansatz mit ‹rechtlich› gleich, so stilisiert man eine unzulässige Kontroverse, die eben auf einem verkürzten Rechtsbegriff beruht. Hier wird Recht als zwangsläufig autoritäre Eingriffsstruktur mißverstanden. Zwar ist es richtig, und wir haben das beschrieben, daß von dem formalisierten rechtlichen Verfahren eine gewisse Sogwirkung ausgeht, zu früh von einer eigenen Entscheidung und persönlichen Rechtsschöpfung abzusehen.

Damit beschreiben wir aber Gefahren, die von einer mißlungenen Bezugnahme auf das Recht ausgehen, und nicht den Stellenwert des Rechts an sich. Vielmehr gilt es, die Entwicklung eines Rechtsbewußtseins zu fördern, das die kreative Kraft des Rechts als soziales Gestaltungsmittel zur Verfügung hat.

Wir erleben immer wieder, wie es Betroffenen als wirklicher Lichtblick erscheint, daß sie ja selbst ihr Recht, die Form, wie sie sich ‹vertragen› wollen, schaffen können. Licht und Schatten liegen wie immer nah beieinander.

Aus unserer Sicht ist Mediation nicht nur eine vage alternative Möglichkeit der Konfliktlösung. Sie wächst uns vielmehr organisch in der Wahrnehmung der gesellschaftspolitischen Aufgaben zu, Instrumentarien bereitzustellen, die die Betroffenen zur vorrangigen Eigenverantwortung befähigen. So kann einer Überprofessionalisierung rechtlicher Konfliktlösung und der weiteren Überlastung der zunehmend überforderten Familiengerichtsbarkeit vorgebeugt werden.

Aber auch die rechtlichen Normen, die im Falle des Scheiterns einer ‹vertraglichen› rechtlichen Kommunikation eingreifen, können durchaus nicht nur im Sinn eines Schattens, sondern auch im Sinn des Lichts verstanden werden:

Die Stützung von Autonomie und Eigenlösung beruht auf dem Grundsatz der Freiheit. Diese schließt auch das Scheitern, auch das ‹Nein›-Sagen, ein. Die zugrundeliegende Idee autonomer Sittlichkeit setzt zwingend auch die Möglichkeit voraus, sich einer einverständlichen Lösung entziehen zu können. Sonst würde ein Zwang zur Einigung postuliert, der der persönlichen Freiheit und Autonomie diametral entgegengesetzt ist. Deshalb ist es von enormer Wichtigkeit, daß es den Rechtsstaat und die hierin aufgehobenen rechtlichen Verfahren gibt, die auf der Basis des rechtlichen Gehörs, der Öffentlichkeit und Mündlichkeit der Rechtspflege eine überprüfbare und kontrollierbare Regelung schaffen.

Roland Proksch

Geschichte der Mediation

Streitbeilegung und Konfliktregelung sind Alltagsarbeit, sind Tätigkeit von Jedermann und Jederfrau: Eheleute, Eltern-Kinder, Schüler-Lehrer, Mieter-Vermieter, Nachbarn, Arbeitnehmer-Arbeitgeber, Tarifpartner, Schuldner-Gläubiger – die Reihe ließe sich beliebig fortsetzen – üben sich täglich (erfolgreich) in dieser Kunst, häufig genug unbewußt.

Und doch gibt es viele Situationen, in denen wir unfähig sind zum Ausgleich. Wir spüren das, und wir reagieren dann oft hilflos und meist nur auf zweierlei Weise: hart oder weich, wir suchen den Kampf, verletzen andere, oder wir geben nach und fühlen uns selbst verletzt. Am Ende des Streits, am Ende des Konflikts stehen wir regelmäßig nur als Verlierer da. Obwohl wir ‹Gewinner› sind, fühlen wir, daß wir auch verloren haben, z. B. Geld, Zeit oder, was uns besonders schmerzt, menschliche Beziehungen. Wir spüren das zwar, wir sind aber häufig nicht fähig, dies zu ändern. Dies gilt vor allem auch für unsere gerichtlichen Auseinandersetzungen, von denen wir uns – meist vergeblich – Gewinn oder Befriedigung versprechen. So können wir Voltaire nur zu gut verstehen, der leidvoll feststellen mußte: «Ich wurde im Leben zweimal ruiniert, zum erstenmal, als ich einen Prozeß gewann, das zweite Mal, als ich einen verlor.»

Was ist zu (ver)ändern? Nun, eine konstruktive, befriedende Beilegung von Streit hängt ganz wesentlich von unserer eigenen Fähigkeit ab, eine faire Atmosphäre zu gestalten und in ihr miteinander zu reden und zusammenzuarbeiten, um zu einer einvernehmlichen, eigenen Lösung zu kommen, die beiden Parteien nicht nur das Gefühl des Verlustes ersparen, sondern vielmehr die Gewißheit von Gewinn vermitteln kann.

Dies jedoch scheint vielen Menschen in Konfliktsituationen oft unmöglich zu sein. Hier brauchen sie als Streitparteien Hilfen, die es ihnen ermöglichen, selbstbestimmend handlungsfähig zu bleiben bzw. es wieder zu werden.

‹Selbsterfahrung›, ‹(Wieder-)Bemündigung› sind also wichtige Ziele einer ‹Hilfe zur Selbsthilfe› für Konflikt- und Streitparteien. Dazu sind ‹Streithelfer› vonnöten, die uns diese Befähigungen vermitteln. Nicht fremde Experten und ihre Rat-‹Schläge› sind also gefragt, sondern Personen, die uns zu eigenen Regelungen befähigen.

Damit aber ist Vermittlung (Mediation) angesprochen, ein Verfahren zur Konfliktregelung, das die Verantwortlichkeit für die Streitbeilegung dort beläßt, wo sie hingehört: bei den Streitparteien.

Vermittlung (Mediation) – eine notwendige Alternative zur gegnerschaftlichen Streitentscheidung

«Mehr Eigenverantwortung – weniger Bevormundung (der Eheleute)», dies waren auch maßgebliche Ziele der Eherechtsreform 1977. Gerichtliche Eingriffe in die – verfassungsrechtlich – geschützte Privat- und Intimsphäre der Familie sollten nur noch ausnahmsweise zum Schutz vorrangiger anderer Rechtsgüter, wie dem Wohl des Kindes, möglich sein.

Diese – auch verfassungsrechtlich erwünschte – Rechtsreform entsprach dem Bedürfnis, die Fähigkeit und Bereitschaft von Eheleuten zur Kommunikation und Kooperation im Scheidungsverfahren zu erhalten bzw. zu fördern und sie nicht in gegnerschaftlichen Auseinandersetzungen zu zerreiben.

Die Wirklichkeit – 15 Jahre nach der Eherechtsreform – sieht jedoch noch immer ganz anders aus: die Zahl der anhängigen Familiensachen im Bundesgebiet ist von 527 823 im Jahre 1980 auf 648 051 im Jahre 1986, also in sechs Jahren um fast ein Viertel, gestiegen. Im Jahre 1985 betrafen von den 644 276 anhängigen Familiensachen allein 130 189 streitige Verfahren zur Regelung der elterlichen Sorge bzw. des Umgangs und wiesen damit eine vergleichbare Steigerung von 25 Prozent gegenüber 1980 auf.

Das Justizverfahren genügt jedoch für den Regelfall nicht den verfassungsrechtlichen Anforderungen an die Unterstützung der Eheleute durch die verantwortlichen öffentlichen Stellen. Das Justizverfahren wird nach wie vor ganz wesentlich von fremden Experten – Richtern, Rechtsanwälten, psychologischen Gutachtern – bestimmt, die die Intimität der Eheleute nicht kennen und die die Eheleute nach der Entscheidung mit deren unbewältigten Gefühlen und Konflikten allein zurücklassen: zu ihrem Schaden, aber auch dem ihrer Kinder. Untersuchungen hierzu zeigen nämlich auf, daß Konflikte und Probleme der Scheidungspartner die juristischen Verfahren häufig überdauern und die angestrebte «Befriedigung» der Streitparteien gerade nicht erreicht werden kann. Es kommt, wie es nicht anders zu erwarten ist: Schuldgefühle, Angst, Hilflosigkeit, Trauer, aber auch Wut begleiten die Konfliktparteien noch lange Zeit und verhindern, daß sie und ihre Kinder Trennung und Scheidung befriedigend bewältigen können.

Demgegenüber wissen wir, daß z. B. Kinder Trennung und Scheidung ihrer Eltern um so schneller und störungsfreier verarbeiten und sich besser und schneller an die Nachscheidungssituation anpassen können, je besser ihre Eltern sich miteinander abstimmen und kooperieren.

Das «Wohl der Eltern» und das «Wohl des Kindes» kann allein von den Eltern selbst eingelöst werden. Sie müssen befähigt bleiben oder (wieder)befähigt werden, ihre Elternpflichten eigenverantwortlich zu erfüllen. Eltern können aber um so eher (oder nur) nach der Scheidung zum Wohl ihrer Kinder harmonisch zusammenarbeiten, wenn sie gemeinsam erarbeitete, einvernehmliche Lösungen im Alltag umzusetzen haben (Proksch 1989, S. 917).

Die Einführung alternativer, kooperativer Streitentscheidungsverfahren erscheint daher sowohl aus Gründen der quantitativen wie vor allem auch der qualitativen Verfahrensbewältigung unabdingbar. Erforderlich sind insoweit Verfahrensformen, die die Eltern ermutigen und ihnen helfen, ihre Konflikte selbst zu regeln. Sie sollen gemeinsam zu eigenen einvernehmlichen Regelungen ihrer Konflikte gelangen, ohne sich als Verlierer fühlen zu müssen.

Vermittlungsverfahren können eine solche Möglichkeit darstellen. Mit Hilfe eines neutralen, unparteiischen Dritten – des Vermittlers bzw. der Vermittlerin – erarbeiten Eltern selbst eine eigenverantwortliche und einvernehmliche Lösung ihrer Probleme, die den gemeinsamen Bedürfnissen und Interessen gerecht werden kann.

Die Vermittler, die weder Schlichter noch Therapeuten sind, auch den Streit nicht selbst entscheiden, arbeiten als ‹Katalysator›. Mit ihrer Hilfe sollen die Parteien (wieder) befähigt werden, Konflikte selbst zu regeln. Diese ‹Vermittlung› setzt an den vorhandenen Fähigkeiten der Parteien an: positive Ressourcen werden aktiviert, Defizite ausgeglichen. Damit sichert ‹Vermittlung› beiden Parteien eine Perspektive, die den Gewinn in den Auseinandersetzungen im Auge hat. ‹Vermittlung› hilft ihnen, zukünftig Streitpunkte möglichst einvernehmlich und selbst zu regeln.

Geschichtliche Grundlagen von ‹Vermittlung›

‹Vermittlung› hat eine lange Tradition und ist in unterschiedlichen Kulturen und sozialen Zusammenhängen zu finden.

Im christlich-abendländischen Bereich finden sich im Neuen Testament mehrere Hinweise auf Vermittlung bzw. auf die einvernehmliche (laienhafte) Konfliktregelung statt gerichtlicher Auseinandersetzungen (vgl. Matthäus 5,9; 1. Timotheus 2,5; Korinther 6,1–4; vgl. Moore 1987, 19; Milne/Folberg 1988, 4).

Die historischen Grundlagen von ‹Vermittlung› sind jedoch nicht auf die westliche Kultur beschränkt.

Im chinesischen Kulturkreis war Vermittlung das vorrangige Instrument zur Konfliktregelung. Dies entsprach der konfuzianischen Sicht, daß befriedende Konfliktlösungen vor allem durch Einsicht bzw. Vereinbarung zu erreichen sind. Gegnerschaftliche Verfahrensstrukturen werden als störend für eine harmonische Beziehung angesehen und stehen im Gegensatz zu Frieden und Verständigung, zentralen konfuzianischen Gedanken (Folberg/Taylor 1984, S. 1 f). In diesem Sinne hat «Vermittlung» auch heute noch in der Volksrepublik China, in den Volkskommitees, maßgebliche Bedeutung. Auch das eher formale chinesische Rechtssystem baut auf Selbstbestimmung bzw. Vermittlung bei der Lösung von (gerichtlichen) Streitigkeiten (Ginsberg 1978 S. 15, S. 16 ff).

Im japanischen Recht haben Versöhnung und Vermittlung große Bedeutung und in japanischen Gewohnheiten (Henderson 1965, 15 ff). Vom Vorsitzenden einer Dorfgemeinschaft wurde erwartet, daß er Dorfmitglieder bei der Konfliktregelung unterstützte. Bereits vor dem Zweiten Weltkrieg wurden Vorkehrungen zur Schlichtung von persönlichen Streitigkeiten im japanischen Gerichtsverfahren vorgesehen. Viele, die die streitende westliche Gesellschaft analysierten, waren beeindruckt von der geringen Rechtsanwaltsdichte in Japan im Vergleich zu den westlichen Kulturen. Die Tradition von Versöhnung und Vermittlung ist in Japan so vorherrschend, daß man davon ausgeht, daß die Zahl der Blumenarrangeure die der Rechtsanwälte deutlich übersteigt (Folberg/Taylor 1984, 2).

Lateinamerika und andere spanische Kulturen haben ebenso historisch weit zurückreichende Erfahrungen in vermittelnden Streitinterventionen, wie dies auch für Afrika oder für Bereiche der Südsee nachzuweisen ist (Moore 1987, S. 20 f; Folberg/Taylor 1984, S. 2).

Vermittlungsverfahren sind vor allem in den USA seit vielen Jahren ein unentbehrliches Instrumentarium zur Konfliktsteuerung auf den unterschiedlichsten Gebieten geworden, wie Umwelt-, Nachbarschafts-, Schuldner-, Politikkonflikten und anderen Bereichen, nicht zuletzt bei elterlichen Streitigkeiten bei Trennung und Scheidung.

Die Entwicklung von ‹Vermittlung› als Alternative zum klassischen, gegnerschaftlichen Streitverfahren beruhte auf der grundlegenden Einsicht, daß die entstandenen juristischen Konflikte von persönlichen Beziehungskonflikten belastet bzw. beeinflußt werden und ihre Lösung nicht allein durch eine richterliche Entscheidung zu erreichen ist.

Vor diesem Hintergrund begannen Anfang der siebziger Jahre Rechtsanwälte in den Vereinigten Staaten damit, vor allem für Scheidungs- und Scheidungsfolgeverfahren «nicht-gegnerschaftliche Beratung» für beide Eheleute anzubieten (Elson 1988, S. 143).

Obwohl damit standesrechtliche Sanktionen riskiert wurden, breitete sich dieser Gedanke «nicht-gegnerschaftlicher Scheidungsfolgenberatung» unter Rechtsanwälten aus und erreichte auch eine breitere Öffentlichkeit.

Erste Experimente mit «Vermittlungs-Verfahren» bei Trennung und Scheidung begannen im gerichtsöffentlichen Bereich 1973 in Los Angeles County, Kalifornien, und fast gleichzeitig in Dane County (Madison), Wisconsin, Santa Clara County (Kalifornien) und Hennepin County (Minneapolis), Minnesota (McIsaac 1981, S. 73), als diese Gerichtsbarkeiten dazu übergingen, hochstreitige Sorgerechts- und Besuchsrechtssachen an «Conciliation Courts» abzugeben, um den Eltern die Gelegenheit einzuräumen, eigenverantwortlich eigene Vereinbarungen auszuarbeiten. Solche Übertragungen wurden vor allem in Fällen durchgeführt, in denen die rechtlichen Streitpunkte maßgeblich von andauernden persönlichen Beziehungsstörungen beeinflußt wurden.

In den «Vermittlungs-Verfahren» vor den «Conciliation Courts» wurden ca. 55 bis 85 Prozent der Konflikte durch eine gemeinsame Vereinbarung gelöst, ohne die Notwendigkeit eines weiteren streitigen Verfahrens (McIsaac 1981, S. 73). Nach den Erfolgen dieser «Conciliation Courts» bei der Lösung hochstreitiger Scheidungsfolgesachen begannen 1976 Gerichte in Los Angeles und in San Francisco damit, alle streitigen Sorgerechts- und Besuchssachen den «Conciliation Courts» zu übertragen. Auch fingen andere Counties in Kalifornien an – wie Sacramento, San Diego und Fresno –, alle streitigen Kindschaftssachen den «Conciliation Courts» zur Vermittlung zu übertragen zur Durchführung eines «ernsthaften Vermittlungsversuchs» (good faith effort to mediate) als Voraussetzung für den Beginn bzw. den Fortgang des gerichtlichen Verfahrens. Auch hier wurden vergleichbare «Einigungs-Erfolge» erzielt.

Auf der Grundlage einer Senatsuntersuchung über diese positiven Effekte von «Mediation» trat am 27. März 1980 das Gesetz «Senate Bill 961» in Kalifornien in Kraft, aufgrund dessen alle streitigen Sorgerechts- und Besuchsrechtssachen einem ‹Vermittlungs-Verfahren› zugeführt werden mußten, ehe das ‹streitige Verfahren› begonnen bzw. fortgesetzt werden konnte (McIsaac 1981, S. 75).

Gleichzeitig ermöglichte das Gesetz, die Eheschließungs- und Ehescheidungsantragsgebühren zur Finanzierung der neu einzurichtenden obligatorischen ‹Vermittlungs-Einrichtungen› zu erhöhen. Mit diesem Gesetz wurde eine Entwicklung der alternativen Streitentscheidungsverfahren im Familienrecht abgeschlossen, die 1939 eingesetzt hatte, als, wiederum erstmals, der Staat Kalifornien gerichtsverbundene Versöhnungsberatungsstellen eingerichtet hatte. Ihr vornehmliches Ziel war es damals, Eheberatung im Sinne einer Versöhnungsberatung zu gewährleisten (Brown, D. 1982, S. 10 ff).

Seit einer bahnbrechenden Gesetzgebungsentscheidung im Jahr 1980 in Kalifornien haben mittlerweile über die Hälfte der US-amerikanischen Bundesstaaten Gesetze verabschiedet, die «Mediation» in Familiensachen als Pflicht- bzw. als freiwillige Leistung an den Familiengerichten vorsehen (Dutenhaver 1988, S. 3 ff).

Diese konsequente Durchsetzung von «Mediations-Verfahren» in den USA in Scheidungs(folge)verfahren steht ganz in der Tradition alternativer Streitentscheidungserfahrungen auf den unterschiedlichsten Gebieten der Gesellschaft und Politik in den USA (Moore 1987, S. 20 ff; Folberg / Taylor 1984, S. 3 ff). Diese Entwicklung ist Teil eines umfassenden Programmes «alternativer Streitentscheidungsverfahren», die über die gesamte USA verbreitet sind und von maßgeblichen Einrichtungen und Persönlichkeiten des öffentlichen und privaten Lebens getragen bzw. unterstützt werden (Folberg / Taylor 1984, S. 5 ff).

Theorie von Vermittlung

‹Vermittlung› (Mediation) ist ein strukturierter, zielorientierter Entscheidungsprozeß zur einvernehmlichen und eigenverantwortlichen Konfliktregelung der Konfliktparteien. Mit Hilfe einer neutralen, unparteiischen dritten Person erarbeiten die Parteien eine konfliktregelnde Vereinbarung, welche den individuellen Bedürfnissen und Interessen gerecht wird. Die bestehenden gemeinsamen Interessen an einer Lösung sind dabei wichtiger als die Anwendung rechtlicher Normen. Nicht die rechtlich richtige Entscheidung ist das Ziel der ‹Vermittlung›, sondern die für beide Parteien annehmbare Konfliktlösung. Der Vermittlungserfolg hängt deshalb weitgehend davon ab, daß die Parteien die Überzeugung gewinnen können, der ihnen aus einer eigenverantwortlichen Einigung erwachsende Vorteil aus einer Lösung des Streits sei größer als die Durchsetzung ihrer vollen (rechtlichen) Ansprüche in einem streitigen Verfahren. Im Gegensatz zum gerichtlichen Verfahren ist bei der ‹Vermittlung› nicht eine vergangenheitsorientierte Sachverhaltsanalyse erheblich, sondern die zukunftsbezogene (Wieder)Herstellung der durch den Streit unterbrochenen Kooperation und Kommunikation im gemeinsamen Interesse der Parteien.

Die Prinzipien der ‹Vermittlung› beruhen vor allem auf dem Konfliktlösungsmodell von Deutsch (1973) und dem strukturierten Vermittlungsmodell von Coogler (1978). In seinem Buch *The Resolution of Conflict* untersucht Deutsch konstruktive und destruktive Konfliktlösungsprozesse. Er zeigt die typischen Barrieren auf, die Streitparteien einer eigenverantwortlichen Konfliktregelung aufbauen, und entwickelt zu deren Überwindung kooperative und kommunikative Konfliktlösungsmuster, die sehr stark bereits die Strukturen von ‹Vermittlung› (Mediation) aufweisen.

Coogler, ein Rechtsanwalt und Familien- und Scheidungsberater, gründete das erste «Family Mediations Center» in Atlanta, Georgia. Beeinflußt von seiner eigenen, emotionsgeladenen und kostspieligen Scheidung, erarbeitete er eine Struktur zur einvernehmlichen, befriedenden Konfliktlösung in Trennungs- und Scheidungsverfahren. In seinem maßgeblichen Buch *Structured Mediation in Divorce Settlement* (1978) stellte Coogler einen Rahmen für «Mediation» vor, in dem Eheleute mit Hilfe einer dritten neutralen und unparteiischen Person durch Kommunikation und Kooperation zu einer konstruktiven Konfliktregelung kommen können. Coogler verarbeitete für seinen Vorschlag vor allem Erfahrungen aus dem Schlichtungsbereich des Arbeitskampfrechtes, der in den Vereinigten Staaten von Amerika bereits seit 1913 von formalen Schlichtungsverfahren beherrscht war (Moore 1987, S. 21f).

Cooglers Ideen wurden aufgegriffen und fortgeführt von Irving

(1980), Haynes (1981), Sander (1982) und Folberg (1984, 1987). Fisher und Ury schließlich widmeten sich mit ihrem «Harvard Negotiation Project» an der Harvard Universität der Verbesserung von Theorie und Praxis des Verhandelns, Vermittelns und der Konfliktbewältigung und beförderten damit die Idee von «Mediation» als allgemeine Konfliktlösungsstrategie (Fisher/Ury 1981/1988, S. 205 ff).

‹Vermittlung› ist zu unterscheiden sowohl von Verhandlung als auch von Schlichtung. ‹Verhandeln› setzt zwar auch ein Interesse beider Parteien an einer kooperativen Lösung ihres Konfliktes voraus, doch behalten die Parteien regelmäßig ihr individuelles persönliches Interesse als vorrangig im Auge (Fisher/Ury, S. 25 ff). Die Parteien bedienen sich dabei eines Experten als Vertreter, den sie zur ausdrücklichen Drohung oder mit der tatsächlichen Durchführung eines Rechtsstreites beauftragen können (Falke/Gessner, S. 291). Bei der «Schlichtung» (Reich, S. 219 ff) geht den Parteien die bilaterale Kontrolle über das Ergebnis des Verfahrens selbst regelmäßig verloren. Denn sie unterwerfen sich der Entscheidung eines (frei gewählten) Schlichters, indem sie sich mit seiner rechtsverbindlichen Intervention einverstanden erklären bzw. sie einen Schlichtungs- als Einigungsvorschlag erwarten. Rechtliche Normen haben sowohl für den Verfahrensablauf als auch für den Inhalt des Schlichtungsanspruchs eine erhebliche Bedeutung. Das Verfahren endet regelmäßig durch den autoritativen Vorschlag des Schlichters, den die Parteien akzeptieren. Die Vorteile des Schlichtungsverfahrens gegenüber dem gerichtlichen Verfahren liegen in seiner größeren Flexibilität in der Verfahrensgestaltung sowie in der Chance der Konfliktparteien, an der Auswahl des Schlichters mitzuwirken, in der Möglichkeit, das Schlichtungsgremium entsprechend ihren Vorgaben sachverständiger als ein staatliches Gericht zu besetzen (Falke/Gessner 1982, S. 292).

‹Vermittlung› ist auch zu trennen von «Therapie» (Kelly S. 33 ff). Obwohl die Grenzen zwischen beiden, je nach Herkunft des professionellen Vermittlers, fließend sein können, läßt sich doch festhalten, daß Therapie auf individuelle Leidenslinderung oder Verhaltensänderung und besseres Eigenverständnis gerichtet ist, während

«Vermittlung» mehr Streitentscheidung durch Konfliktsteuerung bzw. -management bedeutet (Milne/Folberg 1988, S. 7). Trotz der Schwierigkeit, «Vermittlung» von Therapie, Verhandlung, Schlichtung oder dem schlichten Praktizieren von Recht zu unterscheiden, gilt, daß «Vermittlung» ein eigener «professioneller Prozeß» ist, der von anderen kommunikativen Interventionen zu trennen ist. Wenn auch nach Herkunft und Ausbildung zu unterscheidende «Vermittler» in ihrer praktischen Vermittlungstätigkeit variieren können, sind doch folgende Prinzipien anerkannt:

«Vermittlung» ist ein zeitlich begrenzter Prozeß, der Kommunikation fördert, die Ausbildung von Alternativen und Optionen maximiert, auf die Bedürfnisse der Parteien eingeht, eine Vereinbarung bezweckt, die von den Parteien selbst erarbeitet und als fair akzeptiert wird, und Modelle für zukünftige Konfliktregelungen bereitstellt (Milne/Folberg 1988, S. 8).

«Vermittlung» ist somit vornehmlich ein Instrument, Streitigkeiten durch Kooperation und Kommunikation zu beenden. Vermittlung stellt aber auch einen Rahmen dar, in einem strukturierten Prozeß zu einer eigenen gemeinsamen Entscheidung zu gelangen. Auch wenn nicht alle Streitpunkte geklärt werden können, ist es doch Anspruch, den Streitparteien Hilfen zum Verständnis der Konflikte zu geben, die ihren Streit überdecken. Insoweit kann «Vermittlung» eher als Konfliktmanagement denn als Instrument zur Lösung von Konflikten verstanden werden.

«Vermittlung» funktioniert, indem verschiedene Stufen durchlaufen werden, die aufeinander aufbauen und unterschiedliche Zwecke und Ziele verfolgen. Sie führen von einer einleitenden Orientierung zur Struktur- und Vertrauensbildung über die Konfliktkommunikation hin zur Erarbeitung und Umsetzung einvernehmlicher Regelungen.

Die im Vermittlungsprozeß notwendige offene und umfassende Kommunikation der Parteien schließt sämtliche erheblichen Fragen, also auch Fragen privatester Natur, ein und setzt somit ein Vertrauensverhältnis zum Vermittler voraus. Nur wenn dieses gegeben ist, werden die Parteien zu einer auch selbstkritischen Erörterung, zu Veränderungen und damit zu einer Verständigung bereit sein.

Sowohl die Notwendigkeit der Vertrauensbildung als auch der
Erörterung sämtlicher wesentlicher Sachfragen gebietet zwar, die
Zahl der Teilnehmer an dem Vermittlungsgespräch möglichst ge-
ring zu halten, verbietet jedoch nicht automatisch auch die Teil-
nahme von sachkundigen Vertretern der Parteien, wie etwa ihren
Rechtsanwälten. Deren Teilnahme oder die Durchführung einer
«Co-Vermittlung», etwa von einer Frau und einem Mann, kann
Vertrauen fördern und Vorbehalte ausräumen helfen – auch wenn
ein Verlust der Machtbalance zu befürchten steht (Woods, 1985,
S. 431 ff).

Das zwingend erforderliche Vertrauensverhältnis heißt für die
Person des Vermittlers, daß sie von den Beteiligten als neutral und
unparteiisch akzeptiert werden muß. Soweit es sich um Angehörige
öffentlicher Stellen oder Ämter handelt, ist sicherzustellen, daß Vertreter von Behörden, die mit dem Fall von Amts wegen befaßt waren
oder werden können, für diese Funktion ausscheiden. Ob der Vermittler eine bestimmte Qualifikation nachweisen sollte, ob diese
Tätigkeit bestimmte Fachkenntnisse voraussetzt oder ob sie auch
von angesehenen, lebenserfahrenen Laien ausgeübt werden kann,
wird unterschiedlich bewertet. Für die professionelle Besetzung dieser Rolle spricht allerdings, daß, obwohl im Vermittlungsprozeß die
Erörterung des Konfliktstoffes durch die Parteien im Vordergrund
steht, hierbei aber psychologische und rechtliche Rahmenbedingungen zu beachten sind. Ferner wird zu Recht darauf hingewiesen,
daß Vermittler den Parteien rechtliche und psychologische Informationen geben müssen, die sie für ihre Entscheidungsarbeit benötigen
bzw. berücksichtigen können.

Praxis von Mediation

In der Praxis werden grundsätzlich zweierlei Vermittlungsformen
unterschieden: gerichtsverbundene bzw. -bezogene und gerichtsun-
abhängige Formen, die regelmäßig in der freien (privaten) Praxis
durchgeführt werden. Die in den USA eingerichteten gerichtsverbundenen Programme entwickelten sich in der Regel aus bereits

vorhandenen sozialberatenden Einrichtungen. Zu den ‹klassischen› Aufgaben der Ehe- und Scheidungsberatung bzw. sorgerechtsbezogenen Jugendhilfeaufgaben kamen Aufgaben der Scheidungsfolgenvermittlung hinzu (so etwa Connecticut, Indiana, Kansas, Kalifornien, Minnesota).

Einige Gerichte trennten jedoch nach der Einführung der Scheidungsfolgenvermittlung die «Vermittlung» von der sorgerechtlichen Jugendhilfe (so Maine und Kalifornien). Die meisten gerichtsverbundenen Vermittlungsdienste beschäftigten sich ausschließlich mit Sorgerechts- und Besuchsrechtsstreitigkeiten.

Die Beschränkung auf die «Vermittlung» von Sorgerechts- und Besuchsstreitigkeiten findet nicht ungeteilte Zustimmung. So zeigte Milne kritisch auf, daß die Trennung von «Vermittlung» von Eltern-Kind- von finanziellen bzw. Vermögensstreitigkeiten zwar die ungeteilte Aufmerksamkeit der Betroffenen auf das allein ausschlaggebende «Wohl des Kindes» konzentriert. Dadurch verringert sich die Gefahr, die finanziellen Streitigkeiten als Pfand im Vermittlungsprozeß über kindschaftsrechtliche Fragen zu benutzen. Allerdings erscheine fraglich, ob diese Trennung nicht nur theoretischer Natur sei, weil natürlich die Lösung der sorgerechtlichen Streitigkeiten im Einzelfall auch von unterhaltsrechtlichen Streitfragen beeinflußt werden kann bzw. davon abhängt (Milne/Folberg 1988, S. 19).

Die Kritik an gerichtsverbundenen Mediations-Programmen richtet sich auch gegen die dort gegebene Möglichkeit, die Schweigepflicht zu durchbrechen, und gegen die – gerichtlich bestärkte – Macht des Vermittlers, eine Vereinbarung der Parteien zu forcieren. Dagegen wird vorgebracht, daß gerichtsverbundene «Vermittlungen» überdurchschnittlich häufig mit hochstreitigen und konfliktbeladenen Parteien durchgeführt würden, bei denen eine Einigungsbereitschaft von vornherein geringer anzusetzen sei (Duryee 1985, S. 53 ff).

Am häufigsten anzutreffen sind Vermittlungspraxen im Bereich der sozialtherapeutischen Dienste, bei denen neben den üblichen Beratungsleistungen «Vermittlung» angeboten wird (Brown, E. M. 1988, S. 127 ff; Kelly 1983, S. 33 ff). Therapeutisch orientierte Vermittler und Vermittlerinnen nutzen häufig das therapeutische ‹Vermittlungsverfahren› mit der Anwendung psychoanalytischer bzw. psychotherapeutischer Interventionsverfahren (Brown, E. M. 1988, S. 130 ff).

Soweit Rechtsanwälte überhaupt als Vermittler agieren, tun sie dies zumeist neben ihrer anwaltlichen Tätigkeit für ausgewählte Mandanten (Erickson 1988, S. 105 f; Elson 1988, S. 143 ff).

«Scheidungs(folgen)vermittlung» kann entweder aufgrund gesetzlicher Vorschrift, aufgrund einer richterlichen Verfügung oder freiwillig von den Betroffenen initiiert werden. Gesetzlich obligate (compulsery) «Vermittlungen» für streitige Scheidungsfolgesachen sind vorgeschrieben in Kalifornien, Maine und Wisconsin, während in den meisten Staaten gesetzliche Vorschriften die Gerichte grundsätzlich lediglich ermächtigen, Vermittlung optional einzuführen bzw. dem einzelnen Richter entsprechende Befugnisse zu verleihen (Dutenhaver 1988, S. 5 f).

Entsprechend der Bedeutung, die die Informationsvermittlung und die Motivation für die Aufnahme des «Vermittlungsprozesses» und seine (erfolgreiche) Durchführung hat, werden hohe Anforderungen an Ausbildung und Fortbildung der Vermittler gestellt (Milne 1988, S. 385 ff).

Co-Vermittlung, etwa von Rechtsanwälten und Therapeuten, findet häufig bei privaten Vermittlungs-Einrichtungen statt, während sie bei gerichtsverbundenen Programmen grundsätzlich nicht vorgesehen ist.

Bewertung von Vermittlungsprogrammen

Bewertungen von Vermittlungsprogrammen sind für den deutschsprachigen Raum noch nicht möglich, weil hier Vermittlung noch immer Neuland ist.

In den USA, wo «Vermittlung» bei Trennung und Scheidung am weitesten vorangeschritten ist, finden sich mehrere durchgehend positive Bewertungen.

In einem ersten ausführlichen Bericht über die Entwicklung von

Scheidungsfolgevermittlungsprogrammen berichtet Brown (1982, 31), daß unter den Personen, die Scheidungsfolgevermittlung prak- tiziert hätten, uneingeschränkte Zustimmung dazu vorhanden ge- wesen sei und «Vermittlung» ein effektives Instrument zur Lösung von Scheidungs(folge)konflikten darstelle. Erste konkrete Evalua- tionsstudien wurden zwischen 1979 und 1983 in den USA durchge- führt. So behandelte das «Denver-Custody-Mediation-Project» (CMP) die Effektivität von privat getragenen Vermittlungsprogram- men bei der Lösung von Sorgerechts- und Besuchsrechtsstreitig- keiten außerhalb des Gerichtsverfahrens. Eine zweite Studie, das «Divorce-Mediation-Research-Project» (DMRP) untersuchte öf- fentliche Vermittlungsprogramme am «Los Angeles Conciliation Court», dem «Family Relations Division of the Connecticut», «Fa- mily Superior Court» und der «Domestic Relations Division of the Hennepin County Family Court» (Pearson/Thoennes 1988, S. 429).

Diese beiden Untersuchungen waren die ersten größeren und über einen längeren Zeitraum sich erstreckenden Untersuchungen zu «Vermittlung», die Aussagen über das Verfahren und seine Ak- zeptanz erlaubten. Beim Denver-Custody-Mediation-Project lehnte die Hälfte der Teilnehmer das Angebot aber ab. Die Teilnehmer der Pro-Vermittlungs-Gruppe tendierten nach sozio-ökonomischen In- dikatoren eher zur Mittelschicht und schienen auch grundsätzlich besser mit dem Ehegatten sprechen zu können. Frauen, die «Ver- mittlung» bevorzugten, sahen das Verfahren als weniger fremd und unpersönlich an als z. B. das klassische Gerichtsverfahren. Männer wählten häufig das Vermittlungsverfahren, weil sie sich bessere Er- folge als im Prozeß versprachen. Überwiegend entschlossen sich Frauen und Männer zur «Vermittlung», weil ihre Anwälte sie dazu ermutigten. Während 69 Prozent der die «Vermittlung» annehmen- den Männer und 72 Prozent der Frauen erklärten, daß ihre Anwälte sie dazu ermutigten, hatten nur 32 Prozent der ablehnenden Män- ner und nur 18 Prozent der ablehnenden Frauen Rechtsanwälte, die ihrerseits die Vermittlungs-Verfahren akzeptierten und entspre- chend empfahlen (Pearson/Thoennes 1988, S. 431).

Die Frage, ob Programme, zu denen die Eheleute verpflichtet werden, nachteilige Wirkungen zeitigten, konnte verneint werden:

60 bis 70 Prozent derjenigen, die solche Vermittlungsprogramme in Los Angeles, Minnesota und Connecticut in den Jahren 1978 bis 1979 benutzten, bevorzugten diesen Ansatz. Unter denen, die 1982 Vereinbarungen erreichten, befürworteten 85 bis 91 Prozent die Form der «Vermittlung» und selbst 62 bis 68 Prozent derjenigen, die zu keiner Einigung gelangen konnten, bevorzugten ‹definitiv› bzw. ‹wahrscheinlich› einen solchen Ansatz. Signifikante Unterschiede zwischen auferlegter bzw. freiwilliger «Vermittlung» konnten im Hinblick auf erzielte Vereinbarungen nicht festgestellt werden.

Soweit die Effektivität von Vermittlungsprogrammen am zahlenmäßigen Ergebnis erzielter Vereinbarungen gemessen wird, ist grundsätzlich von einer hohen Effektivität auszugehen. Abgesehen von einzelnen Erfolgsprogrammen, von denen 70 (Irving 1981) bzw. 80 Prozent (Wixted 1982) erzielte Vereinbarungen bekannt wurden, erreichte die durchschnittliche Erfolgsziffer 40 bis 65 Prozent zuzüglich weiterer 20 bis 30 Prozent, die teil- bzw. zeitlich begrenzte Vereinbarungen erreichten.

Im Vergleich von Personengruppen, die ihre Streitpunkte «vermittelten», zu jenen, die ausschließlich im Gerichtsverfahren verblieben, erreichten über 80 Prozent jener, die ihre Konflikte ‹vermittelten›, eine eigene Vereinbarung, während dies nur auf 20 Prozent derjenigen zutraf, die im Gerichtsverfahren verblieben waren (Pearson/Thoennes 1988, S. 434).

Einen wesentlichen Anteil am Erfolg von «Vermittlung» haben die Vermittlungspersonen selbst. So konnten nur 30 Prozent Vereinbarungen bei unerfahrenen Vermittlern getroffen werden, während diese Zahl auf über 60 Prozent stieg bei erfahrenen Vermittlerpersonen. Vereinbarungen wurden auch um so eher erreicht, je mehr es der Vermittler-Person gelang, die Kommunikation zwischen den Parteien zu initiieren und aufrechtzuerhalten und beiden zu einem besseren Verständnis ihrer eigenen Gefühle, wie denen des anderen bzw. der Kinder zu verhelfen, und je mehr die Vermittlerperson als neutral und unparteiisch empfunden wurde (Pearson/Thoennes 1988, 435 f).

Personen, die zu erfolgreichen Vereinbarungen kamen, berichteten übereinstimmend, daß die Vermittler es verstanden, ihnen zur Einsicht ihres Problem- bzw. Konfliktbereiches zu verhelfen, Gefühle zu vermitteln, Spannung zu reduzieren, gegensätzliche Standpunkte auszutauschen und akzeptieren zu lernen, sich nicht in der Vergangenheit zu verlieren, sondern zur Erarbeitung zukunftsbezogener Lösungen beizutragen (Pearson/Thoennes 1988, 437 ff).

Unabhängig vom Vermittlungsresultat ergab sich bei den Teilnehmern der Vermittlung eine hohe bis sehr hohe Zustimmung und Zufriedenheit hinsichtlich des Verfahrens. Im CM-Projekt äußerten 77 Prozent der Interviewten extreme Zufriedenheit mit dem Vermittlungsprogramm. Entsprechende Reaktionen ergaben sich auch im DMR-Projekt: Überwiegend wurde befürwortet, daß Vermittlung obligatorisch für streitige Sorgerechtssachen eingeführt werden sollte. Demgegenüber äußerten 50 bis 70 Prozent aller Teilnehmer generell Unzufriedenheit mit dem Gerichtsverfahren als «unpersönlich» und ohne Verständnis und Anteilnahme für die Interessen der Parteien. In einem Abschlußinterview sechs bis zwölf Monate nach dem Scheidungstermin bzw. dem Abschluß der Vermittlungsarbeit mit allen Teilnehmern äußerten 69 Prozent der Klienten mit erfolgreicher Vermittlungsarbeit Zufriedenheit mit den Programmen, während das nur 53 Prozent der im Gerichtsverfahren verbliebenen Teilnehmer bestätigen konnten.

Hinsichtlich der getroffenen Vereinbarungen war festzustellen, daß diejenigen Parteien, die ihre Konflikte erfolgreich «vermittelten», eher zu einem gemeinsamen Sorgerecht tendierten als die Vergleichsgruppe, die «Vermittlung» ablehnte. Zusätzlich war festzustellen, daß bei den «vermittelnden» Personen auch diejenigen, die lediglich zu einem Einzelsorgerecht gelangten, der anderen Person mehr Besuchszeiten einräumten als in den nicht «vermittelten» Vereinbarungen. Danach erscheint die Annahme gerechtfertigt, daß der Vermittlungsprozeß ein offeneres Zugehen auf den Partner fördert und damit bessere äußere Voraussetzungen zur Konfliktlösung – auch für die Zukunft – schafft, als dies im gegnerschaftlichen gerichtlichen Streitverfahren der Fall ist. Diese überwiegend positiven Bewertungen von «Vermittlung» konnte der Verfasser in unterschiedlichen Vermittlungseinrichtungen in zwölf Staaten der Vereinigten Staaten zwischen der Ost- und der Westküste durchgängig bestätigt finden.

Dies Einschätzung wird weiter unterstrichen in einer Befragung von 1.254 Rechtsanwälten, die Mitglied der Los Angeles Anwaltsvereinigung waren. Die Befragung wurde 1988/89 durchgeführt. 36 % der Befragten antworteten. Auf die Frage, ob Vermittlung in Familiensachen hilfreich ist, Sorgerechtsstreitigkeiten zu klären, meinten

  8 % ist immer hilfreich
57 % ist oft hilfreich und
33 % ist manchmal hilfreich;
nur 1,6 % hielten Vermittlung für niemals hilfreich.

Vermittlungsprogramme in der kritischen Diskussion

In der kritischen Diskussion über «Vermittlungsverfahren» werden immer wieder folgende Bedenken geäußert: Bei «Vermittlung» würden Rechtspositionen der Teilnehmer vernachlässigt, schwächere Teilnehmer – in der Regel Frauen – würden einem unangemessenen Druck ausgesetzt, dem sie nicht widerstehen könnten, Vermittler seien nicht kompetent genug (ausgebildet) und stünden unter Erfolgsdruck (sog. Muskel-Vermittlung). Auch sei die notwendige Vertraulichkeit mindestens in den Einrichtungen nicht gewährleistet, die neben Vermittlung, teilweise in Personalunion, allgemeine Jugendhilfemaßnahmen durchführten (Milne/Folberg 1988, 16 ff).

Ferner wird diskutiert – ob und wenn ja –, welche Fälle es geben mag, die für ein Vermittlungsverfahren ungeeignet seien.

Schließlich bestehen unterschiedliche Auffassungen darüber, ob Fälle mit Kindesmißhandlung oder bei denen die Mißhandlung von Ehegatten, Suchtverhalten oder Gewalttätigkeiten festzustellen sind, für Vermittlung geeignet seien. Hier ist zu bedenken, daß Vermittlung in diesen Fällen sicherlich besonders schwierig ist bzw. wird und auch darauf zu achten sein wird, ob das «Machtgefüge» der Parteien ausgeglichen erscheint bzw. beide kompetent den Vermittlungsprozeß führen können. Generell solche Fälle von Vermittlung auszuschließen, erscheint nicht angemessen, weil dadurch gerade den Menschen die Chance einer ergänzenden Hilfe versagt wird, die diese Hilfe dringend benötigen. Die Besonderheit dieser Fälle wird in der Regel durch praxiserfahrene Vermittler und entsprechende flankierende Beratungsmaßnahmen aufgefangen werden müssen.

Soweit hier und auch in anderen Fällen die Unterlegenheit «schwächerer» Partner festgestellt wird, müssen die Vermittler dies berücksichtigen. Ggf. müssen sie durch weiter hinzuzuziehende Rechts- bzw. Interessenvertreter für den für erforderlich gehaltenen Ausgleich sorgen.

Den genannten Befürchtungen stehen Untersuchungsergebnisse gegenüber, die bestätigen, daß Parteien, die ihre Streitigkeit in einem Vermittlungsverfahren ausgetragen haben, eine größere moralische und auch rechtliche Verpflichtung anerkannt haben, auf die Interessen und Fähigkeiten der schwächeren Person Rücksicht zu nehmen und deren Rechte regelmäßig eher zu akzeptieren, was vor allem bei Zahlungsverpflichtungen erhebliche Bedeutung erlangen kann (McGilles 1983, 24). Im übrigen ist das Vermittlungsverfahren geradezu darauf angelegt, die mögliche Unterlegenheit schwächerer Partner positiv aufzufangen. Im Gegensatz zum streitigen Gerichtsverfahren, bei denen die Parteien sich als Gegner «bekämpfen» mit dem Ziel des Unterliegens einer Partei, erscheint «Vermittlung» geeignet, Schwächen von Teilnehmern besonders auszugleichen (Bierbrauer 1982, 321 ff). Regelmäßig dem Verfahren vorausgeschickte «Deklarationen von Rechten für Kinder» (Kressel u. a. 1988, 103) bzw. Vereinbarungen der Parteien über Kooperation sowie erste vertrauensbildende Schritte scheinen besser als streitige (gerichtliche) Verfahren zu gewährleisten, daß Rechte «Schwächerer» ausreichend berücksichtigt werden können. Insoweit scheint es auch nicht erforderlich zu sein, Frau- oder Mann-Co-Vermittlung durchzuführen (Salius/Maruzo 1988, 172 f).

Schließlich ist die Frage der Vertraulichkeit in ihren Grundsätzen auch für Vermittlung nicht streitig und wird grundsätzlich strikt eingehalten. Soweit dieser Rechtsgrundsatz jedoch mit anderen geschützten Rechtsgütern, wie etwa der Unverletzlichkeit der Person oder dem Wohl des Kindes, im Einzelfall kollidiert, scheint es gerechtfertigt, hier nach einer auch sonst im Recht üblichen Güterabwägung zu entscheiden (Kretchmer 1987, 11; Folberg 1988, 319 ff).

Zusammenfassung und Ausblick

Die Suche nach Alternativen und Konfliktregelungsformen erfolgte auch für «Vermittlungsverfahren» vor dem Hintergrund eines deutlich ausgesprochenen Mißtrauens gegenüber Spezialisten und gegenüber großen, distanzierten Einrichtungen. Konfliktaustragung soll ureigenste Aufgabe der streitenden Parteien selbst bleiben. Ob eine umfassende autonome Konfliktbewältigung für alle Fälle wünschenswert oder gar machbar sein kann, mag unentschieden bleiben.

Erfolgversprechend scheinen «Vermittlungssysteme» mindestens dort eingesetzt werden zu können, wo für auftretende Konflikte Einrichtungen zur Regelung der Streitigkeiten geschaffen werden können, unter Mitwirkung der für diesen Bereich jeweils benötigten Experten. Zu denken wäre dabei an bestimmte individuelle und gesellschaftliche Bereiche, wie sie etwa im Bereich von Familie, Gemeinwesen oder Nachbarschaft zu erkennen sind. Die hauptsächliche Chance eines solchen Modells liegt in der Erkenntnis, daß nur im kommunikativen und kooperativen Miteinander – das durch gegenseitige Achtung, Fairneß und Solidarität bestimmt ist – streitlösende und für beide Seiten befriedigende Wege gefunden werden können, die viele Zukunftsoptionen für alle Beteiligten offenhalten. Insoweit stimmt dieser Ansatz auch mit dem Grundsatz der Systemtheorie überein, daß «in kreisförmigen, selbstregulierenden Systemen Ergebnisse nicht so sehr durch die Anfangszustände als durch die Natur des Prozesses determiniert (sind)» (Watzlawick 1971, 122).

«Vermittlung» als prozeßhaftes, zukunftsbezogenes und zielorientiertes Interventionsmodell ist zur «persönlichen Hilfe zur Selbsthilfe» grundsätzlich geeignet und auch effektiv. Mögliche Bedenken sollten Anlaß dazu sein, weitere Erfahrungen über «Vermittlung» zu gewinnen, um zu untersuchen, ob und inwieweit Mediationsverfahren – in unterschiedlichen Formen – die Möglichkeiten der Lösung von Konflikten verbessern helfen. In diesem Zusammenhang sei auf die noch ausstehende Auswertung des Pilotprojektes Praxiserprobung von Vermittlung in der Familiengerichtshilfe – das der Verfasser 1991 am Jugendamt Erlangen durchgeführt hat – hingewiesen.

Trennung und Scheidung:
Neue Aufgaben für
psychosoziale
Helfer und Juristen

Hans-Peter Bernhardt

Eine Herausforderung
für psychosoziale Helfer

In Trennungskrisen kann sich der Kontakt des Paares auf den Schlagabtausch feindseliger Attacken und Gegenattacken und die Wiederholung von Schuldzuweisungen und deren Abwehr reduzieren. Das ist nicht ungewöhnlich. Dabei kann die Intensität der Auseinandersetzungen nicht nur die Belastbarkeitsgrenze der Beteiligten, sondern auch die ihrer Umgebung erreichen. Auch psychosoziale Helfer, die mit Scheidungspaaren und -familien zusammenarbeiten, sind nicht nur neutrale Beobachter oder unparteiliche Dritte, sondern innerlich berührt.

> «Besonders belastend für die Zusammenarbeit mit Scheidungsfamilien war für uns immer wieder das zum Ausdruck gebrachte Ausmaß an Aggressivität und Destruktivität, das wesentlich höher erschien als in anderen, sonst schwerer gestörten Familien (...). Zudem wurde, da bei Scheidungskonflikten und Ehekrisen die Nähe zum eigenen Alltag und zum eigenen Familienleben des Therapeuten, zur eigenen «Normalität» größer ist (...), die eigene Lebens- und Alltagserfahrung stärker berührt und in Frage gestellt, als es bei anderen Problemen der Fall ist. Auch dies war einerseits belastend, führte aber auch zu einem besseren Verständnis der Patienten-Familien» (Reich, Bauers & Adam, o. J., S. 8).

Ich möchte einige Reaktionen von psychosozialen Helfern auf die Paar- und Familiendynamik ihrer Klienten diskutieren. Meine Beobachtungen stammen aus unterschiedlichen Quellen: aus kollegialer Zusammenarbeit, aus Supervision und Fortbildungen. Die ausgewählten Beispiele sind keine Einzelfälle, die sonst sinnvollerweise als individuelle Übertragungs- und Gegenübertragungsreaktionen des Beraters betrachtet werden können, sondern vielmehr typische und verbreitete Reaktionen. Deutlich soll werden, daß vielmehr auch die Einstellung des Beraters ein steuernder Faktor ist, der Verlauf und Ausgang des Beratungsprozesses mitbestimmt.

Relativ regelmäßig ist mir bei psychosozialen Helfern eine ‹resignative Haltung› aufgefallen, vorzugsweise gegenüber schwer zerstrittenen Paaren und Eltern, die ihre Dauerstreitigkeiten bis in die Beratungsstunden hinein in Gegenwart des Beraters fortsetzen. Resignative Reaktionen treten aber häufig auch gegenüber sogenannten ‹geschickten› Klienten auf, die eine nur geringe eigene Motivation für die Zusammenarbeit an den Tag legen, sondern offenbar ein Pflichtpensum absolvieren, um ihre Chancen im offiziellen Scheidungsverfahren nicht zu schmälern. Diese Klienten kommen mit der Teilnahme an den Beratungen lediglich den Erwartungen anderer Verfahrensbeteiligter, etwa des zuständigen Familienrichters oder Sozialarbeiters, nach. Schließlich habe ich solche resignativen Haltungen auch gegenüber Kindern beobachtet, die den Umgang mit dem weggeschiedenen Elternteil inzwischen ablehnten, so daß der Kontakt mehr oder weniger längerfristig unterbrochen blieb.

Um besagte ‹resignative Haltung› an einem Beispiel zu illustrieren, zitiere ich die Äußerung eines Kollegen. Er kommentierte die (im Rollenspiel) heillos zerstrittenen Eltern, die in einen erbitterten Kampf um die Besuchsregelung für ihre Kind verstrickt waren: «Mir ist klar geworden, daß diese Eltern ihr Kind eigentlich nicht lieben.» Nimmt man die Sichtweise aus dem ‹kaukasischen Kreidekreis› ein, nach der liebende Eltern ihr Kind freilassen können und es nicht zerreißen müssen, dann war der Eindruck des Kollegen tatsächlich kaum von der Hand zu weisen; doch die im Rollenspiel simulierte Beratung geriet in eine Sackgasse.

In diesem konkreten Fall intervenierte ich mit dem Hinweis, daß die Erwachsenen ihre Verantwortung als Eltern gewöhnlich dann nicht mehr wahrnehmen können, wenn sie regressiv in die Auseinandersetzungen ihres Ehekonflikts hineingeraten, diese dann in den Mittelpunkt der Beratungen stellen und dabei mit den damit verbundenen Gefühlen beschäftigt sind. Damit hatte ich lediglich eine verbreitete Arbeitserfahrung aus der Beratung von Scheidungspaaren in Erinnerung gerufen, die auch diesem Kollegen ansonsten geläufig ist.

Bei der Fortsetzung des in eine Sackgasse geratenen Rollenspiels konnte der ‹resignierte Berater› die in seiner Wahrnehmung verlorengegangene Ressource der elterlichen Verantwortung erneut in das Gespräch einführen und die vorübergehende Blockierung aufheben. Sinngemäß wandte sich der Kollege mit folgender Gesprächseingabe an die Mutter: «Ich habe verstanden, daß es Ihnen als Ehefrau, die sich verletzt und zurückgewiesen fühlt, um einen inneren Abstand von Ihrem Ehemann geht. Mir ist auch klar geworden, daß es Ihnen nicht darum geht, als Mutter den Kontakt Ihres gemeinsamen Kindes zum Vater zu unterbrechen. Offenbar wissen Sie aber im Augenblick noch nicht, wie Sie diesen Abstand innerlich finden können. Deshalb sagen Sie ‹Aussetzung der Besuche› und meinen eigentlich einen Abstand, in dem Sie sich erholen und regenerieren können.» Mit dieser Intervention war es dem Berater zumindest gelungen, die Unterscheidung von Paarkonflikt und Elternrolle in das Gespräch einzuführen und gleichzeitig die Schwierigkeit (der Mutter) an dem ‹Ort› zu lokalisieren, an dem sie ursprünglich erlebt wurde, und nicht dorthin, wo sie aufgrund von Projektionen verlagert worden war. Gegen Ende des Rollenspiels konnten erste Überlegungen zur Besuchsregelung angestellt werden.

Das Dilemma besteht in der Regel meines Erachtens darin, daß Eltern in der Trennungskrise ganze Anteile ihrer Person und ihres Erlebens nicht mehr wahrnehmen können. Nimmt man die manifesten Äußerungen der Eltern – wie im oben dargestellten Fall – als deren ‹ganze Wahrheit›, dann stellt auch der Berater regressiv den Paarkonflikt in den Mittelpunkt seiner Aufmerksamkeit und ‹vergißt› ebenfalls deren «erwachsene» Verantwortung als Eltern. Die Erfahrung und das Wissen, daß Eltern auch in den Beratungen ihren Paarkonflikt auszubreiten versuchen und in den damit verbundenen Verstrickungen ihre Verantwortlichkeit als Eltern ‹vergessen›, können allerdings dabei hilfreich sein, die vorübergehend ‹verlorengegangene› elterliche Verantwortung bei den Betroffenen dennoch vorauszusetzen und wieder ins Spiel zu bringen. Nach meiner Auffassung gehört es zu den zentralen Aufgaben von Beratern, die nicht mehr wahrgenommene elterliche Verantwortung ständig in Erinnerung zu rufen. Zum präsentierten Paarkonflikt, in dem die erwachsenen Partner unvermeidlich regredieren, gehört stets die Komplettierung der elterlichen Verantwortung. Deren Vernachlässigung führt nach meinen Erfahrungen regelmäßig zu Schuldgefühlen der Eltern, ihre Kinder geschädigt zu haben. Diese Schuldgefühle können sonst gerichtsnotorisch als Konflikt um die Anerkennung der gemeinsamen elterlichen Verantwortung ausgetragen werden. Man kämpft um die einseitige oder wechselseitige Disqualifikation der Elternschaft bzw. um deren Rehabilitation.

«In der Trennungs- und Scheidungsphase messe ich der Familienberatung größere Bedeutung zu als der Paarberatung. Ihr Gegenstand sind das Parentale und das Filiale, welche beide die Scheidung überdauern. Das Parentale hat die beiden Dimensionen des Horizontalen innerhalb des Elternpaares und des Vertikalen von den Eltern zu den Kindern. (…) Familienberatung bezieht, wie das Wort selber sagt, Eltern und Kinder ein. Sie spricht die Eltern als Eltern und nicht als sich trennende Ehepartner an. (Auch hier ist sprachliche Konsequenz von Vorteil.)» (Duss-von Werdt 1989, S. 51).

Ähnliches gilt gegenüber Kindern, die den Kontakt zum abwesenden Elternteil ablehnen. Vertraut ist die Erfahrung, daß Kinder während der ersten Zeit der Trennung ihre Beziehung zum abwesenden Elternteil in der Regel noch erleben können und entsprechend mit Wut, Trauer und Sehnsucht reagieren. Erst längerfristig identifizieren sie sich zumeist mit dem Elternteil, mit dem sie zusammenleben, und dessen Konfliktlösungen. Im Bündnis mit dem anwesenden Elternteil wird die innere Beziehung zum abwesenden Elternteil ‹emotional abgekapselt›, so daß sie dem Erleben nicht mehr unmittelbar zur Verfügung steht.

Nicht selten werden Bündnisse des Kindes mit dem sorgeberechtigten Elternteil allein durch die Tatsache begünstigt, daß es mit diesem zusammenlebt und von ihm versorgt wird. Im Erleben des Kindes kann der nach der Scheidung sorgeberechtigte Elternteil allein durch seine Präsenz die Verläßlichkeit von Beziehungen repräsentieren, während der weggeschiedene Elternteil für die Trennung und Unzuverlässigkeit verantwortlich gemacht wird. (Umgekehrt ist aber auch zu beobachten, daß Kinder dem sorgeberechtigten Elternteil heimlich, aber auch offen den Vorwurf machen, den abwesenden Elternteil vertrieben zu haben.) Die reale Trennung der Eltern und die damit verbundenen Verlustängste erhöhen beim Kind die Angst, den verbliebenen Elternteil ebenfalls zu verlieren. Diese Situation erleichtert dem sorgeberechtigten Elternteil die Manipulation, das Kind zur Parteinahme zu gewinnen (vgl. Bernhardt 1986, S. 236 f).

Nach meinen Beobachtungen betrachten Berater in vielen Fällen die manifest geäußerte ablehnende Haltung der Kinder als deren ‹ganze Wahrheit›. Das Ergebnis der eingeschränkten Wahrnehmung wird dabei nicht nur von daran interessierten und involvierten Elternteilen, sondern häufig auch von professionellen Dritten (gemeint sind Familienberater, Kinderärzte, Sozialarbeiter usw.) als ‹Kindeswohl› idealisiert. Das legitimatorische Motto lautet dann zumeist folgendermaßen: «Man kann Kinder nicht gegen ihren Willen zu den Besuchen zwingen.» Wer wollte das auch bestreiten? Jedoch wird im Grunde genommen unter Beteiligung von professionellen Dritten die Erfahrung der Erwachsenen, daß sich Schwierigkeiten und Konflikte nicht anders als mit einer Trennung lösen ließen, ganz direkt an die nächste Generation weitergegeben.

Statt dessen plädiere ich in diesen Fällen dafür, eine aktive Haltung gegenüber den Kindern einzunehmen. In der Regel beschreibe ich die Situation des Kindes zwischen seinen Eltern und äußere mein Verständnis für die Schwierigkeit, beiden Eltern verbunden bleiben zu können. Außerdem spreche ich meinen Eindruck an, daß das Kind das elterliche Verhalten wiederholt, obwohl es doch auch eine ‹eigene Person› zwischen seinen Eltern ist. Ein achtjähriger Junge, dem ich meine Beobachtung beschrieben hatte, wie er den Erwartungen seiner Mutter, mit der er zusammenlebte, ängstlich folge und darauf achte, diese zu erfüllen, antwortete mir erst kürzlich: «Sie meinen, ich bin da wie ein Hund an der Leine.» Anschließend konnten wir besprechen, daß es Situationen gibt, in denen er von den mütterlichen Erwartungen abweiche und sich gelegentlich für seinen Vater interessiere.

Wenn das notwendig ist, frage ich zusätzlich nach Erinnerungen an die Zeit, in der die Familie noch unter einem Dach zusammenlebte. Die meisten Kinder können diese Erinnerungen zulassen. In der Regel bevorzugen sie innerlich ohnehin die Vergangenheit, in der die Familie noch komplett zusammenlebte. Meine Haltung gegenüber den Äußerungen der Kinder läßt sich in etwa so zusammenfassen: Damals wie heute gab es befriedigende und unbefriedigende Erfahrungen mit dem Vater. Dabei halte ich die aktive Kommentierung der ‹ambivalenten Einstellung› zu den Eltern für wichtig. Falls die Kinder sich inzwischen darauf verlegt haben, die Erinnerungen an den abwesenden Elternteil als Enttäuschung zu formulieren (z. B. «Der war immer in der Arbeit»), spreche ich die darin zum Ausdruck kommenden Wünsche an oder formuliere diese als ‹Übersetzer› für das Kind (z. B. «Was hättest du dir denn mit ihm gewünscht» oder «Da hättest du gern mit ihm mehr Zeit verbracht»). Sinn dieser Bemühungen ist es, Perspektiven für die Zukunft zu eröffnen, damit das Kind emotional nicht unbedingt (wie vermutlich seine Eltern als Ehepartner) an vergangenen Enttäuschungen festzuhalten und den Kontaktabbruch aufrechtzuerhalten braucht. Pläne, wie diese Wünsche in den Kontakt mit dem abwesenden Elternteil eingebracht werden können, lassen sich dann leichter schmieden.

Schließlich weise ich im Gespräch mit dem Kind ergänzend darauf hin, daß es auch im Zusammenleben mit der Mutter nicht nur befriedigend einfache, sondern auch unbefriedigende, schwierige Seiten gibt, ohne daß das gleich ein Grund sein muß, die Beziehung zu ihr abzubrechen. Nach meinen Erfahrungen können sich die meisten Kinder auch nach Kontaktabbrüchen, an denen sie selbst beteiligt sind, wenn sie die Besuche beim abwesenden Elternteil ablehnen, auf eine Fortsetzung der Erfahrungen mit diesem Elternteil einlassen.

In der Arbeit mit Scheidungspaaren bzw. -familien bleibt es nicht
aus, daß eigene Beziehungs- und Trennungserfahrungen auf seiten
der Berater aktualisiert werden. Zur Illustration möchte ich eine
persönliche Erfahrung zitieren: Zusammen mit einer Gruppe von
Kollegen/innen wollte ich ein irritierendes Beratungsgespräch mit
einer ‹unvollständigen› Nachscheidungsfamilie (Mutter, Sohn und
Tochter) besprechen. Die Irritation sollte aufgeklärt und die weitere Vorgehensweise abgestimmt werden. Für die Auswertung
stand uns die Video-Aufnahme des Erstgesprächs zur Verfügung.
Während die Kollegengruppe den fehlenden Vater vermißte, dessen Stuhl provozierend leer geblieben war, erlebte ich – im Gegensatz zu ihnen – die lückenhafte familiäre Situation als ‹selbstverständlich›. Meine eigene innere Beziehung zu den anwesenden
Familienmitgliedern stimmte in frappierender Weise mit den ge-
schilderten Beziehungen des abwesenden Vaters zu seiner Familie
überein. Ganz offensichtlich war ich in seine Rolle geschlüpft und
wiederholte damit emotional die lebensgeschichtliche Konstella-
tion nach dem Tod meines eigenen Vaters. Kein Wunder, daß ich
das Setting mit den anwesenden Familienmitgliedern in meiner
Wahrnehmung sowohl als ‹irritierend› als auch als ‹selbstverständlich› erlebt hatte.

Wendl-Kempmann hat die wichtigsten Risiken bzw. Herausforderungen für psychosoziale Helfer zusammengefaßt, die mit Scheidungspaaren und -familien zusammenarbeiten (Wendl-Kempmann
& Wendl 1986; Wendl-Kempmann 1989):

1. Identifikation mit einem der Beteiligten auf Grund einer eigenen
   Konfliktlage (statt: Einfühlung und Verständnis, ohne die innere
   Position des Klienten zu teilen und die Rolle des «Gegenübers»
   zu verlassen);
2. Kontrolle des Geschehens bzw. der Klienten, um am anderen
   eigene Beziehungs- und Trennungsprobleme projektiv abzuhan-
   deln (z.B. wenn schnelle Entscheidungen und Regelungen initiiert werden, um eigene Wut und Trauer abzuwehren);
3. Eingriff mit Erklärungen, um Gefühle (Trauer, Wut usw.) abzu-
   wenden, die die Klienten bewegen, die aber der Berater nicht aushalten kann;

4. Befriedigung von Wünschen, die die Klienten aus dem Trennungserleben heraus an den Berater richten (z. B. mütterliches, väterliches, partnerschaftliches oder parteiisches Objekt zu sein), so daß die konfrontative Haltung – Gegenüberstehen und zu Bedenken geben – aufgegeben wird.

Bündnisse von psychosozialen Helfern mit einem Ehepartner oder einem Elternteil fördern unweigerlich destruktive Konfliktverläufe bei den Betroffenen. Dabei können nicht nur die Chancen für eine Fortsetzung der Ehe geschmälert, sondern auch – im Fall der Scheidung – die Chancen für eine kooperative Fortsetzung der Elternschaft blockiert werden. In diesem Zusammenhang möchte ich auf Ergebnisse einer einschlägigen amerikanischen Untersuchung (Johnston, Campbell & Tall 1985) über Scheidungsfamilien hinweisen, die langfristig nicht in der Lage waren, ihre Differenzen beizulegen, die Scheidungsfolgen fair zu regeln und stabile Vereinbarungen zugunsten ihrer Kinder zu treffen. Auch nach meinen eigenen Erfahrung zählen zu den kritischen Faktoren, an denen psychosoziale Helfer beteiligt sein können:

1. *Einzelberatungen* und *Einzeltherapien* mit einem der betroffenen Ehepartner bzw. einem Elternteil, in denen es offenbar leicht zu Koalitionen zwischen Klient und Berater gegen den abwesenden Ehepartner oder Elternteil kommen kann;

2. *Bündnisse* mit dem vermeintlich schwachen, deprimierten und mißbrauchten Ehepartner («Opfer»), dem offenbar bereitwilliger hilfreich zur Seite gesprungen wird als dem sog. Index-Täter;

3. *Ermutigungen* des Einzelklienten zu kompromißlosen Haltungen und zur Durchsetzungsfähigkeit, die – unter dem Deckmantel ‹persönlichen Wachstums› in der Paar- und Elternbeziehung lediglich Gegnerschaften fördern, in die auch die gemeinsamen Kinder hineingezogen werden;

4. die (unbewußte oder unwissentliche) *Zustimmung* des psychosozialen Helfers zur verzerrten Sichtweise des Klienten von der Ehesituation und zum polarisierten negativen Bild des Partners, wobei diese Zustimmung als Konsolidierung dieses Bildes wirkt, so daß der Kampf gegen den Partner oder Elternteil weiterhin als gerechtfertigt erlebt wird;

5. *verbale Bewertungen* des Ehepartners in Begriffen individueller Psychopathologie, die häufig als Aussagen über dessen «Charakter» aufgefaßt werden, der nun – ausgestattet mit der Autorität des Experten – um so berechtigter bekämpft und vom Umgang mit den Kindern ausgeschlossen werden muß;

6. das Dauerproblem *schriftlicher Beurteilungen*, die einen Ehepartner bzw. Elternteil pathologisieren (Stellungnahme von Jugendämtern, psychologische Gutachten), aber auch Atteste von Kinderärzten, wenn sie verständliche Reaktionen und Auffälligkeiten von Kindern (vor und nach den Besuchen beim abwesenden Elternteil) pathologisieren bzw. einseitig interpunktieren;

7. das Dilemma der unter Beratern verbreiteten «*Psycho-Pathologisierung*» der Scheidungssituation, die in den Begriffen des «Scheiterns» und «Versagens» zum Ausdruck kommt (nach meinen Erfahrungen wären vielmehr «normalisierende» Interventionen hinsichtlich der Situation und des Verhaltens der Beteiligten durch die Berater angebracht).

Hannelore Diez / Heiner Krabbe

Ein Leitfaden für die Trennungs- und Scheidungsberatung

Will ein Paar sich scheiden lassen, setzt es einen ganzen juristischen Apparat, verschiedene Ämter und je nachdem auch beraterische und therapeutische Hilfen in Bewegung. Die Konflikte zwischen den Partnern sind so festgefahren, daß ihnen ein weiteres Zusammenleben nicht mehr möglich erscheint. Sie wenden sich an Dritte. Sie lassen sich durch Anwälte juristisch beraten, fordern vom Richter, er möge eingreifen und entscheiden. So sinnvoll dies ist, es löst meist nicht die in der Beziehung des Paares entstandenen und nun weiterlebenden Konflikte in ihrer Streit-Beziehung.

Liebe, emotionale Verletzungen und Enttäuschungen sind keine rechtlichen Kategorien (Duss-von Wendt 1989, S. 41–43). Sie überleben oft das eigentliche juristische Verfahren und tauchen erst im Rahmen psychosozialer Beratung als Thema auf. Je früher allerdings Beziehungskonflikte gelöst sind und emotionale Verletzungen heilen können, um so einfacher sind dann auch juristische Lösungen zur Gestaltung eines neuen Rahmens zwischen den geschiedenen Eheleuten. In der Praxis ist jedoch die Unterscheidung zwischen psychosozialer und juristischer Hilfe fließend, da Fachleute beider Richtungen von den Ratsuchenden mit Fragen und Problemen aus beiden Gebieten konfrontiert sind.

Innerhalb des gesamten Scheidungs*systems*, das Hilfen staatlicher und gesellschaftlicher Institutionen vorsieht, ist psychosoziale Beratung ein *Untersystem* neben dem juristischen. In jedem Fall ist ein Paar, das sich scheiden lassen will, mit dem juristischen Subsystem konfrontiert, und, falls es sich beraten lassen will, auch mit dem psychosozialen. Beide Systeme haben ihre eigene Sichtweise des Scheidungsgeschehens, ihre eigene Wertung, ihre eigenen Ziele und Methoden.

Berater und Beratungsstellen gehören im Trennungs- und Scheidungsprozeß nicht zu den verfahrensbeteiligten Berufsgruppen – soweit sie keine psychologischen Gutachten erstellen. Im juristischen Verfahren haben sie keine gesetzliche Macht. Anders als für Rechtsanwälte und Richter ist es für sie schwieriger, ihre Position gegenüber den Klienten eindeutig zu definieren. Es wird von allen Verfahrensbeteiligten immer wieder versucht, sie in den juristischen Entscheidungsprozeß hineinzuziehen. Die Schweigepflicht wird dabei oft auf eine harte Probe gestellt. Allerdings eröffnet die ‹Machtlosigkeit› der beratenden Personen und Instanzen die Chance, Konzepte und Angebote so zu entwickeln, daß sie über die Arbeit an den emotionalen Prozessen einer Familie hinausgehen. Vielmehr kann auch die äußere Gestaltung (Finanzen, Wohnungen, Eigentum, Ansprüche) der sich durch die Scheidung verändernden Familie erfaßt und zudem Rahmenbedingungen für die Zukunft der Familie mit aufgebaut werden.

Ein solches Beratungskonzept sollte von dem Paar – und entsprechend von der Familie – als einer Interaktionseinheit ausgehen, innerhalb derer «das Tun des einen immer auch das Tun des Anderen» ist (vgl. Duss-von Werdt, 1989, S. 44). Systemisches Denken und Beraten als wesentliches Merkmal des Konzeptes bezieht sich zum einen auf das prozeßhafte Geschehen von Trennung und Scheidung, zum anderen auf verschiedene Ebenen – Individuum, Paar, Familie, Umfeld –, auf denen der Trennungs-Prozeß durchlaufen wird. So werden nach Möglichkeit Ehepartner, Kinder, neue Partner, Herkunftsfamilien mit in die Beratung einbezogen, was nicht bedeutet, daß nicht auch mit einzelnen eine Paar- und Familienberatung gemacht werden kann. Es geht über das ‹Kindeswohl› hinaus auch um das Wohl der ganzen Familie, der Eltern und der einzelnen Partner.

Das erfordert, daß Beratung nicht parteilich, sondern allparteilich angelegt sein muß. Der Berater muß darauf achten, sich nicht von den ‹Erpressungs- und Verführungsversuchen› einer der Parteien vereinnahmen zu lassen. Statt dessen sollte er in allen Phasen der Trennung die unterschiedlichen Entwicklungen des einzelnen, des Ehe- und Elternpaares, der Familie und der Umwelt im Auge behalten und dies den Ratsuchenden transparent machen, damit sie ihre unterschiedlichen Aufgaben und Entscheidungen im Prozeß der Trennung erkennen und aufgreifen können. Selbst wenn der Berater oft glaubt, den «besten Weg» für die Familie zu kennen, so trägt sie doch die Verantwortung für die Lösung ihrer Konflikte auch über die Zeit der Trennung und Scheidung hinaus.

Berater brauchen einen langen Atem. Aus dem Erfahrungswissen über Trennungs- und Scheidungsdynamik heraus sollte ein Berater sich nicht unter Zeitdruck setzen lassen, sondern den richtigen Zeitpunkt für eigenverantwortliche Entscheidungen und Regelungen abwarten können. So sind etwa eigenverantwortliche Sorge- und Umgangsrechtsregelungen in der Verleugnungs- und Wutphase eines Trennungspaares nicht möglich; allenfalls kurzfristig ausgehandelte Vereinbarungen über die Kinder sind für eine Übergangszeit erreichbar.

Beratung sollte sachliche Informationen vermitteln können zu den verschiedensten Fragen: Sorgerechts- und Umgangsrechtsregelungen, psychische Auswirkungen von Trennung und Scheidung, juristischer Verlauf einer Scheidung, die beteiligten Berufsgruppen sowie deren Aufgaben, Erleben von Trennung bei den Kindern und die damit zusammenhängenden Fragen, Lösungsmöglichkeiten beim Unterhalt, Hausrat und Vermögen. Die Informationsvermittlung kann jeweils einzeln in der Beratung oder auf speziell zu diesem Zweck eingerichteten Informationsabenden angeboten werden.

Es gilt, die Nöte der Familie wahrzunehmen und darin zu unterstützen, Gefühle wieder zuzulassen. Die Ressourcen der Familie sollten gefördert werden.

Die inneren Wahlmöglichkeiten der Familie sollten verbreitert und ihr der nötige Platz verschafft werden, über verschiedene Lösungsmodelle, über komplementäre Möglichkeiten nachdenken zu können, damit dann eine eigene Wahl getroffen werden kann.

Ein auf Trennung und Scheidung abgestimmtes Beratungskonzept sollte bestimmte Rahmenbedingungen in der Beratungsstelle schaffen sowie bestimmte persönliche Voraussetzungen von den Beratern fordern.

Zu den Rahmenbedingungen der Beratungsstelle zählen:

- Neutralität
- Unabhängigkeit des Trägers sowie Ausschluß von gutachterlicher Tätigkeit
- Freiwilligkeit der Inanspruchnahme; andere Stellen sollten die Inanspruchnahme einer Beratung lediglich empfehlen
- Anonymität
- Festes interdisziplinär besetztes Team (psychosozial, juristisch, ärztlich)
- Familientherapeutische Fähigkeiten sowie Kenntnisse in Familienrecht bei den Mitarbeitern
- Regelmäßige Supervision und Fortbildung der Mitarbeiter
- Räumliche Gestaltung der Einrichtung, die genügend Platz und Abstand bei Gesprächen bietet sowie einen großen Raum für Kinder und zahlreiches Spielzeug
- Erholungsmöglichkeiten für das beratende Personal
- Unverkrampfte Haltung der Beratungsstelle zum Thema Trennung und Scheidung.

Über die Fähigkeit hinaus, sich rasch auf den Kontakt mit allen Familienmitgliedern einlassen und sich auch deutlich wieder zurücknehmen zu können, sollte der Berater in der Lage sein, inneren Abstand zum Familiengeschehen bei Trennung und Scheidung zu halten. Lassen sich die Berater in die Dramatik und Spannung von Trennung und Scheidung hineinziehen, verlieren sie ihren eigenen Standort. Doch kann dies immer wieder geschehen, da dies eines der ‹ungenannten Ziele› der im Gefühls- und Beziehungschaos lebenden Familie ist. Bei der Vielfalt von Problemen, die alle Beteiligten haben, verliert der Berater leicht Zusammenhänge aus dem Auge; erst innerer und äußerer Abstand gibt ihm den notwendigen Überblick.

Das schließt auch die Bereitschaft mit ein, die Ratsuchenden loszulassen und den Beratungsprozeß abzubrechen – auch hier geht es um Trennung. Der traditionelle gerichtliche Weg sollte als eine ebenso sinnvolle Alternative akzeptiert bleiben, bisweilen ist er die einzig gangbare. Bereitschaft zum Loslassen setzt genügend Selbstsicherheit beim Berater sowie eine gute persönliche Vernetzung sowohl im Team als auch im Privatleben voraus.

Zudem sollte der Berater über eine konstruktive Krisenphilosophie verfügen. Beratungstechniken, wie die «Positive Umstrukturierung» als Methode aus der Verhaltenstherapie, sind nur sinnvoll und glaubwürdig auf einem philosophischen Fundament, das bei Erlebnissen von Familienkrise, Trennung und Scheidung nicht ausschließlich den destruktiven Charakter betont, den es zu ‹besiegen› und ‹abzuschaffen› gilt. Vielmehr muß der Berater in der Lage sein, diese Trennungserlebnisse als einen Scheidepunkt zwischen Stillstand, Mutlosigkeit, Chaos sowie Suche, Ausblick nach neuen Wegen und Chancen zu betrachten. Diese Lebensereignisse haben ihren Sinn, es gilt sie zu entschlüsseln.

Weiterhin sollten Berater fähig und bereit sein, interdisziplinär zu arbeiten, sowohl im Beratungsteam als auch in Zusammenarbeit mit den anderen am Scheidungsprozeß beteiligten Berufsgruppen. Die praktische Arbeit ist oft von fehlender Verständigungsbereitschaft zwischen Juristen, Sozialarbeitern, Psychologen und Ärzten geprägt. Zum unklaren Verständnis der eigenen Profession kommt noch Voreingenommenheit gegenüber anderen beteiligten Berufsgruppen hinzu (vgl. Koechel, Dagg-Mitteilungen, 1989). Gerade auch im Interesse der neu sich verständigenden Familie sollten psychosoziale Berater mit dazu beitragen, daß interdisziplinäre Zusammenarbeit nicht die bloße Addition der Berufsgruppen bedeutet, sondern ein Zusammenwachsen der unterschiedlichen Kenntnisse und Methoden einzelner Fachgebiete und Berufe mit einer neuen Qualität anstrebt.

Langfristig sollten Beratungsstellen stärker auf interdisziplinäre Zusammenarbeit zwischen psychosozialen und juristischen Beratern Wert legen. Das Angebot thematisch begrenzter Fortbildungen in den jeweils unbekannten anderen Berufsbereichen ihrer Teammitglieder ist hier ein sinnvolles Verfahren.

Im neuen Kinder- und Jugendhilfegesetz ist im § 17 die Beratung bei Partnerschaftskrisen, Trennung und Scheidung gesetzlich normiert worden. Gemeinsam mit den öffentlichen Trägern der Jugendhilfe sollen die Beratungsstellen als freie Träger der Jugendhilfe diese Aufgabe wahrnehmen.

Im Falle der Trennung und Scheidung sollen insbesondere die Eltern bei der Entwicklung eines einvernehmlichen Konzepts für die Wahrnehmung der elterlichen Verantwortung unterstützt werden. Die neue Aufgabenstellung entspricht der vom Bundesverfassungsgericht in seiner Entscheidung im Jahr 1982 (FamRZ 82, 1179) vorgezeichneten neuen Sichtweise bezüglich Kindeswohl, Elternautonomie und staatlichem Interventionsansatz. Das verfassungsrechtliche Prinzip, der Elternverantwortung den Vorrang zu geben, fand eine Entsprechung im systemischen Familienverständnis. So wurde eine Entwicklung eingeleitet, die die gemeinsame Elternverantwortung auch nach Trennung und Scheidung fördert.

Wer Eltern in der Phase von Trennung und Scheidung wirksam bei der Entwicklung eines einvernehmlichen Konzepts unterstützen will, benötigt in der Beratung deren Vertrauen und Freiwilligkeit. Darüber hinaus sind spezielle Kenntnisse in der Trennungs- und Scheidungsberatung erforderlich (so z. B. über Familiendynamik oder mediative Elemente) sowie in familienrechtlichen Fragen, die mit den «elterlichen Entscheidungen» üblicherweise verbunden sind (so z. B. über Ehegatten- und Kindesunterhalt oder Wohnungszuweisung).

Trennungs- und Scheidungsberatung nach § 17 KJHG kann nur Erfolg haben, wenn sie in einem «geschützten Raum» stattfindet. Die Eltern müssen darauf bauen können, daß ihr vertrauliches Gespräch nicht später im gerichtlichen Verfahren verwendet wird.

Roland Weber / Lothar Beck

Elterliche Verantwortung und Sozialarbeit

> Da sprach der König: «Teilet das lebendig Kind in zwei Teile, und gebt dieser die Hälfte und jener die Hälfte.» Da sprach eine der Frauen zum König: «Ach, mein Herr, gebt ihr das Kind lebendig, und tötet es nicht!» (denn ihr mütterlich Herz entbrannte über ihren Sohn).
>
> 1. Könige 3,25

Sozialarbeitern und Sozialarbeiterinnen kommt in Scheidungsverfahren eine wichtige Rolle zu: Sie sind Anwalt des Kindes, Berater der Eltern und Mitbeteiligte am gerichtlichen Verfahren, das die elterliche Sorge und den Umgang regelt. Durch ihr rechtliches, psychologisches und familiendynamisches Wissen sind sie oft in der Lage, die familiäre Situation von Scheidungsfamilien umfassend zu begreifen und festgefahrene Situationen aufzulösen.

Bisher allerdings war die berufliche Praxis von Sozialarbeitern davon bestimmt, daß Jugendämter ihre Aufgabe gegenüber Familienrichtern und Familien in erster Linie darin sahen, den ‹besser geeigneten Elternteil› ausfindig zu machen. Beratung wurde durchaus als notwendig angesehen, sie wurde jedoch nicht immer, und wenn, dann meist unzulänglich, angeboten.[1]

Durch das neue Kinder- und Jugendhilfe-Gesetz (KJHG) existiert nun eine rechtliche Grundlage, die stärker als bisher die Beratungs- und Kooperationspflicht des Jugendamts gegenüber den betroffenen Familien betont. Das Jugendamt soll Hilfe leisten bei der Erarbeitung eines gemeinsamen Konzepts für die Wahrnehmung der elterlichen Sorge, das als Grundlage für die richterliche Entscheidung über das Sorgerecht nach Trennung und Scheidung dient (§ 17 KJHG).

Die Umsetzung dieser gesetzlichen Grundlagen erfordert zum einen eine kritische Auseinandersetzung mit der bisherigen Praxis; sie erfordert aber mehr noch Beratungs- und Handlungskonzepte, die den heutigen Erkenntnissen der Entwicklungs- und Familienpsychologie (z. B. Ergebnisse der neueren Bindungs- und der Vaterforschung), der Scheidungs- sowie der Familienforschung entsprechen.

Bisher verlief die Regelung der elterlichen Sorge in der Praxis vor allem aus verschiedenen Gründen äußerst problematisch:

▷ Eine starke Konzentration auf den richterlichen Entscheidungsprozeß heizte indirekt den Machtkampf der Eltern und ihrer Mitstreiter an und drängte den Sozialarbeiter in eine Rolle, in der er unfreiwillig zur Eskalation beitrug.

▷ Die Verantwortlichkeit der einzelnen Beteiligten blieb unklar; dadurch entstand die Möglichkeit, Verantwortung von sich wegund anderen zuzuschieben.

▷ Die veränderte Auffassung von Ehescheidung, die durch die neuen Erkenntnisse der Scheidungs-, der Vater- und der Bindungsforschung eingeleitet wurden, blieb weitgehend unberücksichtigt.

▷ Unwidersprochen sah man die Aufgabe des Jugendamts in erster Linie darin, Stellungnahmen abzugeben, die es dem Gericht ermöglichen, eine Entscheidung über den ‹besser geeigneten Elternteil› zu treffen.

Im Umgang mit Einzelfällen lassen sich folgende Einstellungs- und Handlungsmuster[2] unter Sozialarbeitern beobachten: Sozialarbeiter verstanden sich als neutrale Berichterstatter und sammelten aus der sicheren Beobachterdistanz heraus Informationen über das Verhalten beider Elternteile. Damit förderten sie das ohnehin schon bestehende Konkurrenzverhalten zwischen den Eltern. Außerdem erscheint es mehr als problematisch, unter solchen Bedingungen objektiv zu beurteilen, wie sich elterliche Erziehungsstile auf das Wohl und die Entwicklung des Kindes auswirken.

Sozialarbeiter identifizieren sich oftmals voll und ganz mit der

Situation des Kindes und gerieten dadurch in eine Konkurrenzhaltung gegenüber den Eltern. Es galt die Devise: Ich weiß besser, was für euer Kind gut ist.

Sozialarbeiter fühlten sich durch das kompetitive und maligne Klima in ihren Beratungskompetenzen überfordert und zogen sich rasch aus den ehelichen und elterlichen Konflikten zurück.

Wenn Sozialarbeiter versuchten, mit den Eltern an einer einvernehmlichen Lösung zu arbeiten, kamen sie, da das entsprechende beraterische Handwerkszeug fehlte, über moralische Appelle und restriktive Interventionen nicht hinaus.

So empfanden sich Sozialarbeiter in ihrer fachlichen Eigenständigkeit blockiert; sie erlebten sich sowohl vom Familiengericht als auch von der Familie (als Helfer des Gerichts) fremdbestimmt.

Vor diesem Hintergrund erscheint es uns nicht weiter verwunderlich, daß viele Sozialarbeiter ihre Arbeit nicht nur nicht als effektiv, sondern darüber hinaus als belastend und frustrierend empfinden. Sie beschreiben ihr Problem als ein Dilemma zwischen der Realität und den eigentlich bestehenden Notwendigkeiten: Real erhalten sie den Auftrag, dem Familiengericht bis zum Gerichtstermin eine Stellungnahme abzugeben, aus der hervorgeht, wer die elterliche Sorge erhalten soll. Realität ist aber auch der daraus entstehende Zeitdruck. Realität sind Eltern, die ihren Streit auf dem Rücken der Kinder austragen, und Kinder, die unter der Trennung der Eltern leiden und vielleicht sogar mit Symptomen darauf reagieren. Realität sind unzureichende Arbeitsbedingungen, die es erschweren oder verunmöglichen, ungestörte Beratungsgespräche zu führen.

Eigentlich nötig wäre es, mit den Eltern einen Beratungsprozeß durchzuführen. Nötig wäre es, nach einvernehmlichen Lösungen zu suchen, die Bestand haben und aufwendige Nachbetreuungen überflüssig machten. Nötig wären auch Fortbildungsangebote, um sich die entsprechenden Qualifikationen aneignen zu können.

Durch die moderne Entwicklungs- und Familienpsychologie verfügen wir mittlerweile über Erkenntnisse, die familiäre Trennungs- und Scheidungsprozesse in einem anderen Licht erscheinen lassen.[3]

Die Vaterforschung hat neue Einsichten vermittelt, wonach Väter im gleichen Umfang und in ähnlicher Weise wie Mütter kompetent sind, auch kleine Kinder zu betreuen und zu erziehen.

Es hat sich in der Bindungsforschung gezeigt, daß Kinder Bindungen nicht vorwiegend oder ausschließlich zu einer erwachsenen Person entwickeln, sondern bereits in den ersten Kontakten nach der Geburt differenziert auf beide Eltern reagieren und qualitativ gleichwertige Beziehungen zu beiden Eltern und weiteren Personen ihrer Umgebung entwickeln können.

Man weiß heute, daß der Wegfall eines Elternteils, etwa des Vaters nach einer Trennung der Eltern, nicht ohne Konsequenzen auf das familiäre System, insbesondere auf die Kinder, bleibt. Ist der Vater für die Kinder nicht mehr verfügbar, entstehen Bedingungen, die die Entwicklung der Kinder beeinträchtigen können. Negativ wirkt sich die Abwesenheit des Vaters besonders in der Geschlechtsrollenentwicklung, den kognitiven und moralischen Entwicklungen aus.

Kinder möchten im Grunde ihres Herzens zu beiden Eltern eine gute Beziehung haben, unabhängig davon, wie die Eltern einander beurteilen. Dieses kindliche Grundbedürfnis ändert sich auch durch eine Scheidung nicht.

Auffassungen, denen zufolge die Familie als solche nach einer Scheidung der Eltern nicht mehr existiere und das System Familie mithin aufgelöst werde, sind aus systemischer Sicht nicht haltbar. Eine Ehescheidung impliziert nicht das Ende familiärer Beziehungen, vielmehr müssen sich diese reorganisieren, d. h. den veränderten Bedingungen anpassen.

Wie die neueren Langzeitstudien über Scheidungsfolgen bei Kindern und Erwachsenen zeigen, stellt die Scheidung für alle Beteiligten einen absolut lebensverändernden Eingriff dar, der durchaus zum Guten gereichen kann. Dieser Eingriff kann aber auch – und dies sehr viel häufiger, als es den Anschein hat – tiefsitzende Unsicherheiten und neue Ängste produzieren, die das Leben und die Erwartungshaltung ganzer Generationen prägen.

Vor diesem Hintergrund erscheint es uns um so wichtiger, Familien bei der Entwicklung einer einvernehmlichen Regelung der elterlichen Sorge zu helfen. Eine einvernehmliche Sorgerechtsregelung ist der Anfang einer langen Phase der nachehelichen Kooperation und darum ein entscheidender Meilenstein im Prozeß der familiären Neuorganisation. Sie ist Hoffnungsträger und Symbol dafür, daß die Scheidung nicht nur das Ende einer Partnerschaft oder einer Ehe und eines gemeinsamen Zuhauses ist, sondern auch ein Neuanfang. Zurecht betonen Wallerstein und Blakeslee (1989), daß dieser zweite Aspekt des Aufbaus einer neuen Lebensperspektive zum Zeitpunkt der Scheidung weit wichtiger erscheint als die Krise selbst. Und sie fahren fort: «In welchem Maß es den Menschen gelingt, diese Hoffnung auf ein besseres Leben in die Realität umzusetzen, ist das wichtigste noch unerforschte Problem bezüglich der Jahre nach einer Scheidung» (S. 10).

Es erscheint uns dringend geboten, nach adäquateren Lösungen für Familien und Eltern zu suchen, die von Scheidung betroffen sind. Die Interventionen von Sozialarbeitern und Gerichten können letztlich positiv dazu beitragen, daß sich Familien nach einer Trennung und Scheidung wieder leichter zu einer neuen Familie zusammenfinden. Angesichts steigender Scheidungs- und Wiederverheiratungszahlen kommt diesem Anliegen eine besondere Dringlichkeit zu.

Konsequenzen für die Praxis

Aus systemischer Sicht also wird das System Familie durch die Scheidung nicht aufgelöst. Es gibt zwar eine Ehescheidung, aber keine Familienscheidung. Vielmehr geht es um einen Prozeß der familiären Neuorganisation, der bestimmte Phasen durchläuft und innerhalb denen verschiedene Aufgaben bewältigt werden müssen, damit es zu einer erfolgreichen Weiterentwicklung der familiären Teilsysteme kommt.[4]

Gelingt es den Eltern, zu einer einvernehmlichen Regelung der elterlichen Sorge zu gelangen, gestalten sich die nachfolgenden Prozesse der Wiederheirat und der Gründung einer neuen Familie erheblich leichter. Dem sozialarbeiterischen Handeln kommt hierbei eine wichtige Rolle zu, die über die Erstellung und Erfassung einer Stellungnahme weit hinausgeht. Gefragt sind Sozialarbeiter, die über fachspezifische Kompetenzen verfügen, um Familien bei der

Neuorganisation ihrer Beziehungen helfen zu können. Damit wird das Augenmerk verstärkt auf das Vorfeld des richterlichen Entscheidungsprozesses gelenkt. Diese veränderte Auffassung sieht in den Eltern mehr als bloße Randfiguren, die die richterliche Entscheidung als einen aufgesetzten äußerlichen Akt erleben.

Eine allein vom Familienrichter getroffene Entscheidung über die weitere Zukunft der Familie stellt nicht unbedingt die bestmögliche Lösungsform für die Neuregelung familiärer Beziehungen dar. Vielmehr sollte die Familie darin unterstützt werden, Selbstbestimmung und Kompetenz für die Gestaltung ihrer Beziehungen wiederzuerlangen.

Für die Arbeit des Jugendamtes hat diese neue Sichtweise Konsequenzen: Das Selbstverständis der Sozialarbeiter muß darüber hinausgehen, eine Fülle von Informationen zu sammeln und dem Familienrichter für die Begründung seiner Entscheidungsfindung zur Verfügung zu stellen. Vielmehr ist der Sozialarbeiter nun aufgefordert, den Eltern bzw. der gesamten Familie bei der Entwicklung kooperativer Lösungen zu helfen. Dadurch wird der Sozialarbeiter verstärkt zum Helfer der Familie, die in dieser Situation Unterstützung benötigt, und weniger Helfer des Gerichts. Es geht nicht mehr darum, den ‹besseren Elternteil› zu identifizieren, sondern darum, das gesamte familiäre Beziehungsgeflecht und seine unterschiedlichen Qualitäten für die Entwicklung des Kindes zu würdigen bzw. den neuen Gegebenheiten anzupassen.

Die sich daraus ergebende Praxis der Sozialarbeit wäre beraterisch und interventiv zugleich;[5] Sozialarbeit müßte und könnte sich auf Erfahrungen und Kenntnisse der Familientherapie stützen. So würde nicht nur den Betroffenen zu neuen Möglichkeiten verholfen, sondern der juristische Prozeß zugleich von Konflikten entlastet, zumindest aber die Struktur und die Dynamik familiärer Beziehungen maßgeblich erhellt.

Wir schlagen vor, sich bei der Umsetzung dieser grundsätzlichen Überlegungen in die Praxis an folgenden Schritten zu orientieren:
1. Einladungsschreiben und Vorbereitung des ersten Gesprächs
2. Erstgespräch mit beiden Eltern bzw. der ganzen Familie

3. Bildung von Hypothesen
4. Ein bis zwei Einzelgespräche mit jedem Elternteil
5. Gemeinsames Elterngespräch
6. Abschließendes Familiengespräch

Ein Beratungsprozeß von maximal 6 Gesprächen erscheint uns für die Jugendämter durchaus realisierbar zu sein. Um mit diesen Rahmenbedingungen zurechtzukommen, bedarf es der Fähigkeit, Systemprozesse rasch erfassen und gezielte Interventionen plazieren zu können.

Wie die Erfahrung zeigt, sind bei strittigen Sorgerechtsregelungen die Eltern meist derart in ihren Kampfpositionen festgefahren, daß gemeinsame Gespräche wenig effektiv sind und rasch zu Eskalationen führen, auf die nur restriktiv reagiert werden kann. Ein wesentlicher Bestandteil des von uns erarbeiteten Vorgehens sind daher getrennte Gespräche mit den Eltern, um hierdurch ein besseres Aufweichen der Positionen zu erreichen.

Konkret sollte ein Beratungsprozeß in drei Phasen ablaufen: 1. Streitphase, 2. Verhandlungsphase, 3. Entscheidungsphase.

Die Funktion des Sozialarbeiters ist in den einzelnen Phasen unterschiedlich. Während er in der Streitphase eine Initiatorfunktion inne hat, kommt ihm in der Verhandlungsphase eine Vermittlerrolle und schließlich in der Entscheidungsphase eine Beraterfunktion zu. Nachfolgende Tabelle zeigt die drei Phasen einer systemorientierten Vorgehensweise im Überblick.

Der Einstieg in die Beratung

Dem Einstieg in den Beratungsprozeß kommt eine zentrale Bedeutung zu. Ein erfolgreiches «Hooking-in» – so der familientherapeutische Fachbegriff – ist das Hauptziel in der Anfangsphase. Es geht darum, die zerstrittenen Eltern zu ersten kooperativen Schritten zu überreden. Dies hört sich einfach an, ist aber in der Praxis ausgesprochen schwierig.

Phasen	Prozeß	Funktion der Sozialarbeit
Streitphase und Hooking-in	Aufbau eines zielorientierten Beratungssystems zum Zweck einer Regelung der elterlichen Sorge.	*Initiator-Funktion:* Überredung der Eltern zur Kooperation. Offerieren der Problemdefinition. Verpflichtung auf verbindliche Ziele und die Bedingungen für eine gemeinsame Arbeit.
Verhandlungsphase und Kontrolle des Streitverhaltens	Etablierung allseitiger Kooperation. Suche nach dem gangbaren Weg.	*Vermittler-Funktion:* Aufweichen der inhaltlichen Positionen in Einzelgesprächen. Öffnung für Alternativen und Suche nach dem kleinsten gemeinsamen Nenner.
Entscheidungsphase und Autonomie der Familie	Mit der Entscheidung leben lernen. Auflösung des Beratungssystems.	*Berater-Funktion:* Durcharbeiten der gefaßten Entscheidung mit der ganzen Familie. Evtl. Nachbetreuung für Familienmitglieder, die sich besonders schwer tun damit.

(in Anlehnung an J. Liechti, M. Zbinden 1989)

Es ist für Sozialarbeiter wichtig, sich auf folgende Probleme einzustellen:
- grundsätzliches Mißtrauen gegenüber dem Jugendamt im Allgemeinen,
- spezielle Vorbehalte gegenüber einem gemeinsamen Gespräch,
- Unsicherheiten und Ängste darüber, was mit den in der Beratung zur Sprache kommenden, persönlichen Informationen geschieht,
- Hilfstruppen, die im Hintergrund agieren und die Konflikte zwischen den Eltern anheizen,
- Eltern, die sich in einem symmetrischen Machtkampf befinden, den sie über die Kinder austragen.

Familien sind keine Uhrwerke, die angehalten werden können, um die Beziehungen der Teile untereinander zu klären. Die Frage ist daher vielmehr, auf welche Weise Sozialarbeiter an diesem wechselseitigen Prozeß teilnehmen. In jedem Fall erfordert dies vom ersten Augenblick der Kontaktaufnahme an eine aktiv strukturierende Vorgehensweise: So wie man nicht nicht kommunizieren kann, kann man nicht teilnehmen, ohne teilzunehmen (P. Watzlawik, 1980): Sobald der Sozialarbeiter mit der Familie Kontakt aufnimmt, beeinflußt er die Dynamik in diesem System sowie er selber davon beeinflußt wird.

Für das Hooking-in gelten einige allgemeine Richtlinien:

▶ Sozialarbeiter müssen in ein System Eingang finden. Sie sind dann an das System angekoppelt, wenn sie von allen Familienmitgliedern akzeptiert werden und selbst alle Familienmitglieder akzeptieren.

▶ Sozialarbeiter müssen eine hierarchische Position der fachlichen Autorität einnehmen. Eine solche Autorität läßt sich nicht erzwingen. Fachautorität wird dann erworben, wenn die ganze verbale, nicht-verbale und para-verbale Kommunikation Kompetenz verrät (Guntern 1983).

▶ Sozialarbeiter müssen oftmals gegen ihre Neigung handeln, also offen und allparteilich sein (Simon & Weber 1990).

▶ Auch wenn zunächst nur ein Elternteil kontaktiert wird, sollte versucht werden, eine Analyse des Status quo und der familiären Dynamik auf «breiter Front» (K. Lorenz 1981) zu betreiben.

Um sich rasch einen Überblick über das Familiengefüge zu verschaffen, eignet sich die Verwendung von Genogrammen besonders gut. Das Genogramm ist eine praktische, graphische Methode, Fakten übersichtlich darzustellen, die in der Anfangsphase einer Beratung zu Tage treten: Informationen über die einzelnen Familienmitglieder und ihre Beziehungen untereinander (verdeckte, offene Konflikte) sowie deren Beziehungen zu Verwandten und Großeltern, gegebenenfalls auch zu anderen in den Fall verwickelten Helfersystemen. Außerdem können Genogramme dahingehend erweitert werden, daß dargestellt wird, wie Schuldzuweisungen verlaufen und welche Einstellung die einzelnen Familienmitglieder zu den anstehenden Problemen haben (vgl. E. Imber-Black 1991).

Die weitere inhaltliche Vorbereitung des ersten Gesprächs sollte sich auf folgende zusätzliche Punkte konzentrieren:

▸ Abklärung, ob die Familie auf eigene Initiative kommt bzw. auf Druck des Familiengerichts;
▸ Abklärung, von wem die Trennung ausgeht;
▸ feststellen, wer am meisten an einer Veränderung interessiert ist;
▸ Klärung der Hauptvorwürfe;
▸ entscheiden, wer am ersten Gespräch alles teilnehmen soll.

Nach Möglichkeit sollte der Einstieg in die Beratung mit der gesamten Familie stattfinden. Sind die Kinder beim ersten Gespräch dabei, so kann man sich einen persönlichen Eindruck von der familiären Gesamtsituation verschaffen und ist dabei nicht auf eigene Phantasien oder Mitteilungen der Eltern oder Dritter angewiesen. Durch das Beratungssetting macht man deutlich, daß die anstehenden Fragen die ganze Familie betreffen. Außerdem kann von den anwesenden Kindern ein wichtiger Impuls an ihre Eltern ausgehen, ihre Streitigkeiten zu beenden. Schließlich können Kinder und Jugendliche selbst wichtige Beiträge zu einer Lösung des anstehenden Problems leisten.

In der Praxis ist ein solcher Einstieg jedoch nicht immer möglich, in manchen Fällen auch nicht sinnvoll, etwa wenn die Berater von vornherein damit konfrontiert werden, daß ein gemeinsames Elterngespräch am Widerstand eines oder beider Elternteile scheitert.

In solchen Fällen sollte nicht um jeden Preis an einem gemeinsamen Eltern- oder Familiengespräch festgehalten werden. Die Hauptgefahr sehen wir darin, daß es schon vor Beginn der Beratung zu einem Machtkampf kommt, bei dem letztlich die Eltern am längeren Hebel sitzen. Treffen sich Sozialarbeiter daher mit den beiden Elternteilen getrennt, sollten sie klarstellen: die Einzelgespräche dienen dazu, daß sich die Eltern wieder an einen Tisch setzen.

Unbedingt gilt es, Einstiegsfragen nicht überstürzt zu entscheiden. Aufwand und Ertrag müssen ebenso in einem vernünftigen Verhältnis stehen wie auch klar sein muß, welche Effekte oder Konsequenzen sich aus der einen oder der anderen Entscheidung des Jugendamtsmitarbeiters ergeben.

Für das erste Gespräch empfehlen wir, folgende Themenbereiche abzuklären:

▸ Welche Position vertritt welcher Elternteil mit welchen Argumenten. Dabei ist darauf zu achten, daß es dabei zu keinen Abwertungen und Beleidigungen kommt, sondern sich beide Eltern um eine möglichst sachliche Darstellung bemühen.

▸ Über welche Informationen über Trennung und Scheidung verfügen die Familienmitglieder, welche Vorstellungen und Phantasien hegen sie?

▸ Es sollten verschiedene Möglichkeiten aufgezeigt werden, mit Trennungs- und Scheidungsproblemen umzugehen. Insbesondere sollte deutlich werden, daß Eltern die Entscheidung zu treffen haben, ob sie sich einigen oder aber weiter streiten wollen bzw. schnell einer Lösung zustimmen, ohne genügend die Vor- und Nachteile bedacht zu haben.

Die Streitphase

Im Falle einer strittigen Sorgerechtsregelung befinden sich die Eltern in einem symmetrischen Machtkampf, den sie auf dem Rücken der Kinder austragen.[6]

Der frühere Partner wird als persönlicher Feind angesehen, der alles daran setzt, einem die Kinder wegzunehmen bzw. einem persönlich zu schaden. Die Atmosphäre ist vergiftet, und es kommt wiederholt zu Verletzungen und Kränkungen. Über Jahre hinweg aufgestaute Gefühle kommen zum Ausbruch. In der Streitphase rücken folgende Probleme in den Vordergrund:

▸ Das Gespräch läuft ausschließlich über den beteiligten Sozialarbeiter.

▸ Es kommt zu einem sterilen ‹Ping-Pong›, bei dem jede Seite ihre Position vertritt und die andere Seite direkt oder indirekt disqualifiziert. Hierbei erweisen sich die Eltern als eingespieltes Team.

▸ Jeder Elternteil versucht, den Sozialarbeiter zur Parteinahme zu bewegen.

▷ Das aggressive Streitklima und die direkten und indirekten Koalitionsangebote verführen den Sozialarbeiter dazu, den Gesprächsfaden in die Hand zu nehmen und inhaltlich einzusteigen, noch bevor er die Eltern zur Kooperation gewonnen hat.

Bevor sich der Sozialarbeiter also auf inhaltliche Positionen einläßt oder übereilt Vorschläge macht, sollte er die Eltern vor die Wahl stellen, ob sie weiter miteinander streiten und sich letztlich durch Dritte (Gericht, Anwälte, Gutachter, Jugendamt) fremdbestimmen lassen oder ob sie miteinander verhandeln und eine einvernehmliche Entscheidung treffen wollen. Letzteres würde bedeuten, daß die Eltern ihren Streit zumindest für eine gewisse Zeit aussetzen und in Verhandlungen eintreten. Dabei sollte betont werden, daß den Eltern diese Entscheidung – «Streiten oder Verhandeln», «Fremdbestimmung oder Selbstbestimmung» – niemand abnehmen kann. Hinzuweisen ist auf die Erfahrung, daß eine einvernehmliche und faire Trennung sowohl dem Wohl des Kindes am besten dient als auch den Eltern einen Neubeginn erleichtert.

Um Eltern, die miteinander um das Sorgerecht streiten, zu Verhandlungen und zur ‹Abrüstung› zu bewegen, bedarf es einer hohen beraterischen Kompetenz und guter Argumente. Es muß Überzeugungsarbeit im guten Sinne des Wortes geleistet werden, d. h. es geht nicht darum, den Eltern Meinungen überzustülpen oder um den richtigeren Standpunkt zu rechten. Als hilfreich erwies sich, während des Gesprächs zu verdeutlichen,

▷ daß die Eltern nach Ablauf der Verhandlungsphase wieder zu ihrem Streit zurückkehren können,

▷ daß eine Nichteinigung nicht nur die Kinder schwer belastet, sondern auch ihnen selber einen neuen Start erschwert,

▷ daß sich im Laufe der Gespräche herausstellen kann, daß beide Vorschläge dem Wohl des Kindes dienen,

▷ daß eine dritte Lösung auftauchen könnte, an die bisher überhaupt noch niemand gedacht hat,

▷ daß es Wege und Möglichkeiten gibt, eheliche Konfliktthemen und Kränkungen aus den anstehenden Verhandlungen herauszuhalten,

▷ daß es für Paare spezielle Hilfen gibt,

▷ daß alle bei einer einvernehmlichen Lösung zu Gewinnern werden.

Gelingt es, daß sich die Eltern bereits im ersten Gespräch dafür entscheiden, wieder miteinander zu verhandeln, dann hat der Sozialarbeiter einen klaren Auftrag für die weiteren Gespräche. Es ist dann auch nicht zwingend erforderlich, daß er sich mit den Eltern zu getrennten Gesprächen trifft. In der Mehrzahl der Gespräche wird er jedoch noch keine Entscheidung erreichen können, hinter der beide Eltern stehen. Zumeist wollen sie es mal probieren – vielleicht zu 20 Prozent. In diesen Fällen sind getrennte Einzelgespräche die Methode der Wahl. Ziel dieser Gespräche ist es, die Eltern doch noch zum Verhandeln zu gewinnen.

Die Verhandlungsphase

Mit Beginn der Verhandlungsphase kommt es vor allem darauf an, genauer zu verstehen, was die offenen und verdeckten Streitmotive sind und welche Ängste den jeweiligen Elternteil daran hindern, mit dem anderen zu einer einvernehmlichen Lösung zu kommen. Solche Ängste sind etwa:

▷ Ängste, die Kinder an den anderen Elternteil zu verlieren.

▷ Befürchtungen, den Kindern als Besuchsvater bzw. Besuchsmutter nicht mehr zu genügen.

▷ Schuldgefühle verschiedener Art gegenüber den Kindern.

▷ Angst vor negativen Reaktionen aus dem näheren Umfeld, wenn dem Vater das Sorgerecht überlassen würde. Das gilt insbesondere für die Mutter.

▷ Hemmungen, sich von den eigenen Eltern, die sich in die Scheidung einmischen, abzugrenzen.

▷ Verleugnete Bedürfnisse, Rache zu üben und Macht auszuüben.

▷ Angst vor dem Alleinsein und vor der vollen Erziehungsverantwortung.

▷ Eifersuchtsgefühle und Neid zum Beispiel auf die neue Familie des früheren Partners.

▶ Ängste, sich vom geschiedenen Partner nicht abgrenzen zu können, so daß die Trennung wieder rückgängig gemacht wird.

In der Verhandlungsphase hat der Sozialarbeiter eine Vermittlerfunktion. Bildlich gesprochen begibt er sich jetzt zwischen die Eltern und versucht, deren Verhandlungsbereitschaft zu fördern. Dazu übernimmt er zunächst einmal eine der beiden Positionen und überlegt zusammen mit dem betreffenden Elternteil die Vor- und Nachteile dieser Lösung. Dann sucht er nach Möglichkeiten, wie der andere Elternteil für diese Lösung gewonnen werden könnte. So erhält der Sozialarbeiter nicht nur weitere wichtige Informationen über die Beziehungsdynamik der Eltern und die Verflochtenheit der Kinder. Vielmehr baut er indirekt eine Ja-Haltung dem anderen Elternteil gegenüber auf, Fragen wie z. B. «Wie könnten wir Ihren Mann/Ihre Frau dafür gewinnen?», «Wie wird es wem mit dieser Regelung gehen?», können Suchprozesse auslösen und dadurch die Bereitschaft fördern, aufeinander zuzugehen.

Häufig erlebt er auf solche Fragen zunächst einmal Antworten wie: «Mein Mann hat noch nie nachgegeben», «meine Frau hat mir die Kinder noch nie überlassen, immer weiß sie es besser». Solche und ähnliche Äußerungen der Eltern schreiben Ist-Zustände fest und verhindern, daß neue Bewertungen und Bedeutungsgebungen ins Spiel kommen.

Aus systemischer Sicht besteht ein Ziel von Beratung darin, statische Zuschreibungen von Persönlichkeitseigenschaften und Ursachenerklärungen aufzuweichen und neue Bedeutungsgebungen zu schaffen, die – in diesem Fall dem Ziel einer fairen Trennung – entgegenkommen. Solche neuen Bedeutungsgebungen werden einerseits durch Fragen hergestellt oder hervorgelockt, welche sich prospektiv auf «was wäre wenn» beziehen können (K. Tomm 1988). «Was wäre, wenn Sie doch noch eine Lösung finden würden...?» «Was wäre, wenn die Kinder mit Ihrer Entscheidung nicht glücklich werden würden...?» «Was wäre, wenn Ihr Mann Sie jetzt bitten würde...?»

Handlungsfreiräume eröffnen sich aber auch durch retrospektiv gerichtete Fragen nach Ausnahmen (de Shazer 1989) zum präsen-

tierten Muster. «Wann hat Ihr Mann/Ihre Frau doch einmal nachgegeben, und wieso hat das damals geklappt?» «Wann hat Ihr
Mann/Ihre Frau Ihnen das letzte Mal so zugehört, daß Sie sich ernst
genommen fühlten?» «In welchen Situationen mußten Sie bisher
auch schon Zugeständnisse machen?» «Was wäre das Überra-
schendste für Ihren Mann/Ihre Frau, was Sie jetzt tun könnten und
was einen positiven Einfluß auf unsere Gespräche haben könnte?»
Niemand ist schließlich vierundzwanzig Stunden lang gleich «egoistisch», «unzuverlässig» oder «mißtrauisch».

Solche Wechsel in der Bedeutung und Bewertung von Ereignissen
(Referenztransformationen) können natürlich nicht beliebig dem
Kopf des Beraters entspringen. Sie greifen nur, wenn sie übereinstimmen mit der Lebens- und Bedeutungswelt seiner Gesprächs-
partner (Welter-Enderlin 1991).

Gelingt es, die entscheidenden Blockaden herauszuarbeiten und
neue Sinnzusammenhänge herzustellen, kann damit begonnen werden, nach vermittelnden Lösungen zu suchen.[7] Dieser Schritt läßt
sich oftmals abkürzen, wenn der Mitarbeiter des Jugendamtes seine
vermittelnden Vorschläge so verpackt, daß sie den Wertvorstellun-
gen bzw. dem Standpunkt der Eltern nicht diametral widersprechen.

Um sich den Standpunkt der Eltern zunutze zu machen, ist es
zunächst einmal wichtig, diesen zuzuhören: Welche speziellen Be-
griffe und Ausdrücke werden von wem benutzt und in welchem
Tonfall und mit welcher Betonung vorgetragen. Tunlichst sollte keinerlei Motivation übersehen werden, die die Aussichten auf eine
Lösung der strittigen Fragen vermehren könnte. Man sollte auch
der Versuchung widerstehen, die Eltern zu konfrontieren, mit ihnen
zu richten und zu argumentieren. Und schließlich gilt es, sich zu
fragen, wie der entsprechende Vorschlag so dargelegt werden kann,
daß er sich mit den Standpunkten der Eltern verträgt.

Dabei bleiben folgende inhaltliche Kriterien bedeutsam:
▷ die Gewährleistung einer befriedigenden Versorgungs- und
  Wohnsituation des Kindes/der Kinder
▷ der Erhalt der bestehenden Beziehungen und Bindungen
▷ der explizite Wunsch des Kindes/der Kinder

- die Akzeptanz des Vorschlags durch die Familienmitglieder
- die Praktikabilität des Vorschlags.
- Bei welcher Lösung sind eher Konflikte bei der Umsetzung zu erwarten bzw. welcher Elternteil zeigt die größere Kompromißbereitschaft?
- Wie wäre die Bereitschaft des jeweiligen Elternteils einzuschätzen, wenn die Entscheidung nicht oder nur teilweise dessen Vorstellungen entspricht?
- Welchen zusätzlichen Aufwand an Hilfen erfordert der jeweilige Vorschlag?

Die Entscheidungsphase

Spätestens nach dem 5. Gespräch sollte klar sein, ob die Beratung zu einem gemeinsamen und einvernehmlichen Vorschlag der Eltern geführt hat. Scheiterte eine einvernehmliche Regelung in erster Linie an den zeitlichen Bedingungen, sollte die Beratung an anderer Stelle weitergeführt und eine Aussetzung der gerichtlichen Entscheidung vorgeschlagen werden.

Ist die Beratung erfolgreich verlaufen, so wird das Jugendamt dem Familiengericht das Ergebnis mitteilen. Außerdem sollte mit der Familie jetzt noch überlegt werden, ob begleitende oder nachfolgende Hilfen wünschenswert wären.

Für den Fall, daß die Beratung zu keiner Annäherung der Standpunkte geführt hat, muß darauf verzichtet werden, daß das Jugendamt einen eigenen Vorschlag zur Regelung der elterlichen Sorge unterbreitet.

Das abschließende Familiengespräch

Wie auch immer der Ausgang der Gespräche ist, sollte das Bemühen von Sozialarbeitern dahin gehen, ein abschließendes Familiengespräch durchzuführen. Haben die Gespräche zu einer einvernehmlichen Lösung geführt, sollte dieses noch vor der Entscheidung des

Familiengerichts stattfinden. Dadurch wird noch einmal betont, daß die Familie hier in eigenständiger Weise ein schwieriges Problem gelöst hat. Konnte keine einvernehmliche Lösung gefunden werden, muß natürlich die Entscheidung des Familiengerichts abgewartet werden. Das abschließende Familiengespräch kann dann erst nach dem Gerichtsentscheid stattfinden.

Entscheidung geht immer – in diesem Fall besonders – mit Trauer einher. Eine Sorgerechtsentscheidung bedeutet die räumliche Trennung in zwei Familienteile: die räumliche Trennung eines Elternteils von seinen Kindern, möglicherweise auch noch die Trennung von Geschwistern. Des weiteren: Schulwechsel, Umzug etc. Dies alles kann zu einer eigentlichen Trennung und Scheidung der Ehepartner hinzukommen. Von daher ist es nur allzu verständlich, wenn Eltern sich lieber in unerquicklichen Streitereien verklammern, anstatt ruhig und vernünftig auseinanderzugehen. Letzteres ist viel schmerzlicher. Vor dem Hintergrund, daß die Familie sich in ihrer jetzigen Form auflöst und den damit verbundenen Trennungsreaktionen, gewinnen am Ende der Entscheidungsphase folgende Fragen an Bedeutung:

- ▸ Wie kann die Familie, wie können Vater, Mutter, Kinder mit der Entscheidung leben?
- ▸ Was heißt die Entscheidung ganz konkret für die Kinder? Was wird jetzt anders?
- ▸ Wird die Entscheidung von jedem Familienmitglied akzeptiert, auch wenn sie schmerzlich ist?
- ▸ Wer hat die größten Probleme damit und wie können andere Familienmitglieder dabei helfen?
- ▸ Gibt es jemanden, bei dem man Halt findet, wenn einen Trauer und Schmerz überkommt?
- ▸ Wer könnte wie dafür sorgen, daß die getroffene Entscheidung von einem Elternteil wieder in Frage gestellt wird?
- ▸ Wie könnten die Eltern dieses Problem selbst lösen, wo könnten sie sich Hilfe von außen holen?
- ▸ Welche Hoffnungen und Wünsche begleiten den mit der Trennung und Scheidung einhergehenden Neuanfang.

Im abschließenden Familiengespräch erklären die Eltern den Kindern ihren Entscheid. Sie sagen, was jetzt für die Kinder anders werden wird, damit die Kinder wissen, was auf sie zukommt und sie dadurch wieder eine Orientierung erfahren. Wo das Gespräch ins Stocken kommt, hilft der Sozialarbeiter. Er lobt die Eltern für ihre Zusammenarbeit und betont, daß es keinen Schuldigen gibt. Kleineren und jüngeren Kindern muß geholfen werden, Fragen zu stellen. Es ist darauf zu achten, daß die Kinder verstanden haben, was die Eltern ihnen sagen. Das abschließende Familiengespräch sollte sich sehr stark auf den Aspekt des Neuanfangs konzentrieren, Hoffnungen und eine positive Erwartungshaltung zu wecken. In den Fällen, in denen hierfür eine längere Beratungsphase nötig ist, sollte der Familie vorgeschlagen werden, daß sie diesen Prozeß im Rahmen einer Beratungsstelle durchführt.

Im abschließenden Familiengespräch wird durch Hinzuziehung der Kinder für alle noch einmal deutlich, daß sich die familiären Beziehungen durch die Scheidung der Eltern nicht auflösen, sondern anders und neu gestalten.

Gerade auch, wenn sich die Eltern nicht einigen konnten, ist ein abschließendes Familiengespräch vor allem für die Kinder von großer Wichtigkeit. Sozialarbeiter haben andere Möglichkeiten als die nach wie vor verstrickten Eltern, den Kindern die Entscheidung des Gerichts zu erklären und die Kinder auf die kommenden Veränderungen vorzubereiten.

Das neue Kinder- und Jugendhilfegesetz sowie die bisherigen Probleme im Umgang mit strittigen Sorgerechtsregelungen legen ein neues Selbstverständnis der Sozialarbeit nahe. Dieses Selbstverständnis basiert auf einer systemischen Sichtweise der Familie sowie auf den mit der Trennung und Scheidung einhergehenden Veränderungen und neuen Anforderungen.

Mit diesem Beitrag sind sicher noch nicht alle Fragen ausreichend beantwortet. Andererseits zeigt die Erfahrung, die wir mit diesem Ansatz in den letzten Jahren gemacht haben, daß die Mitarbeiter von Jugendämtern die Auseinandersetzung mit strittigen Sorgerechtsregelungen zunehmend befriedigender erfahren. Der qualitativ größere Aufwand wird subjektiv nicht als größere Belastung erlebt, sondern im Gegenteil als Erhöhung der beruflichen Kompetenz und Zufriedenheit.[8]

Inwieweit das von uns vorgestellte Vorgehen auch zu quantitativ besseren Ergebnissen führt, die sich durch katamnestische Erhebungen nachweisen lassen, ist noch offen. Sicher kann jedoch gesagt werden, daß durch eine solche Beratung die Eltern in jedem Fall einen Lernprozeß durchmachen, der ihren weiteren Umgang miteinander und mit den Kindern nachhaltiger beeinflußt, als wenn sich das Jugendamt weiterhin als verlängerter Arm der Familiengerichte sieht und nur von außen in das familiäre Kriegsgeschehen eingreift. Außerdem wird man im Rahmen einer solchen Beratung eher in der Lage sein, familiendynamische Zusammenhänge zu erhellen und das Trennungs- und Scheidungsgeschehen verständlich zu machen.

Das hierfür benötigte methodische Instrumentarium kann im Rahmen von Seminaren und Fortbildungen erworben werden. Getragt sind das rasche Erfassen von Systemprozessen, eine Verbesserung des diagnostischen und interventiven Repertoires im Umgang mit heiklen zwischenmenschlichen Situationen und verhärteten Frontstellungen sowie diplomatisches und kommunikatives Geschick.

Selbstverständlich sind die hier vorgetragenen Handlungskonzepte auf jeden Einzelfall hin zu präzisieren. Wir verstehen unsere Überlegungen auch als einen Beitrag zur Entwicklung einer systemischen Sozialarbeit, wie sie bisher erst in Ansätzen betrieben und von fortschrittlichen Vorgesetzten gefördert und gegen Widerstände geschützt wird. Eine systemisch ausgerichtete Sozialarbeit würde unseres Erachtens auch zu einer spürbaren Imageverbesserung der Institution Jugendamt beitragen, die nicht nur den Kindern, Jugendlichen und Familien zugute käme, sondern auch den Mitarbeitern neue Handlungsmöglichkeiten eröffnen würde.

Merve Brehme

Die Zusammenarbeit von Juristen und psychosozialen Berufen. Erfahrungsbericht einer Familienrichterin

Kann die ‹Scheidung ohne Richter› neue Lösungen für Trennungskonflikte eröffnen? Wir müssen begreifen, daß bei der Trennung eines Paares und der Neuformung einer Familie zwei verschiedene Dinge vonnöten sind, wenn auch mit unterschiedlicher Gewichtung: die ordnende Funktion des Rechts *und* das Verständnis der psychodynamischen Vorgänge. Eines Tages werden vielleicht Trennungs- und Scheidungsfamilien ohne Gericht auskommen können, freilich wohl nie ohne das Recht. Wenn Paare und Familien bei einer Trennung das Recht als *eine* der möglichen Bewältigungsstrategien für die Lösung oder auch nur für die Klärung ihrer Konflikte anzunehmen lernten und das Recht nicht als einzige und ausschließliche Möglichkeit betrachteten, wäre der erste Schritt zu einer ganzheitlichen Betrachtungsweise von Familienkrisen getan.

Hier sehe ich die besondere Chance von einer Zusammenarbeit zwischen Juristen und psychosozialen Berufsgruppen. So kann bereits in der vor- und außergerichtlichen Beratung ebenso wie in der Gerichtsverhandlung verdeutlicht werden, wo die Möglichkeiten und wo die Grenzen der beiden verschiedenen Herangehensweisen im Umgang mit Trennung und Scheidung liegen. Familiäre Probleme lassen sich nicht allein auf rechtlichem Wege lösen. Vielmehr gilt es, die rechtlichen Möglichkeiten als solche zu erkennen und zu nutzen und sich darüber hinaus der Psychodynamik des Streites wie der Begrenztheit beider Betrachtungsweisen bewußt zu werden.

Ein interdisziplinäres Vorgehen bewirkt bei der Suche nach alternativen Lösungswegen zunächst eine größere Transparenz des Verfahrens und hilft allen Beteiligten, die vorgegebenen Handlungsspielräume auszuloten und in Frage zu stellen. Denn ein *kritischer* Ansatzpunkt – vor allem von juristischer Seite – ist die Erfahrung, daß die rechtliche Logik und Verfahrenspraxis in ihrer Eindeutigkeit und Entscheidungsklarheit weder in der Lage sind, die Vielschichtigkeit der psychosozialen Rahmenbedingungen und Folgewirkungen angemessen zu erfassen noch Handlungsspielräume für andere Konfliktlösungsmuster zu eröffnen.

Somit ist es Ziel einer interdisziplinären Zusammenarbeit, die strukturell vorgegebene Dominanz der juristischen Berufsgruppen zu relativieren. Als Jurist lernt man eher, Distanz zu wahren und sich in einer ‹Sachlichkeit› zu üben, die droht, über dem «Fall» den betroffenen und nun Recht suchenden Menschen zu übersehen. Keinesfalls wird dem Juristen in seiner Ausbildung vermittelt, daß ein Recht suchender Mensch bei Anwälten und Gerichten nicht nur Recht sucht, sondern auch Zuwendung, Parteinahme, Stärkung seines durch die Krise empfindlich getroffenen Selbstwertgefühls und Entlastung von Problemen, daß schließlich so ein Mensch auch weitgehend wünscht, die Lösung dieser Probleme zu delegieren. Der Anwalt erscheint also in der Rolle des «Advokaten gleich Fürsprecher», das Gericht wird zur Gestalt gewordenen Weisheit Salomons.

Juristen arbeiten in der Regel «entfremdeter» als die Angehörigen psychosozialer Berufsgruppen; bei einiger Sensibilität müßte es gerade ihnen auffallen, daß sie im Familien- und Vormundschaftsrecht nicht länger ohne vertiefte Kenntnisse der Psychodynamik von Familienkonflikten oder Familienkrisen auskommen können, ohne Gefahr zu laufen, in ihrer richterlichen oder anwaltlichen Würdigung inhuman zu werden.

Auf die Initiative von Anwälten hin bildeten sich um 1980 in Berlin zwei interdisziplinäre Arbeitsgruppen aus der Erkenntnis heraus, daß es andere und neue Wege geben müsse, um den vorgegebenen strukturellen Handlungsrahmen des juristischen Verfahrens zu durchbrechen. Aus beiden Arbeitsgruppen wurden – nach ersten

Jahren ausschließlich interner Arbeit – Foren für Paare und Eltern organisiert. Die je zehn bis zwölf Mitglieder beider Gruppen kamen aus allen Berufsgruppen, die in ihrer alltäglichen Arbeit mit Familien in Trennung und Scheidung unmittelbar zu tun haben. Psychologische Gutachter und Sozialarbeiter diskutierten gemeinsam mit Anwälten und Richtern. Fallarbeit war wichtig und ist bis heute für die Juristen wichtiger als Selbsterfahrung. Aber schon anders fragen zu lernen, bedeutet, auch etwas über sich selbst zu erfahren.

Die Tatsache, daß sich in Familienrechtskonflikten auch aktuelle gesellschaftliche Konflikte widerspiegeln, daß also die seit geraumer Zeit zu beobachtenden Auflösungserscheinungen der sozialen Institution «Ehe» in der Bundesrepublik wie auch in anderen hochindustrialisierten Ländern als Problem noch wenig erkannt und bewertet worden sind, war eine wesentliche Erkenntnis, die die Diskussion und die Motivationen in den Arbeitskreisen bestimmte. Das zeigte sich konkret an den oft unlösbaren Schwierigkeiten, aus der Perspektive einer isolierten, am Familienkonflikt beteiligten Berufsgruppe zufriedenstellende Beurteilungskriterien der Dynamik und der Folgewirkungen von Trennungsprozessen zu entwickkeln.

Der interdisziplinären Zusammenarbeit kam die Bedeutung einer gemeinsamen Plattform der Verständigung zu, um die verschiedenen Denkstrukturen und Vorgehensweisen der beteiligten Berufsgruppen nach Möglichkeit zu einem kommunikativen Dialog zusammenzuführen.

Nachdem die Arbeitsgruppen in einer losen Form sechs Jahre existiert hatte, standen 1986 Gelder zur Gründung eines Vereins zur Verfügung. Alle Arbeitsgruppenteilnehmer wurden Gründungsmitglieder des Vereins «Zusammenwirken im Familienkonflikt – interdisziplinäre Arbeitsgemeinschaft». Als es nun um Organisation und Inhalte der direkten Arbeit mit betroffenen Familien ging, kam unter den Mitgliedern, obwohl unter ihnen über die Arbeitsgruppe hinausgehende berufliche Kontakte bestanden, mancher Unmut und gegenseitiger Argwohn auf. Denn nun stellte sich die ‹Machtfrage›: Die bisher autonome Arbeitsweise der beteiligten Berufsgruppen erwies sich in der jetzt konkreten Kooperation als besonders konfliktträchtig. Dabei stellte Autonomie zugleich ein wichtiges Stichwort der Beratungs- und Gruppenarbeit dar. Wer aber sollte in der Arbeit mit betroffenen Familien federführend und leitend sein? Durch die Praxis gelangten auch hartgesottene Juristen recht bald zu der Einsicht, daß man dieses ‹Amt› wohl Psychologen oder Sozialarbeitern mit einer Zusatzausbildung in Familientherapie oder Supervision überlassen müsse.

Mittlerweile, nach einer langen Experimentierphase, sind die Beratungsteams stets mit einem Mann und einer Frau, einem Psychologen und einem Juristen, besetzt. (Die Juristen nehmen allerdings nur noch am ersten Termin teil und werden später nur bei Bedarf von den Psychologen hinzugezogen.) Die weitere Gesprächsleitung liegt in den Händen der Psychologen, wobei die Juristen selbstverständlich kreativ intervenieren können und sollen. Am besten geht es in den Teams, in denen der Jurist zugleich Psychologe oder als fachlicher Mitarbeiter des Vereins kontinuierlich in die inhaltliche Arbeit neben der unmittelbaren Beratungsarbeit eingebunden ist.

Die juristische Seite ist immer von Anwälten, niemals von Richtern repräsentiert. Das Rechtsberatungsgesetz verbietet nicht die Vermittlung allgemeiner Rechtsinformation, die auch in der Regel ausreichend ist. Richter und Richterinnen könnten, würden sie an der Beratung von Betroffenen teilnehmen, im zeitlich gleichen oder später anhängig werdenden Familienrechtsstreit wegen Besorgnis der Befangenheit abgelehnt werden, insbesondere in den Fällen, in denen nur ein Ehegatte die Beratung in Anspruch nimmt.

Wegen des starken Zulaufs von Klienten ist der Verein seit dem Herbst 1990 dazu übergegangen, zusätzlich Beratung in Gruppen, ebenfalls interdisziplinär geleitet, anzubieten. Diese Gruppen sind nach Sachproblemen gebildet, wobei telefonisch oder in einer ersten Einzelberatung eine Vorklärung erfolgt. In die einmal wöchentlich tagenden Gruppen werden sowohl Einzelpersonen als auch Paare aufgenommen.

Die Beratungsarbeit umfaßt nach dem programmatischen Selbstverständnis des Vereins Trennungs-, Scheidungs- und Nachscheidungsberatung, weniger die Beratung während der Ambivalenzphase. Die Gegenwart eines Juristen jedenfalls in der Erstberatung von Paaren hat allein vom ‹Setting› her die Wirkung gezeigt, daß Paare in der Ambivalenzphase soviel Verbindlichkeit und Eindeutigkeit, die ihnen als vorgegeben erscheinen muß, eher scheuen; eine Wirkung, die uns zugleich einleuchtete und überraschte. Die Beratungsarbeit umfaßt:

▷ Die Trennungsberatung: wenn einer der beiden Partner die Trennung wünscht oder sie bereits räumlich durchgeführt hat.

▷ Die Scheidungsberatung: Ergebnisorientiert wird mit den scheidungswilligen Partnern die eigenverantwortliche Konfliktregulierung auf beziehungsdynamischer und juristischer Ebene erarbeitet.

▷ Die Nachscheidungsberatung: Wege und Regelungen werden erarbeitet, die es der «Postscheidungsfamilie» erleichtern, vor allem Beziehungen auf der Eltern- und auf der Eltern-Kind-Ebene neu zu gestalten.

An Paare in allen Phasen von Trennung, Scheidung und Nachscheidung wendet sich eine ständige Gesprächsgruppe, die unter dem Motto steht «Trotz Trennung und Scheidung Elternverantwortung leben». Sie ist interdisziplinär geleitet, wobei sich hier – im Unterschied zur Einzel-, Paar- und Gruppenberatung – eine Möglichkeit für Richter und Richterinnen bietet, mit Psychologen in der Leitung solcher Gruppen zusammenzuarbeiten. In einem solchen Gruppenzusammenhang kommt der Verdacht auf Befangenheit von Richtern nicht auf.

Von Eltern in Trennung und Scheidung wird dieses Gruppenangebot nicht zuletzt deshalb so gern genutzt, weil hier in sechs bis acht im Wochenabstand stattfindenden Sitzungen ein Austausch mit anderen ermöglicht wird, der die eigene Isolation in der akuten Familienkrise oder auch in der Nachscheidungsphase etwas mindert und neue menschliche Kontakte eröffnet.

Die offene Informationsreihe im Programm des Vereins versteht sich schließlich als Angebot für Familien und Paare, die von Trennung und Scheidung betroffen sind. Diese Informationsreihe vermittelt an jeweils vier Abenden Kenntnisse zu rechtlichen und psychologischen Einzelthemen des Familienkonflikts und wird geleitet von einem Team aus dem psychosozialen und juristischen Arbeitsfeld. Als offene Informationsreihe ist sie auch Angehörigen der mit Familienkrisen befaßten Berufsgruppen zugänglich.

Für ratsuchende Familien und Paare hat sich dieser Rahmen als erster Einstieg und als ‹unverdächtige› Annäherung an eine Trennungs- und Scheidungsberatungsstelle bewährt, als die sich der Verein versteht und in der Öffentlichkeit darstellt. Die angebotene rechtliche Information hat neben der Beschäftigung mit den psychodynamischen Prozessen bei Trennung und Scheidung eine durchaus eigenständige Funktion erlangt: sie erwies sich als überaus geeignet zur Herabsetzung von Schwellenangst. Manchem Ratsuchenden wurde so der nächste Schritt in die eigentliche Trennungs- und Scheidungsberatung erst ermöglicht, zumindest aber erleichtert.

Über die Beratung von betroffenen Familien und Paaren hinaus kann die interdisziplinäre Zusammenarbeit gerade in der Fortbildung vor allem von Juristen, die mit Familienkonflikten befaßt sind, eine wertvolle Hilfe sein. Hier wird das Verständnis für psychosoziale Sicht- und Herangehensweisen geweckt; es werden Kenntnisse der Gesprächsführung vermittelt, die unmittelbar zum Nutzen der Familien und Paare sowohl in der anwaltlichen Praxis als auch in der gerichtlichen Verhandlung angewendet werden können. Der Berliner Verein «Zusammenwirken im Familienkonflikt» unternimmt hier den Versuch, die bestehende Fort- und Weiterbildung auszubauen und zu intensivieren. Im Austausch unter den Angehörigen der verschiedenen Berufsgruppen in Seminaren und Informationsveranstaltungen werden die Verschiedenheiten der juristischen und psychosozialen Sichtweise deutlich.

In keinem der beiden Bereiche ist die interdisziplinäre Zusammenarbeit leicht oder problemlos. Sowohl bei der Beratung von Familien und Paaren in Trennung, Scheidung und Nachscheidung als auch in der Fortbildung wird sehr schnell klar, daß die beiden großen mit Familienkonflikten befaßten Berufsgruppen in der Ausübung ihrer je eigenen Berufsarbeit viel Autonomie, Verantwortlichkeit, Stringenz und Beurteilungssicherheit gewonnen haben, welche sie höchst ungern in Frage stellen lassen.

Angestrebt ist, die Kompetenz des jeweils anderen anzuerkennen, den offenen Austausch zu suchen, auch – je nach Lage des Einzelfalls – den Vorrang der einen vor der anderen Disziplin nicht zu bestreiten, was insbesondere Juristen manchmal nicht leichtfällt.

Für Richter und Anwälte bedeutet interdisziplinäre Zusammenarbeit vor allem, sich auf die Vielschichtigkeit psychosozialer Rahmenbedingungen und Folgewirkungen eines Verfahrens einzulassen. Damit geben sie in gewisser Weise die professionelle Dominanz preis, um die Objektivität und Zwangsläufigkeit juristischer Urteilsfindung kritisch reflektieren zu können. Es bedeutet auch, sich in neue Grenzbereiche vorzutasten und die eigene Qualifikation um psychosoziale Kompetenzen zu erweitern. Vor allem ergibt sich aus der umfassenden systematischen Konfliktanalyse durch alle beteiligten Professionen die Chance zur Neudefinition der eigenen beruflichen Möglichkeiten.

Den Psychologen stellten sich die Anfänge dieser Zusammenarbeit indes anders dar. Für sie ging es zunächst darum, sich gegenüber den Juristen abzugrenzen und sich zugleich gegen deren gleichrangige, doch anders gelagerte Kompetenzen durchzusetzen. Psychologisches Denken und methodische Verfahrensweisen verhalten sich teilweise konträr zu juristischen. Doch war seit Beginn der interdisziplinären Auseinandersetzung die Ergänzungs- und Entlastungsfunktion des psychologischen Einwirkens unverkennbar. Darüber hinaus bietet die Abstimmung mit Juristen für Psychologen den entscheidenden Vorteil, ein Auseinanderklaffen des Konfliktverarbeitungsprozesses in einen beziehungsdynamischen und einen formaljuristischen Teil verhindern zu können.

Die psychosoziale Ausrichtung der Arbeitsweise von Sozialarbeitern wirkt oft verstärkend für die Durchsetzung psychologischer Argumentationslinien, weil ihre Kompetenz auf die psychosoziale Alltagsbewältigung von Betroffenen zentriert ist. Auch sie können von interdisziplinärer Zusammenarbeit insofern profitieren, als sie auf diese Weise stärker in den juristischen Entscheidungsprozeß einbezogen werden und so die Chance erhalten, frühzeitig bei der Entscheidungsfindung zu intervenieren.

Ein Blick in das zum 1. Januar 1991 in Kraft getretene Kinder- und Jugendhilfegesetz zeigt, daß der Gesetzgeber interdisziplinäre Zusammenarbeit als Teil öffentlicher Hilfe für Familien anerkennt. Nach § 27 KJHG sollen zur Klärung und Bewältigung individueller und familienbezogener Probleme sowie zur Lösung von Erziehungsfragen Fachkräfte verschiedener Fachrichtungen mit unterschiedlichen methodischen Ansätzen zusammenwirken. Das mag man, wie Lohl und Detering in ihrem Kommentar (Report Psychologie, 1991), auf die Beteiligung psychologischer Richtungen und sozialpädagogischer Ansätze eingrenzen. Ich würde auch die juristische Disziplin hier einbeziehen. Denn trotz seiner rechtssystematischen Verankerung im Sozialrecht ist das neue Jugendhilferecht stärker mit dem bürgerlich-rechtlichen Familienrecht verflochten als das Jugendwohlfahrtsgesetz. Der gesetzliche Grundansatz enthält das Bestreben, das familiäre Subsystem «Eltern–Kind» auch über den Zerfall des anderen Subsystems «Partnerbeziehung» hinaus zu bewahren, was nicht nur Coester, Göttingen, für begrüßenswert halten dürfte (FamRZ).

Verena Kast spricht in ihrem Buch *Paare* von der sogenannten «Bewältigungshaltung». Dabei geht es darum, das Nötige zu erledigen, wobei Aufwand und Ertrag gegeneinander abgewogen werden. Der Gegensatz hierzu ist, so die Psychotherapeutin, die sogenannte «liebevolle Haltung», die aus einer Position der Fülle heraus den anderen freilassen kann und nicht wie die Bewältigungshaltung in der Gefahr ist, in Destruktivität und reine Manipulation abzugleiten. Ich sehe die Juristen eher in der ‹Bewältigungshaltung› und die psychosozialen Berufe näher an der ‹liebevollen Haltung›. Beide Haltungen im Umgang mit Trennungs- und Scheidungsfamilien sollten je ihr eigenes Gewicht und ihren eigenen Nutzen einbringen: das wäre mein Ideal von interdisziplinärer Zusammenarbeit.

Ausblick

Dieter Strempel

Familiensachen – Gerichtliche und außergerichtliche Konfliktlösungen. Ein Vergleich

Einleitung

In der Bundesrepublik Deutschland findet die Eheschließung vor dem Standesbeamten statt, während die Ehelösung durch einen Richter erfolgen muß. Hinter dieser rechtlichen Situation verbirgt sich ein enormer sozialer Konfliktstoff. Und das bezieht sich nicht auf den eher konfliktfreien ersten Akt als vielmehr auf die wesentlich konfliktreichere Trennungs- und Scheidungsphase. Dies bedeutet nicht nur eine ungeheure Belastung der unmittelbar Betroffenen – wie Ehefrau, Ehemann sowie Kinder –, sondern auch eine starke Belastung der Justiz (und eine häufige Unzufriedenheit der Richter mit ihrer Rolle in diesem Prozeß).

Außer den *quantitativen* Aspekten familialer Konfliktlösung, die im ersten Teil behandelt werden sollen, gibt es aber auch eine Reihe *qualitativer* Aspekte, die das richterliche Scheidungsmodell in Frage stellen und im zweiten Abschnitt dargelegt werden. Anschließend wird auf die quanti- und qualitativen Vorzüge außergerichtlicher Regelung familiärer Konflikte eingegangen, bevor der Beitrag mit einem zusammenfassenden rechtspolitischen Ausblick schließt.

Quantitative Aspekte der gerichtlichen Lösung

Gesetzliches Verfahren in Familiensachen

Zunächst bedarf es einiger kurzer Erläuterungen des gerichtlichen Verfahrensrechts in Familiensachen, das mit dem Ersten Gesetz zur Reform des Ehe- und Familienrechts vom 14. Juni 1976 (BGBl. I. S. 1421) neu geregelt wurde. Zuständig für Familiensachen, das sind Ehesachen (z. B. Scheidung) und andere Familiensachen (wie elterliche Sorge oder Unterhalt), ist danach das Familiengericht. Es ist eine Abteilung des Amtsgerichts mit einem Berufsrichter, da sich der Gesetzgeber damals für das sogenannte Kleine Familiengericht entschieden hat. Dagegen wurde ein Familiengericht amerikanischer Prägung mit einem bei Gericht institutionalisierten Berufsstab aus Psychologen, Psychiatern, Soziologen u. a. (Großes Familiengericht) abgelehnt. Über die Scheidung wird im Verbund mit den Folgesachen (den sonstigen Familiensachen) entschieden. Durch das Verbundverfahren sollen die weiteren als Folgen der Scheidung regelungsbedürftigen Probleme (insbesondere Versorgungsausgleich, Sorgerecht, Unterhalt, Ehewohnung, Zugewinnausgleich) gleichzeitig mit der Scheidung verhandelt und entschieden werden, so daß das Rechtsverhältnis Ehe durch *ein* Verfahren aufgelöst wird.

Geschäftsanfalls-Analyse der Familiensachen 1971–1987

Die Abbildung 1 aus dem Forschungsprojekt «Mögliche Entwicklung im Zusammenspiel von außer- und innergerichtlichen Konfliktregelungen» des Bundesministeriums der Justiz zeigt den Verlauf des Geschäftsanfalls bei den Familiengerichten seit 1971. Für die Zeit davor können nur die Ehesachen vor dem Landgericht ausgewiesen werden, während andere Gegenstände fehlen. Die Zahl der Familiensachen insgesamt kann erst seit 1977 berechnet werden. Die Entwicklung von 1975 bis 1982 ist stark beeinflußt durch die Änderung der Rechtslage mit der Ehe- und Familienrechtsreform von 1977.

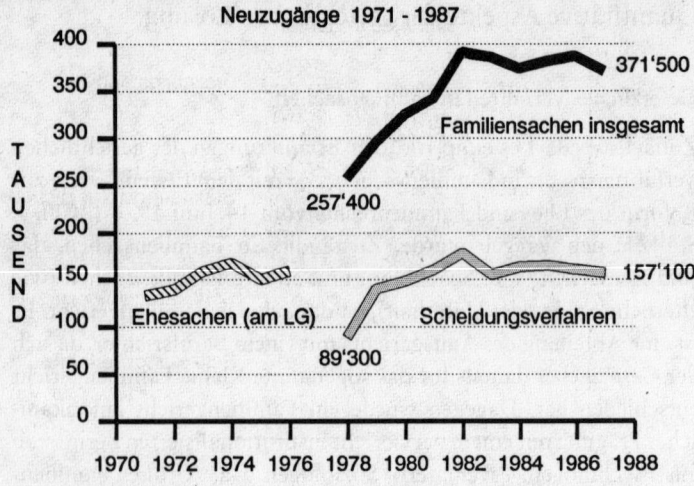

Quelle: PROGNOS

Die abgetrennten Scheidungsfolgesachen und die Verfahren um Prozeßkostenhilfe (ohne anschließendes Hauptverfahren) haben quantitativ weit geringere Bedeutung.

Geschäftsanfalls-Prognose der Familiensachen bis zum Jahr 2000

In fast allen westlichen Ländern sind insbesondere in den siebziger Jahren die Scheidungssachen stark angestiegen. Da in der Bundesrepublik für Scheidungen Gerichtszwang besteht, bestimmt diese sozial und kulturell bedingte Erscheinung direkt den Geschäftsanfall beim Familiengericht. Der Geschäftsanfall als solcher ist mithin durch rechtspolitische Maßnahmen nicht steuerbar, es sei denn durch Veränderungen beim Gerichtszwang. Hinsichtlich der Kapazitäten der Familiengerichte bleibt aber dennoch interessant, welche qualitative Entwicklung für die Scheidungsverfahren absehbar ist.

Insgesamt gesehen läßt sich als Resultat aus dem Zusammenspiel verschiedenster Einflüsse ein Überwiegen der *steigenden* Einflüsse vermuten. Als Prognose bis zum Jahr 2000 erscheint daher eine

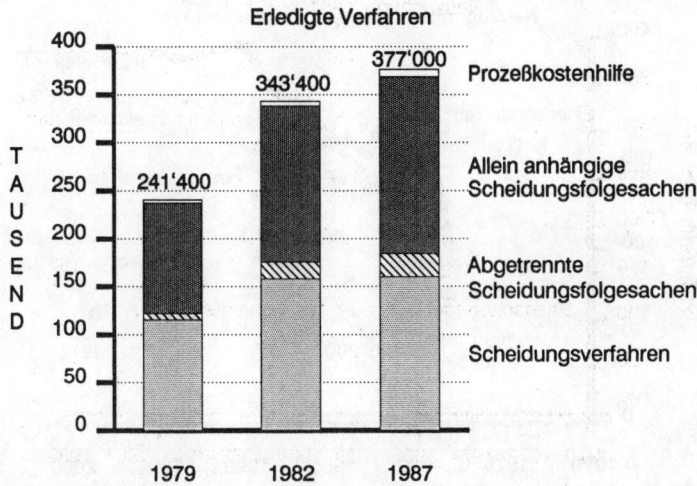

Erledigte Verfahren

Quelle: PROGNOS

jährliche Steigerung um maximal 1 Prozent begründet, was zu dem in Abbildung 3 skizzierten Verlauf führen würde. Für die Zeit nach 2000 ist aus demographischen Gründen wieder mit einer rückläufigen Entwicklung zu rechnen.

Diese Änderung hat sowohl das Verhalten der Betroffenen als auch die statistische Erfassung so stark beeinflußt, daß die dahinter stehende eigentliche Entwicklung der Ehe- und Scheidungsproblematik nicht zu erkennen ist. So erklärt sich der steile Anstieg nach 1977 allein als Anhängigwerden von aufgeschobenen Verfahren. Seit 1982 hält sich die Zahl der Familiensachen weitgehend auf dem erreichten Niveau.

Die Zusammensetzung der Verfahrensgegenstände in der Familiengerichtsbarkeit ist in Abbildung 2 dargestellt. Die größte Kategorie stellen die allein anhängigen Scheidungsfolgesachen dar, die annähernd die Hälfte der Familiengerichtsverfahren ausmachen. Die Scheidungsverfahren selbst, zu denen hier auch die wenigen sonstigen Ehesachen gezählt werden, liegen bei einem Anteil von etwas über 40 Prozent der Verfahren.

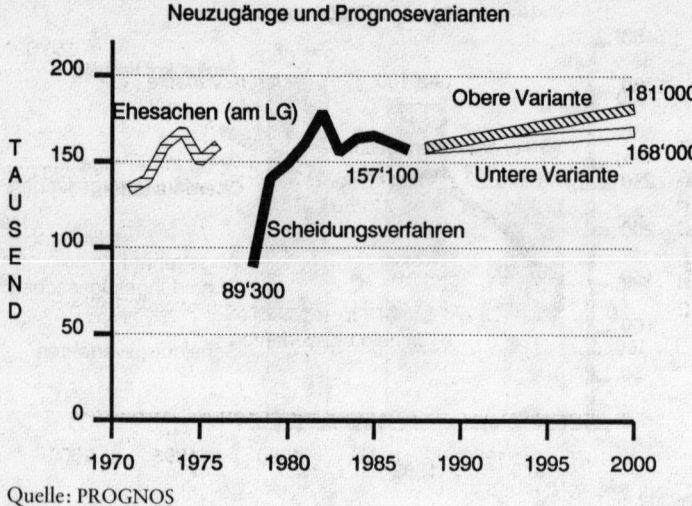

Neuzugänge und Prognosevarianten

Quelle: PROGNOS

Die Gesamtprognose für die Familiensachen zieht das Projekt aus der Zusammenfassung der Prognose der Scheidungsverfahren und der in Abhängigkeit davon berechneten Gegenstände. Abbildung 4 veranschaulicht diese Gesamtprognose. Es handelt sich um eine *qualitative* Prognose, die auf Überlegungen zur künftigen Wirkung ganz verschiedener Einflüsse auf den Geschäftsanfall beruht, die nur annäherungsweise quantifiziert werden können.

Diese Prognose wurde von der PROGNOS AG in Basel im Zusammenwirken mit dem Forschungsinstitut für öffentliche Verwaltung bei der Hochschule für Verwaltungswissenschaften in Speyer und Prof. Blankenburg von der Vrije Universiteit in Amsterdam im Rahmen des Forschungsschwerpunktes «Strukturanalyse der Rechtspflege (SAR)» des Bundesministeriums der Justiz durchgeführt. Ihre Qualität hängt mithin von der Plausibilität und der Vollständigkeit der angestellten Überlegungen ab. Darin liegen zweierlei Unsicherheiten:

Die für die Prognose grundlegenden Überlegungen werden immer diskutabel und ergänzbar bleiben. Nicht alle auf den Geschäfts-

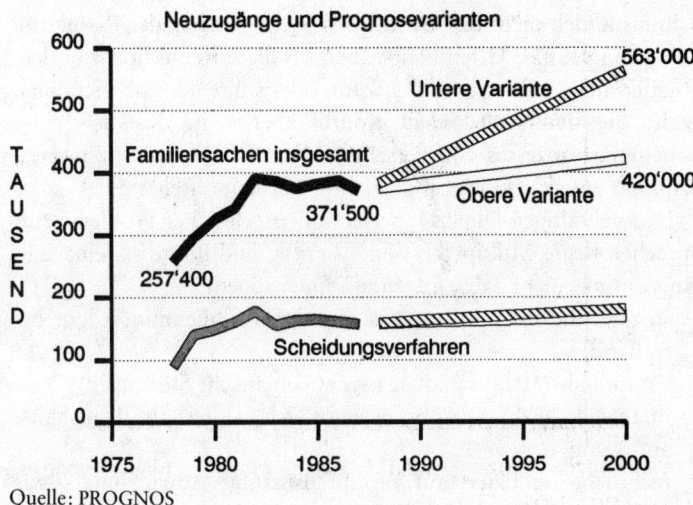

Quelle: PROGNOS

anfall einwirkenden Einflüsse sind vorherzusagen. Manche werden sich überraschend entwickeln, andere neu entstehen (so z. B. die Einbeziehung der fünf neuen Bundesländer nach der Vereinigung Deutschlands, die in der Prognose noch nicht berücksichtigt werden konnte).

Der Wert der Prognose liegt daher nicht so sehr in der quantitativen Exaktheit der Voraussage, sondern vielmehr darin, daß die Richtung der künftigen Entwicklung des Geschäftsanfalls als weiterhin steigend bestimmt wird, sowie eine ungefähre Größenordnung des im Jahre 2000 zu erwartenden Geschäftsanfalls ermittelt wird.

Qualitative Aspekte der gerichtlichen Lösung

Neben diesen quantitativen Aspekten des gerichtlichen Geschäftsanfalls treten immer mehr Fragen nach der Qualität richterlicher Konfliktlösung in Familiensachen. Nach dem Luhmannschen Verfahrensmodell dient der Einsatz des Richters zwar der Reduktion von Komplexität. Offen bleibt aber, ob diese Reduktion von dem Richter allein geleistet werden kann oder sollte oder ob nicht vielmehr die unterschiedlichen Konfliktebenen im Rahmen eines Scheidungsprozesses von verschiedenster Sachkompetenz interdisziplinär aufgedeckt und abgearbeitet werden sollten.

Den vielfältigen Dimensionen familienrechtlicher Probleme entsprechen heute Multiprofessionalisierung und Interdisziplinarität. Rottleuthner sieht dabei folgende Dimensionen:

▸ soziale (die Interaktion zwischen den Familienmitgliedern betreffend)
▸ emotionale (affektive sowie psychosomatische Störungen)
▸ finanzielle (z. B. Versorgungsausgleich, Unterhalt, Haushaltsauflösung)
▸ rechtliche (reduziert auf verfahrensmäßige Abwicklung sowie Begründung einer verbindlichen Entscheidung).

Für diese Problemdimensionen stehen unterschiedliche Professionen bereit, z. B.: Therapeuten, Pädagogen, Familien- und Erziehungsberater, Psychologen, Psychiater, Theologen, Ökonomen, Kinderärzte, Sozialarbeiter, Rechtsanwälte und Familienrichter. In der gesellschaftlichen Wirklichkeit hat diese Multi-Dimensionalität der Familienkonflikte schon zu einer Multi-Professionalisierung bei der Behandlung dieser Konflikte geführt. Positive Beispiele werden im nächsten Kapitel und in den meisten Beiträgen dieses Buches angeführt.

Das spezifische Problem bei der Bearbeitung von Familienkonflikten besteht heutzutage darin, den Juristen (Anwalt oder Richter) in der Rolle der *ersten* Konfliktbearbeitung abzulösen und auf einen späteren Interventionspunkt in der Konfliktgeschichte zu verlagern. Dabei sollte dem Juristen die Funktion eines Konfliktmoderators zugeschrieben werden, der sich um den koordinierten Einsatz der verschiedenen Professionen und die Einhaltung der Verfahrensregeln bemüht.

Eine solche rechtspolitische Forderung zeigt nicht nur das Dilemma gerichtlicher Lösung familialer Konflikte in unserer komplex gewordenen Gesellschaft auf, sondern leitet schon über zu dem zentralen Anliegen des gesamten Buches, der Stärkung außergerichtlicher Konfliktlösung in diesem personen-nahen Bereich.

Außergerichtliche Lösung

Entwicklung und Stand in der Bundesrepublik

Die Thematik außergerichtlicher Konfliktlösung in der Ziviljustiz ist seit dem gleichnamigen internationalen Kongreß des Bundesministeriums der Justiz im Jahre 1981 in das Blickfeld der juristischen Fachöffentlichkeit getreten, nachdem sie zuvor schon in den Nachbardisziplinen, z. B. der Soziologie oder Psychologie, präsent gewesen war. Bei dieser Veranstaltung wurde schon eine Evaluation vor- und außergerichtlicher Konfliktlösung in Ehe- und Familiensachen gefordert. In letzter Zeit sind die verschiedenen Möglichkeiten von Beratung und Hilfe in Ehescheidungsfallen *vor* dem gerichtlichen Verfahren stärker in den Blickpunkt gerückt. Ehe- und Familienberatung gibt es schon lange. Freie und kirchliche Träger sowie staatliche Einrichtungen haben bisher versucht, die sozialen und psychologischen Folgen von Ehekonflikten aufzufangen. Aber auch die Tätigkeit von Rechtsberatungsstellen weist einen hohen Anteil von Beratung in Familienstreitigkeiten auf. Der Vergleich mit ausländischen Modellen, wie z. B. den Law-Shops in England und Holland, zeigt, daß dort ebenfalls ein großer Teil der Rechtshilfe auf dem Gebiet des Familienrechts geleistet wird. Dabei führt die allgemeine Finanzknappheit auch für diese Einrichtungen dazu, daß u. a. in England ermöglicht wurde, in einfach gelagerten Fällen (ohne Streitigkeiten bezüglich Kinder oder Unterhaltszahlungen) die Ehescheidung schriftlich ohne Anwaltsbeteiligung und ohne einen Gerichtstermin durch die antragstellende Partei persönlich durchzuführen.

Eine neue Bewegung bei der außer- und vorgerichtlichen Konfliktregelung von Ehescheidungsfällen vertritt die Einrichtung interdisziplinär besetzter Gruppen, die den ehescheidungswilligen Partnern helfen sollen, Streitigkeiten über die Kinder, das Eigentum und den

Unterhalt vorab zu bereinigen. Seit Anfang 1990 haben einige dieser Beratungsstellen – wie Familiennotruf München, Deutsches Familienrechtsforum, TRIALOG u. a. – die Bundesarbeitsgemeinschaft für Beratung bei Familienkrisen, Trennung und Scheidung gegründet. Die Arbeitsgemeinschaft hat sich zum Ziel gesetzt, Beratungserfahrungen auszutauschen und Konzepte der interdisziplinären Zusammenarbeit zwischen juristischen und psychologischen Berufsgruppen weiterzuentwickeln sowie in die Öffentlichkeit zu wirken durch Aufklärung und Information zum Problembereich Familienkrise, Trennung und Scheidung.

Vorbild der deutschen Modelle sind die verschiedenen Mediations-Programme auf dem Gebiet des Ehescheidungsrechts in den USA, deren Entwicklung Proksch in diesem Band darstellt.

Derzeitiger Forschungsstand

Das ‹Schnittstellenprojekt› zum Verhältnis der gerichtlichen zur außergerichtlichen Konfliktlösung im Rahmen der Strukturanalyse der Rechtspflege ist inzwischen soweit gediehen, daß im Bereich der Familiengerichtsbarkeit ein Expertengespräch am 13. und 14. November 1989 beim Justizsenator in Berlin stattgefunden hat. Dort wurden die außergerichtlichen Konfliktlösungen im Familienbereich durchweg positiv beurteilt. Dennoch wurde gerade unter dem Gesichtspunkt der Interdisziplinarität die unterschiedliche Herangehensweise von Juristen und Psychologen hervorgehoben. Für die Juristen liegt in der Regel der Schwerpunkt auf «Eingreifen und Entscheiden», während für die Sozialwissenschaftler «Beratung und Betreuung» der Betroffenen im Vordergrund stehen. Auch wurde gesehen, daß die Ehescheidung nur *einen* Konflikt im gesamten Familiengeschehen darstellt. Von den Gesprächsteilnehmern wurde immer wieder betont, daß diese Einrichtung nicht zu einer Rechtsüberversorgung der Bevölkerung und Entmündigung der Betroffenen führen dürfe. Grundsätzlich sollte es das Ziel sein, Personen in Konfliktsituationen zu befähigen, sich selbst zu helfen (Stichwort: Hilfe zur Selbsthilfe). Insgesamt wurde festgestellt, daß positive Absichten und guter Wille in einzelnen Modellen vorhanden sind. Die konkrete Ausgestaltung solcher Modelle wäre allerdings eine Frage der weiteren Diskussion, wie sie auch in diesem Buch weitergeführt wird. Hinzukommen muß eine breite Evaluationsforschung bestehender Modelle und darüber hinaus interdisziplinäre Grundlagenforschung alternativer Konfliktlösungsmöglichkeiten überhaupt. Dabei sollten auch die Auswirkungen auf die Justiz und ihre mögliche Veränderung ein interessanter Untersuchungsbereich sein.

Notwendige Filter

Aus der Analyse und Prognose des Geschäftanfalls bei den Familiengerichten folgt ebenfalls – wie wir gesehen haben, nehmen die Familiensachen von z. Zt. ca. 380 000 auf mindestens 420 000 Verfahren im Jahre 2000 zu –, daß die Konfliktregelungsstellen vor und außerhalb der Gerichte neu ausgebaut werden müssen. Denn die rechtssoziologischen Untersuchungen haben bestätigt, daß der Geschäftsanfall der Familiengerichte nicht eine durch gesellschaftliche Determinaten vorgegebene Größe ist, so daß er insbesondere durch die Umgestaltung der Schnittstelle zwischen gerichtlicher und außergerichtlicher Konfliktregelung gesteuert werden kann. Ziel der Übergänge muß es also sein, diese Schnittstelle als *Filter* auszugestalten, der nur die für die Gerichte als relevant erachteten Fälle vor die Justiz gelangen läßt.

Während bei der in dem Projekt angestellten «Status-quo-Variante» davon ausgegangen wird, daß keine zusätzlichen Maßnahmen zur Beeinflussung des Geschäftsanfalls ergriffen werden, legt die Variante «Umbau der Filterebene» zugrunde, daß nachhaltig versucht wird, die Filterwirkung der Abläufe, Institutionen und Berufe im Vorfeld der Inanspruchnahme der Gerichte zu erhöhen. Bei der 2. Variante hat sich ergeben, daß die Möglichkeit, den Geschäftsanfall zu filtern, bei den Scheidungsverfahren aufgrund des Gerichtszwanges begrenzt ist. Mehr Spielraum hat man bei den isoliert anhängigen Familiensachen.

Die Konfliktberatung im Vorfeld der Gerichte wird durch das Angebot an Ehe- und Familienberatung als Arbeitsfeld bei Psychologen, Pädagogen und Sozialarbeitern, durch die Wohlfahrtsverbände, andere freie Träger sowie die Sozial- und Jugendämter seit einiger Zeit kräftig ausgebaut. Das hat stark dämpfenden Einfluß auf den Geschäftsanfall, z. B.:

▸ Durch Eheberatung können Ehekonflikte frühzeitig angegangen und möglicherweise Scheidungen vermieden werden.

▸ Durch Scheidungsberatung können die Betroffenen im Scheidungsverfahren begleitet und bei der Regelung der damit verbundenen Einzelfragen (z. B. Umgangsrecht, Sorgerecht, Unterhalt) unterstützt werden. Damit kann nicht nur der Aufwand in Scheidungsverfahren erheblich reduziert werden. Gemeinsam mit den Parteien erarbeitete Regelungen versprechen auch eine höhere Akzeptanz und bieten damit seltener Anlaß zu erneuten Gerichtsverfahren.

▸ Hinsichtlich der isolierten Verfahren kann sich die Beratung auch dahin ausweiten, daß Rechtspositionen vermehrt außergerichtlich durchgesetzt werden.

Eine *außergerichtliche Konfliktregelung* kommt bei Familiensachen unter der derzeitigen Rechtslage mit Gerichtszwang nur für isolierte Verfahren in Frage. Die rechtspolitisch diskutierten Modelle «notarielle Scheidung» sowie das amerikanische Mediationsverfahren scheiden im Augenblick für eine allgemeine Verstärkung des Filters zu den Gerichten aus.

Auch in alleinanhängigen Familiensachen sind die Ausgangsbedingungen bei der besonderen emotionalen Situation der Scheidungsbetroffenen nicht unbedingt gut. Zum Erfolg bedarf es einer sorgfältigen, einfühlsamen und geduldigen Vorgehensweise. Dazu sind psychologische, sozialarbeiterische und juristische Kompetenzen erforderlich, die konstruktiv zusammenwirken müssen. Die bestehenden Entwicklungen deuten jedoch darauf hin, daß auf diese Weise tatsächlich haltbare außergerichtliche Regelungen zu erzielen sind. Nur ist der damit erreichbare quantitative Entlastungseffekt bislang noch gering. Dafür sprechen vor allem das (noch) kleine Angebot an solchen interdisziplinär arbeitenden Institutionen sowie die Schwierigkeit, in Ehekonflikten mit den Parteien konstruktiv zu arbeiten.

Offen ist nach der Untersuchung auch, welcher Anteil der Scheidungswilligen mit diesem Angebot überhaupt erreicht wird. Bei Scheidung spielt schließlich das Verhalten der Rechtsanwälte eine wichtige Rolle. Nach dem Forschungsstand deutet einiges darauf hin, daß der Geschäftsanteil insbesondere an allein anhängigen Familiensachen durch die Anwälte eher gesteigert wird. Darauf weist auch die Studie «Streitverhütung durch Anwälte» im Rahmen der Anwaltsforschung hin. Auch dürfte die mangelnde Verbindlichkeit außergerichtlicher Einigungen die Anwälte im Scheidungsverfahren dazu bringen, auf jeden Fall den Gang zum Gericht zu raten.

Bei den Familiensachen zeigt sich danach am deutlichsten, welche Probleme die Anwaltschaft mit vor- und außergerichtlichen Beratungs- und Konfliktregelungsangeboten (noch) hat:

▷ Die Qualität der Beratung kann darunter leiden, daß die Anwälte zwar über eine juristische Schulung, aber nicht immer über ausführliche Kenntnisse in der psychologischen Gesprächsführung mit Beratungs-Suchenden verfügen.

▷ Das gerichtszentrierte Berufsbild der Anwälte verstellt in diesem Bereich (noch) den Blick auf außergerichtliche Wege der Konfliktregelung oder Schlichtung.

▷ Die durch das Rechtsberatungsgesetz intendierte klare Trennung zwischen allgemeiner Beratung und Rechtsberatung erschwert Möglichkeiten der Kooperation mit anderen Beratern, die zu den juristischen komplimentäre psychologische sowie sozialpädagogische Kompetenzen in Beratung und Konfliktregelung einbringen könnten.

Insgesamt läßt sich hier feststellen, daß wegen der bestehenden Rechtslage des Scheidungszwanges vor Gericht der Entwicklung der Infrastruktur auf der Filterebene erhöhte Bedeutung zukommt. Neben dem Rechtssystem wird allein die Effektivität der Filterebene darüber entscheiden, in welchem Umfang die Gerichte quantitativ entlastet und die Konfliktlösung qualitativ verbessert werden kann. Die Speyerer Untersuchung prognostiziert daher nicht zu Unrecht ein Filterpotential von 25 Prozent bei Ausbau der Filterebene bis zum Jahr 2000!

Rechtspolitischer Ausblick

Konflikte zwischen Ehepartnern sind gestörte soziale Beziehungen. Das Problem liegt nun darin, daß *Juristen* Konflikte in Sozialbeziehungen lösen müssen. Lange Zeit waren wir der Auffassung, daß Juristen dies allein bewältigen können. Mittlerweile sind wir aber durch soziologische, psychologische und andere Untersuchungen zu der Erkenntnis gekommen, daß die Sozialbeziehungen zwischen Eheleuten sehr komplexe Vorgänge sind, bei deren Störung auch nach ihren Ursachen gefragt werden muß. Bei dieser Art Konfliktlösung tun sich Juristen schwer, zumal sie immer alles auf den Punkt zutreiben und dann zu einer Entscheidung bringen. Ein Richter beispielsweise muß urteilen, ob er will oder nicht. Ein Berater kann eine günstige Situation der Entscheidungsphase abwarten.

Wir befinden uns in einem Dilemma zwischen Recht und Wirklichkeit, weil es eine «Scheidung ohne Richter» nach unserem Recht (noch) nicht gibt. Wie ist dieses Dilemma nun zu lösen?

Wir leben unter den Ehe- bzw. Familienrechten von 1977, auf die wir sehr stolz waren, weil durch die soziale Sicherung der nichterwerbstätigen Ehefrau und Mutter die Frauen ein Stück selbständiger wurden, wenn sich auch die Männer vielleicht noch zu wenig in die Verantwortung nehmen ließen. So profitieren sie immer noch von dem alten Rollenbild der Frau und von der alten Arbeits- und Geschäftsverteilung in der Familie. Diese Problematik wird sich mit rechtlichen Mitteln nur schwer lösen lassen.

Die Justiz ist auch nicht in der Lage, Familienkonflikte multiprofessionell zu lösen. Sie kann sinnvollerweise nur im nachhinein durch Selbstfindung und Beratung vorgeschlagene Lösungen praktisch «als Notar» beglaubigen und dann darauf achten, daß sie auch eingehalten werden. Insoweit kann man den Juristen als Richter oder Notar sehr gut einsetzen. Zur eigentlichen Konfliktlösung müssen aber andere Professionen multikompetent sowie interdisziplinär beitragen, und zwar in Kooperation mit den Betroffenen und nicht über deren Köpfe hinweg! Da aber die Familiengerichtsbarkeit im Zusammenhang mit dem gesamten Rechts- und Gesellschaftssystem gesehen werden muß, geht es einerseits um die sinnvolle Gestaltung der Gesetzgebung und Rechtspraxis, andererseits um die Schaffung struktureller Bedingungen für bessere Konfliktlösungen. Dabei sind alle Professionen sowie die Sozial- und Justizverwaltungen zur Zusammenarbeit aufgerufen, wobei die Wissenschaft die erforderlichen Erkenntnisse über und für das Handeln der Betroffenen liefern muß. Mein rechtspolitisches Plädoyer möchte ich in dem etwas modifizierten Buchtitel zusammenfassen: «Scheidung nicht nur durch den Richter!»

Anhang

Literatur und Anmerkungen

Rosmarie Welter-Enderlin: Tragödie oder Neubeginn?

Literatur

Berger, Peter/Kellner, Hansfried: Die Ehe und die Konstruktion der Wirklichkeit. In: Soziale Welt, 16, 220–235. Eine Abhandlung zur Mikrosoziologie des Wissens. 1965

Bundesamt für Justiz: Scheidung in der Schweiz – eine Dokumentation im Auftrag des Bundesamtes für Justiz, vom Institut für Ehe und Familie Zürich durchgeführte Untersuchung. 1980

Chodorow, Nancy: Das Erbe der Mütter. München 1985

Gilligan, Carol: Die andere Stimme. Lebenskonflikte und Moral der Frau. München 1984

Jellouschek, Hans: Semele, Zeus und Hera. Zürich 1988

Kopp, Sheldon B.: Triffst du Buddha unterwegs... Frankfurt/M. 1978

Wallerstein, Judith S./Kelly, Joan Berlin: Surviving the Breakup. New York 1980

Wallerstein, Judith/Blakeslee, Sandra: Gewinner und Verlierer. Eine Langzeitstudie. München 1989

Welter-Enderlin, Rosemarie: Der Mensch ist seines Glückes Schmied. In: Frauenleben heute. Weinheim, 1990

Hans-Peter Bernhardt: Trennungs- und Scheidungsberatung – zwei Fallbeispiele

Literatur

Bernhardt, Hans-Peter & Riedel, Silke (1986): Beratungserfahrungen aus der Zusammenarbeit mit Familien, in denen Umgangsregelungen schwierig oder strittig waren. In: Familien-Notruf München, Jahresbericht 1986, S. 18–30

Dicks, Henry V. (1967): Marital Tensions. Clinical Studies towards a Psychological Theory of Interaction. London: Routledge and Keagan Paul 1983

Kressel, Kenneth & Deutsch, Morton (1977): Divorce Therapy: An In-Depth Survey of Therapists' Views. In: Family Process, 16, S. 413–443

Paul, Norman L. (1980): Die Scheidung als innerer und äußerer Prozeß. In: Familiendynamik, 5, 1980, S. 229–241

Hans-Peter Bernhardt: Eine Herausforderung für psychosoziale Helfer

Literatur

Bernhardt, Hans-Peter (1986): Das strittige Sorgerecht als Familienproblem – Beratungserfahrungen aus dem Familien-Notruf München. In: Josef Duss-von Werdt (Hrsg.), Kindeszuteilung. Richter, Anwälte, Gutachter, Ärzte, Sozialarbeiter und Familienberater im Gespräch. Zusammenhänge 4. Schriftenreihe des Instituts für Ehe und Familie, Zürich

Bernhardt, Hans-Peter & Riedel, Silke (1986): Beratungserfahrungen aus der Zusammenarbeit mit Familien, in denen Umgangsregelungen schwierig oder strittig waren. In: Familien-Notruf München, Jahresbericht 1986, 18–30

Duss-von Werdt, Josef (1989): Familien- und Eheberatung in der Trennungs- und Scheidungsphase. In: Scheidung und Scheidungsfolgen aus der Sicht der Frau. Hrsg. von der Bevollmächtigten der Hessischen Landesregierung für Frauenangelegenheiten. Wiesbaden

Johnston, Janet R.; Campbell, Linda E.G. & Tall, Mary C. (1985): Impasses to the Resolution of Custody and Visitation Disputes. In: American Journal of Orthopsychiatry, 55 (3), 112–129

Reich, Günter; Bauers, Bärbel & Adam, Dorothee (o.J.): Scheidungsfamilien in einer familientherapeutischen Einrichtung. Abschlußbericht über das Forschungsprojekt aus der Abteilung für Psycho- und Soziotherapie, Zentrum für Psychologische Medizin, Universität Göttingen

Wendl-Kempmann (1989): Zu Auswirkungen einzelanalytischer Arbeit auf die Partnerschaft des Analysanden. (Manuskript einer Vorlesung, gehalten an der Akademie für Psychoanalyse und Psychotherapie, München)

Wendl-Kempmann; Gertrud & Wendl, Philipp (1986): Partnerkrisen und Scheidung. Ursachen, Auswirkungen und Verarbeitung aus psychoanalytischer und richterlicher Sicht. München 1986

Günter Reich: Kinder in Scheidungskonflikten

Literatur

Bauers, B.; Reich, G.; Adam, D. (1986): Scheidungsfamilien: Die Situation der Kinder und die familientherapeutische Behandlung. In: Praxis der Kinderpsychologie und Kinderpsychiatrie 35, 3, S. 90–96

Biermann, R. u. G. (1978): Scheidungskinder. Praxis der Kinderpsychologie und Kinderpsychiatrie 27, S. 221–234

Eissler, K. R. (1966): Bemerkungen zur Technik der psychoanalytischen Behandlung Pubertierender nebst einigen Überlegungen zum Problem der Perversion. In: Psyche XX, S. 837–872

Framo, J. L. (1980): Scheidung der Eltern – Zerreißprobe für die Kinder. In: Familiendynamik 5, 3, S. 204–228

Fthenakis, W. E. (1985): Väter. Bd. 1 u. 2. München (Urban u. Schwarzenberg) Bd. 1 u. 2

Goldman, J. u. Coane, J. (1977): Family Therapie after divorce: Developing a Strategy. In: Family Process 3, S. 357–362

König, K., Kreische, R. (1985): Partnerwahl und Übertragung. In: Familiendynamik 10, S. 341–352

Kreische, R. (1990): Die besseren Hälften – Paartherapie in zwei Systemen: die Kombination von Paar- und Gruppentherapie. In: Massing, A. (Hg.): Psychoanalytische Wege der Familientherapie. Berlin, Heidelberg, New York (Springer)

Lemaire, J. G. (1980): Leben als Paar. Olten (Walter)

Meyer, J. E. (1981): Über das Trauern um Vermißte. In: Arch. Psychiatr. Nervenkr. 230, S. 91–101

Napp-Peters, A. (1987): Ein-Eltern-Familien. Weinheim (Juventa)

Paul, N. L. (1980): Die Scheidung als innerer und äußerer Prozeß. In: Familiendynamik 5, S. 229–241

Reich, G. (1983): Eltern, Kinder und Großeltern in der Krise – Dynamik und Therapie von Scheidungskonflikten. Kind und Umwelt, 40, S. 18–38

Reich, G. (1986): Warum ist die Schuldfrage aus Scheidungskonflikten so schwer herauszuhalten? Familiendynamische Aspekte von Scheidungsauseinandersetzungen. In: fragmente – Schriftenreihe zur Psychoanalyse 22. Beiträge zur Scheidungsforschung II, S. 73–97

Reich, G. (1987): Das sexuelle Erleben von Paaren auf dem Hintergrund ihrer Familiengeschichte. In: Massing, A., Weber, I. (eds.):

Lust und Leid – Sexualität im Alltag und alltägliche Sexualität. Berlin, Heidelberg, New York (Springer), S. 187–221

Reich, G. (1988): Partnerwahl und Ehekrisen. Heidelberg (Asanger), 1988 2. korr. Aufl., 3. Aufl. 1991

Reich, G. (1988): Trennungskonflikte – familiendynamische und zeitgeschichtliche Aspekte. Wege zum Menschen 40, S. 194–208

Reich, G. (1990): Familiendynamische Prozesse in Zweitfamilien. Zur Entwicklung familiärer Strukturen nach der Scheidung und nach dem Tod eines Elternteils. In: Kontext 19, S. 32–46

Reich, G.; Bauers, B. (1988): Nachscheidungskonflikte – eine Herausforderung an Beratung und Therapie. In: Praxis der Kinderpsychologie und Kinderpsychiatrie 37, S. 346–355

Reich, G.; Bauers, B.; Adam, D. (1986): Zur Familiendynamik von Scheidungen – eine Studie im mehrgenerationalen Kontext. Praxis der Kinderpsychologie und Kinderpsychiatrie 35, S. 42–50

Reich, G.; Massing, A. (1991): Scheidungskonflikte in der Familientherapie. Im Druck: Biermann, G. (Hg.): Handbuch der Kinderpsychotherapie, München (Reinhardt)

Sperling, E. u. a. (1982): Die Mehrgenerationen-Familientherapie. Göttingen (Vandenhoeck u. Ruprecht) 2. korr. Aufl. 1991

Sperling, E. u. U.: Die Einbeziehung der Großeltern in die Familientherapie. In: Richter, H. E.; Strotzka, K.; Willi, J. (Hg.): Familie und seelische Krankheit. Reinbek 1976, S. 196–215

Vogel, K. (1987): Eine Stunde zuhören. Sexualmedizin 8, S. 315

Wallerstein, J. S. u. Kelly, J. B.: Surviving the Breakup. New York (Basic Books), 1980

Wallerstein, J.; Blakeslee, S. (1989): Gewinner und Verlierer: Frauen, Männer und Kinder nach der Scheidung. München (Droemer Knaur)

Anmerkung

1 Die Darstellung beruht auf Ergebnissen eines von 1981 bis 1984 mit Unterstützung der Deutschen Forschungsgemeinschaft durchgeführten Projektes und darauf aufbauenden therapeutischen Erfahrungen in den folgenden Jahren.
   Vgl. hierzu Bauers, Reich, Adam (1986); Reich (1983); Reich (1986); Reich (1987); Reich (1988 a, b); Reich (1990); Reich, Bauers (1988); Reich, Bauers, Adam (1986); Reich, Massing (1991)

Roland Weber: Stieffamilien

Literatur

Beck, U.; Beck-Gernsheim, E (1990): Das ganz normale Chaos der Liebe. Frankfurt/M.

Bernstein, Anne C.: Die Patchworkfamilie. Stuttgart 1990

Friedl, I. (1988): Stieffamilien. Ein Literaturbericht zu Eigenart, Problemen und Beratungsansätzen. Weinheim/München

Fritsch, I.; Sanders, H.: Hau ab, du bist nicht meine Mutter. Maro Verlag 1987

Giesecke, H.: Die Zweitfamilie. Leben mit Stiefkindern und Stiefvätern. Stuttgart 1987

Jellouschek, H.: Sich Trennen und neu anfangen. Unveröffentlichtes Manuskript 1990

Krähenbühl, V./Jellouschek, H./Kohaus-Jellouschek, M./Weber, R.: Stieffamilien. Struktur – Entwicklung – Therapie. Lambertus 1986 und 1991

Moinet, S.: Meine Kinder, deine Kinder, unsere Kinder. Familienleben nach der Trennung. Düsseldorf 1987

Reich, G.: Familiendynamische Prozesse in Zweitfamilien. In: Kontext Heft 19, 1990, Modernes Leben. Dortmund

Reischies, A.; Rudnitzki, E.: Und plötzlich hab' ich Kinder. Probleme und Konfliktlösungsstrategien in Stieffamilien. Düsseldorf 1987

Rerrich, Maria S.: Balanceakt Familie. Zwischen alten Leitbildern und neuen Lebensformen. Lambertus 1990

Visher, Emily B./Visher, John S.: Stiefeltern, Stiefkinder und ihre Familien. Probleme und Chancen. München/Weinheim 1987

Wallerstein, J./Blakeslee, S. (1989): Gewinner und Verlierer. München

Welter-Enderlin, R. (1991): Menschenbild und Therapiekonzept in der Systemtherapie. In: Buchheim, P.; Cierpka, M.; Seifert, Th. (Hg.): Psychotherapie im Wandel. Berlin/New York

Anmerkungen

1 Diese Arbeit wurde fünf Jahre lang durch die Breuninger Stiftung gefördert.

2 Die von uns erfaßte Zahl von Stieffamilien belief sich auf vierundneunzig. Andere Untersuchungen (zitiert bei Friedl, I., 1988) kommen zu ganz ähnlichen Ergebnissen.

3 Diese Phasen werden ausführlich beschrieben in Krähenbühl, V. u. a. (1987 und 1991).

4 Diese Erfahrung kann man in Gesprächen mit geschiedenen Frauen und Männern, selbst wenn sie bereits wieder verheiratet sind, immer wieder erleben.

5 A. a. O., S. 3.

6 In der schon zitierten Erhebung gründeten ca. 40 % aller Befragten innerhalb von 2 Jahren nach der Trennung von ihrem ersten Ehepartner eine neue Familie.

7 Hat diese(r) selbst keine Erfahrungen mit Kindern und Familienalltag, erschwert dies seinen Eintritt in die bestehende Teilfamilieneinheit noch um einiges mehr.

8 Zitiert nach Reich, G. (1990).

9 Vgl. hierzu die Ausführungen von R. Welter-Enderlin (1991).

10 Durch das neue Kinder- und Jugendhilfegesetz (KJHG) sind sowohl die Jugendämter als auch die Erziehungsberatungsstellen aufgefordert, ihre bisherige Praxis im Umgang mit Scheidungsproblemen kritisch zu überprüfen.

11 Zur Beratung und Therapie von Stieffamilien vgl. unsere weitergehenden Überlegungen in der schon mehrfach genannten Veröffentlichung von Krähenbühl u. a.

Hannelore Diez / Heiner Krabbe: Was ist Mediation?

Literatur

Deutsch, M.: The Resolution of Conflict. New Haven 1973

Fthenakis, W. E.: Ehescheidung. Konsequenzen für Eltern und Kinder. München 1982

Folberg, J./Milne, A.: Divorce-Meditation. Theory and Practice. New York 1988

Friedman, G.: Die Scheidungs-Mediation. Anleitungen zu einer fairen Trennung, Reinbek 1996.

Friedman, G./Himmelstein, J.: Unterlagen zum Mediation-Einführungsseminar vom 30.4.–2.5.1990. München 1990

Haynes, J. M.: Divorce Mediation. A practical Guide for Therapists and Councellors. New York 1981

Proksch, R.: Scheidungsfolgenvermittlung (Divorce Mediation). Ein Instrument integrierter familiengerichtlicher Hilfe. In: FamRZ 1989, S. 916 ff

Taylor, A. Y.: Towards a Comprehensive Theory of Mediation. In der Übersetzung von S. Fiedler für «Zusammenwirken im Familienkonflikt», Berlin 1990

Anmerkungen

1 ‹Mediation› wurde insbesondere durch die Evangelischen Akademien in Deutschland bekanntgemacht. So wurde das Thema Mediation 1982 auf einer Tagung in Bad Boll zuerst aufgegriffen, ging danach zunächst jedoch in der ursprünglichen Form und Zielsetzung wieder verloren. Der von Juristen ausgehende Impuls zur Mediation war von Therapeuten und Beratern aufgenommen worden und in eine Beratung vor Trennung und Scheidung verändert worden. Trennung und Scheidung selbst blieben als kritische Lebensereignisse eines Menschen der klinisch-therapeutischen Einzelfallarbeit vorbehalten. 1988 wurde auf dem ‹Kleinen Familiengerichtstag› der Gedanke einer Vermittlung erneut aufgegriffen. Anschließend daran entstanden einzelne Arbeitsgruppen mit ersten Ansätzen und Versuchen in Mediation (München, Berlin, Heidelberg und Hamburg).

2 Mediation ist ein «freiwilliger, vom Gericht unabhängiger Prozeß, in dem die Beteiligten übereinkommen, unter dem Beistand eines neutralen und unparteiischen Vermittlers ihre gegensätzlichen Standpunkte auszutauschen, ihre Konfliktpunkte offenzulegen, zu strukturieren, mit dem Ziel, im gemeinsamen Gespräch Alternativen und Optionen zu erarbeiten und schließlich zu einem einvernehmlichen, eigenverantwortlichen Ergebnis zu kommen» (Proksch 1989, S. 920).

Hannelore Diez / Heiner Krabbe: Ein Leitfaden
für die Trennungs- und Scheidungsberatung

Literatur

Duss-von Werdt, J.: Familien- und Eheberatung in der Trennungs- und
Scheidungsphase. In: Scheidung und Scheidungsfolgen aus der Sicht
der Frau. Wiesbaden 1989
Koechel, R.: Das Kindeswohl in der familiengerichtlichen Sorgerechts-
praxis – ein organisierter Dilletantismus? In: DAAG-Arbeitskreis
«Familientherapie und Familiendynamik», Referat vom 10.6.1989
in Dreieich

Roland Weber / Lothar Beck: Elterliche Verantwortung
und Sozialarbeit

Anmerkungen

1 Ausnahmen wie Kassel oder Landsberg bestätigen die Regel.
2 Die folgenden Aussagen machen wir auf dem Hintergrund jahrelan-
ger Supervisionserfahrungen mit Sozialarbeitern aus ganz verschiedenen Jugendämtern. Von daher glauben wir, daß ihnen eine gewisse
Repräsentativität zukommt.
3 Vgl. hierzu W. E. Fthenakis 1982.
4 Vgl. hierzu unsere Ausführungen in Krähenbühl, Kohaus-Jellouschek, Jellouschek und Weber, 1987 und 1991.
5 Trennungs- und Scheidungsberatung kann sich unseres Erachtens
nicht auf bloße Begleitung beschränken, sondern verlangt einen akti-
ven Berater, der mit eigenen Vorschlägen und Interventionen nicht
zurücksteht.
6 Beziehungen können grundsätzlich danach unterschieden werden,
ob sie symmetrischer oder komplementärer Natur sind und ob es sich
hierbei um eine starre Symmetrie bzw. Komplementarität handelt.
Typisches Beispiel einer starren Symmetrie sind Streitpaare, typisches Beispiel einer starren Komplementarität ist die depressive Ehefrau und der fürsorgliche, gesunde Ehemann.
7 Diese kann in einem ganz neuen Vorschlag bestehen, muß aber nicht.
8 Vgl. hierzu die in dem Artikel von J. Liechti und M. Zbinden wieder-

gegebenen Stellungnahmen von MitarbeiterInnen des Jugendamts Kassel, die sich mit unseren Überlegungen und Erfahrungen decken.

Literatur

Duss-von Werdt, J.: Gleiches Recht für ungleiche Ehen, Scheidungen und Familien. Familiendynamik 4/84

Fisch, R.; Weakland, John H.; Segal, L.: Strategien der Veränderung. Klett-Cotta 1987.

Fthenakis, Wassilios E. u. a.: Ehescheidung. Konsequenzen für Eltern und Kinder. Urban und Schwarzenberg 1982

Goldstein, J. u. a.: Das Wohl des Kindes. Suhrkamp Verlag 1988

Hagner, K. W.: Gutachter, Richter, Sorgerecht. Familiendynamik 4/84

Hollstein-Brinkmann, H.: Sozialarbeit und Systemtheorie. Zeitschrift für systemische Therapie 4/89

Kohn, A.: Mit vereinten Kräften. Warum Kooperation der Konkurrenz überlegen ist. Beltz Verlag 1989

Krähenbühl, V., Jellouschek, H., Kohaus-Jellouschek, M.; Weber, R.: Stieffamilien. Entwicklung, Struktur, Therapie. Lambertusverlag 1991

Liechti, J. u. a.: Verminderung der Zahl eingeleiteter Maßnahmen als Resultat systemischer Problemdefinitionen. Zeitschrift für systemische Therapie 4/89

McGoldrick, M.; Gerson, R.: Genogramme in der Familienberatung. Hans Huber 1990

Moser, T.: Familienkrieg. Suhrkamp Verlag 1982

Oggenfuss, F.: Jugendliche aus Scheidungsfamilien. Familiendynamik 1/84

Ricci, I.: Meine Eltern sind geschieden. Deutscher Taschenbuch Verlag 1984

Schultz, H. J. (Hg.): Trennung. Kreuz Verlag 1984

Schweitzer, J.; Weber, G.: Scheidung als Krise und klinisches Problem. Praxis der Kinderpsychologie und Kinderpsychiatrie 2, 1985

Shazer, S. de: Wege der erfolgreichen Kurztherapie. Klett Cotta 1989

Simitis, S. u. a.: Kindeswohl. Suhrkamp 1979

Simon, F.; Weber, G.: Keins von beiden. Über die Nützlichkeit der Neutralität. Familiendynamik 3/90

Spychinger, M.: Spielt die Ursachenzuschreibung für die Bewältigung von Partnertrennung und Ehescheidung eine Rolle? System Familie 3/90

Tomm, K.: Das systemische Interview als Intervention. Teil I–II. System
    Familie 3/88, 1/89
Troje, H. E.; Meyer, H.: Familiendynamik – Familiengerichtsarbeit.
    Familiendynamik 4/84
Wallerstein, J.; Blakeslee, S.: Gewinner und Verlierer. Droemer Knaur
    1989

Dieter Strempel: Familiensachen

Literatur

Beck, U.: Risikogesellschaft – Auf dem Weg in eine andere Moderne.
    Frankfurt a. M. Suhrkamp 1986.
Beck, U./Beck-Gernheim, E.: Das ganz normale Chaos der Liebe.
    Frankfurt a. M. Suhrkamp 1990.
Blankenburg, E./Gottwald, W./Strempel, D. (Hg.): Alternativen in der
    Ziviljustiz – Berichte, Analysen, Perspektiven. Köln: Bundesanzei-
    ger-Verlag 1982.
Blankenburg, E./Simsa, Chr./Stock, J./Wolff, H.: Mögliche Entwick-
    lungen im Zusammenspiel von außer- und innergerichtlichen Kon-
    fliktregelungen – Untersuchung im Auftrag des Bundesministeriums
    der Justiz (Hg.: FÖV Speyer u. PROGNOS AG Basel), Speyerer For-
    schungsberichte Nr. 88, Band 1 und 2 (Anhang), Speyer: Verlag For-
    schungsinstitut für öffentliche Verwaltung bei der Hochschule für
    Verwaltungswissenschaften Speyer 1990.
Deutsches Familienrechtsforum (Hg.): Modelle alternativer Konflikt-
    regelungen in der Familienkrise. Stuttgart: Verlag SV-Lernmittel
    GmbH 1982
Evangelische Akademie Bad Boll: Protokolldienst 30/86, «Recht und
    Realität im Familienalltag und in der Familienkrise». Bad Boll 1986.
Nave-Herz, R./Markefka, M. (Hg.): Handbuch der Familien- und Ju-
    gendforschung, Bd. 1: Familienforschung. Neuwied und Frankfurt
    a. M.: Luchterhand 1989.
Strempel, D.: Rechtspflege in der Bundesrepublik Deutschland – Doku-
    mentation und Bezugspunkte einer Strukturanalyse. Kritische Vier-
    teljahresschrift für Gesetzgebung und Rechtswissenschaft 1986,
    S. 242–262.
Strempel, D.: Schnittstelle zwischen forensischer und außerforen-
    sischer Konfliktregelung. Zeitschrift für Rechtspolitik 1989,
    S. 133–136.

Wasilewski, R.: Streitverhütung durch Rechtsanwälte – empirische Untersuchung von Umfang, Struktur und Bedingungen außergerichtlicher Beilegung zivilrechtlicher Streitigkeiten durch Rechtsanwälte. Köln: Bundesanzeiger-Verlag/Deutscher Anwaltsverlag, 1990.

Adressen von Beratungsstellen

Arbeitskreis
Partnerschaftskrise
Trennung und Scheidung e. V.
Schneckenhofstraße 27
60596 Frankfurt/M.
069/620604 + 724379

Bundesarbeitsgemeinschaft für
Familienmediation
Sprecher:
Eva Valentin, Ingolf Schulz
Kontaktadresse:
Rathausplatz 25
22926 Ahrensburg
c/o Rechtsanwalt und Notar
Ingolf Schulz
Tel.: 04102/54541 u. 53500
Fax: 04102/58338

Deutsches
Familienrechtsforum
Haußmannstraße 6
70188 Stuttgart
0711/233399

Familien-Notruf München
Pestalozzistr. 46
80469 München
089/269194

IETE – Intakte Elternschaft
trotz Scheidung
Germersheimer Str. 26
81541 München
089/496411

Psychosoziale Beratungsstelle
in Familienkrisen
Günterstalstraße 41
79102 Freiburg
0761/78761

TRIALOG e. V.
Von Vinke-Str. 6
48143 Münster
0251/511414

Zusammenwirken
im Familienkonflikt –
Interdisziplinäre
Arbeitsgemeinschaft e. V.
Wilhelmsaue 133
10715 Berlin
030/8610195

Vorschläge für den Umgang von Eltern und Kindern nach der Trennung

1. Die Trennung der Eltern verändert das Leben der Kinder

Die Trennung der Eltern bringt für Kinder grundlegende Veränderungen mit sich: In der Regel wohnen sie bei dem einen Elternteil und besuchen den anderen. Der Besuchstag ist für alle beteiligten Personen – Eltern wie Kinder – eine besondere Situation, treffen doch hier die Personen, die einmal zusammen gelebt haben, aufeinander und spüren immer wieder die Trennung und die mit ihr verbundenen Gefühle wie Trauer, Enttäuschung, Wut usw. Je stärker diese Gefühle noch sind, um so belasteter wird sich die Besuchssituation gestalten, weil Kinder – vielleicht ohne es ausdrücken zu können – alle Spannungen mitbekommen und sich möglicherweise sogar dafür verantwortlich fühlen.

2. Trennungen dauern lange

Eine Trennung passiert nicht von heute auf morgen. Die Krise dauert schon einige Zeit an und hört auch nicht mit der Trennung sogleich auf. Trennung ist eine mögliche Lösung für menschliche Konflikte. Sie braucht Zeit und einen langen Atem. Gerade weil Trennungen und die Verarbeitung aller Gefühle lange dauern, ist es für die Eltern wichtig, im Interesse ihrer gemeinsamen Kinder zu überlegen, wie in dieser Zeit mit auftretenden Krisen – und in der ersten Zeit ist jeder Besuchstag eine solche kleine (oder große) Krise – umgegangen werden kann.

3. Kinder brauchen beide Eltern

Wenn eine Ehe geschieden wird, trennen sich die Eheleute; sie bleiben aber die Eltern für ihre Kinder ein Leben lang. Die Kinder brauchen für ihre Entwicklung die Beziehung zu beiden Elternteilen, denn diese Beziehungen formen ihre Persönlichkeit und damit die Art der Beziehungen zu anderen Menschen im späteren Leben mit.

Auch Sie sind in einer außerordentlich schwierigen Situation: Als Ehepartner sollen Sie sich trennen, und als Eltern sollen Sie für Ihre gemeinsamen Kinder dasein. Wie können Sie trotz der Trennung Eltern Ihrer Kinder bleiben? Wie kann der Elternteil, bei dem die Kinder hauptsächlich wohnen, den Kontakt zum anderen Elternteil mittragen oder sogar fördern? Hier ergeben sich eine Fülle von Fragen; dies sind auch Fragen Ihrer Kinder, die Angst haben, den Kontakt zu einem oder gar beiden Eltern zu verlieren. Nach unseren Erfahrungen wünschen sich die Kinder nichts sehnlicher, als unbeschwert zu beiden Eltern Kontakt haben zu können, auch wenn ihre Eltern ganz unterschiedlich sind.

4. Tips und Ratschläge können nicht helfen

Alle mit Trennung und Scheidung und den nachfolgenden Regelungen zusammenhängenden Situationen sind so vielschichtig und unterschiedlich, daß Tips und Ratschläge zur Lösung von auftretenden Schwierigkeiten in der Regel fehl am Platz sind. Die nachfolgenden Gedanken zum Besuchstag sind daher mehr als Anregungen zu verstehen, die Situation aus der Sicht der Kinder zu sehen und über Lösungen nachzudenken. Vielleicht haben Sie den Eindruck, daß in diesen Gedanken viel von Ihnen als Eltern erwartet wird, denn natürlich leiden auch Sie unter der Scheidungssituation und fühlen sich nicht immer in der Lage, so bewußt auf Ihre Kinder einzugehen. Zudem sprechen wir vielleicht von Ideen, die auf Sie und Ihre Kinder eine ganz andere Wirkung haben, weil Kinder eben genau wie erwachsene Menschen sehr unterschiedlich sind. Aber vielleicht können diese Gedanken, die teilweise auf Erfahrungen von betroffenen Eltern beruhen, Sie zu erneutem Nachdenken und Lösungsfinden nach Ihren eigenen Vorstellungen, Gewohnheiten und Möglichkeiten anregen.

5. Wenn Ihre Kinder Vater/Mutter besuchen werden...

Für alle, Eltern wie Kinder, ist dies oft eine Situation, in der viel Unsicherheit besteht. Vielleicht schmerzt es Sie, den ehemaligen Partner zu sehen, alte Erinnerungen kommen hoch; Sie treffen sich eventuell in der Wohnung, in der Sie gemeinsam gelebt haben, oder es spielen sich die gleichen Konflikte wie früher ab.

Ihre Kinder sind jetzt vielleicht besonders aufgedreht oder anklammernd; auch sie spüren die Atmosphäre zwischen den Eltern und merken eventuell, daß der eine Elternteil gar nicht möchte, daß sie den anderen besuchen. Es kann ebenso schwierig für Ihre Kinder sein, das gewohnte Zuhause für einen Zeitraum verlassen zu müssen.

Hier gibt es Möglichkeiten, Ihren Kindern in dem Dilemma, in dem sie sich befinden, zu helfen:

Die Kinder sollten frühzeitig wissen, wann der Besuchstag stattfindet, damit sie sich darauf einstellen können.

Es wäre gut, wenn Ihre Kinder in der Wohnung abgeholt würden.

Vielleicht können Sie den anderen Elternteil kurz in die Wohnung bitten, denn da fühlen sich Ihre Kinder sicherer als auf dem Flur.

Teilen Sie dem anderen Elternteil mit, wie es Ihren Kindern im Moment geht (wie haben sie z. B. geschlafen, wie waren die letzten Tage im Kindergarten oder in der Schule ... oder was Ihnen sonst noch wichtig ist).

Wenn Sie sich dazu in der Lage fühlen, können Sie vielleicht auch mal einen Kakao zusammen trinken. So merken Ihre Kinder, daß Sie auch mal miteinander reden können, und sie fühlen sich nicht ganz so hin- und hergerissen.

Einem kleineren Kind sollte man sein Schmusetier zum Besuch mitgeben.

Gut wäre es auch, wenn die Kinder eine immer gleiche, vielleicht eigene Tasche hätten, in der sie Gummistiefel und Kleidungsstücke zum Wechseln hätten, damit der andere Elternteil auch alle Spielmöglichkeiten mit den Kindern hat.

Bei Schulkindern sollte es möglich sein, daß deren Freunde und Schulkameraden den anderen Elternteil besuchen und kennenlernen können.

6. Beim Besuch

Es kann sein, daß Ihre Kinder sich erst mal wieder auf Sie und die andere Umgebung umstellen müssen:

Lassen Sie Ihre Kinder sich erst mal wieder an Sie und Ihre Wohnung gewöhnen. Am besten machen Sie jetzt nicht gleich Aktivitäten außerhalb des Hauses.

Bei kleineren Kindern kann man gut ein Ritual einführen, mit dem man jeden Besuch beginnt: z. B. erst mal eine Geschichte vorlesen oder einen Kakao zusammen trinken, oder andere Dinge, die Ihnen und Ihren Kindern gefallen und beruhigend sind.

Viele «nicht sorgeberechtigte» Eltern stehen unter dem Druck – oder ihre Kinder zeigen diese Erwartungshaltung –, daß an dem Besuchstag «ganz was Tolles» passieren muß. Das kann bei den Eltern zu einem großen Stress führen, und auch die Kinder kommen mit dem Elternteil, den sie gar nicht so viel sehen, nicht zur Ruhe. Diese Ruhe ist jedoch notwendig, damit die Kinder von sich erzählen können und der Erwachsene dann auch zuhören kann.

Machen Sie möglichst alltägliche Dinge mit Ihren Kindern und sorgen Sie dafür, daß Ihre Kinder eine eigene Ecke – z. B. Spielecke, Bett – in Ihrer Wohnung haben; Schulkinder sollten auch am Wochenende bei Ihnen ihre Schulaufgaben erledigen können.

Versuchen Sie den Kindern eine Stunde vor Ende des Besuchs das Zurückbringen anzukündigen; so können sie sich darauf einstellen und sich langsam von den Spielsachen und der Wohnung verabschieden.

Es kann gut sein, daß Ihre Kinder dann in der letzten Stunde sehr nörgelig, anklammernd werden und plötzlich mit ganz neuen, tollen Spielideen kommen. Diese Reaktion ist ganz natürlich, macht Ihnen aber vielleicht die letzte Stunde sehr schwer. Dies gehört aber für die Kinder zur Verarbeitung des Abschieds dazu. Wenn Sie nicht eine Weile vorher den Kindern ankündigen, daß Sie sie zum anderen Elternteil zurückbringen, kann es bei ihnen demnächst zur Folge haben, daß sie sich auf ein Spiel bei Ihnen gar nicht mehr so richtig einlassen können, es könnte ja immer wieder passieren, daß sie mittendrin zurückkehren müssen.

Grundsätzlich sollten die Kinder 2 Stunden vor dem Zubettgehen und in den Ferien 2 Tage vor Schulbeginn wieder zurückgebracht werden.

7. Wenn Ihre Kinder von Vater/Mutter zurückkommen...

Auch jetzt kann die Lage wieder für alle ganz schwierig sein. Zwischen Ihnen und Ihren Kindern ist vielleicht wieder ganz viel Nähe entstanden, und Sie müssen sich nun von ihnen trennen. Vielleicht trifft Sie in diesem Moment die Trennung wieder besonders schmerzlich, Sie sind traurig, gereizt oder auf der Hut, sich nicht verletzen zu lassen.

Dem Elternteil, zu dem die Kinder zurückkommen, geht es dabei auch nicht so gut. Vielleicht haben Sie Angst, es könnte Ihren Kindern bei Ihrem früheren Partner besser gefallen haben, sie hätten schöne Dinge zusammen gemacht und sie möchten noch gar nicht zu Ihnen zurückkommen. Das kann Ihnen sehr weh tun und Sie auch ärgerlich werden lassen.

Auch Ihre Kinder sind jetzt in einer schwierigen Situation: Sie müssen sich von dem anderen Elternteil verabschieden, waren den ganzen Tag in einer anderen Umgebung und wären vielleicht gerne länger dort geblieben. Sie spüren eventuell die Spannungen zwischen den Eltern beim Zurückbringen.

Es ist dennoch wichtig, daß die Kinder in die Wohnung zurückgebracht werden. Dort können Sie kurz darüber sprechen, wie es den Kindern ergangen ist.

Auch hier wäre für die kleinen Kinder ein Ritual gut, mit dem jedes Zurückkommen begonnen wird, weil dies für Ihre Kinder eine Sicherheit bedeutet (in die Badewanne gehen, vorlesen, oder was Ihnen sinnvoll erscheint).

Trotz allem kann es sein, daß Ihre Kinder jetzt ziemlich angespannt sind, aufgeladen oder auch wütend.

Geben Sie ihnen die Möglichkeit, sich körperlich auszutoben (z. B. Fußballspielen, Radfahren, Roller, Dreirad, Federball, Seilchenspringen...).

Manche Kinder brauchen nach dem Besuch eher Ruhe und Entspannung: Sie können ihnen ein Entspannungsbad in der Badewanne einrichten, den Kindern dabei vielleicht vorlesen oder eine schöne Musik laufen lassen. Auch danach am ganzen Körper eingecremt zu werden, kann bei den Kindern die Entspannung fördern.

Fragen Sie Ihre Kinder nicht nach dem Besuch aus, zeigen Sie aber ruhig Interesse an dem Tag. Dies geht am besten, wenn Sie Ihren Kindern zuhören und das, was sie sagen, nicht bewerten. Sagt Ihr Kind z.B.: «Bei Papa/Mama habe ich heute ganz toll gespielt», so sollten Sie nicht sagen: «Aber hier hast du doch viel mehr Spielzeug.» Wenn Sie z.B. nur sagen: «...da hat es dir gut gefallen...» oder einfach nur: «Ja», oder mit dem Kopf nicken, dann fühlt sich Ihr Kind verstanden und kann weiter erzählen. Es hat dann eine Möglichkeit, den Tag zu verarbeiten.

Sollten Ihre Kinder Schwierigkeiten beim Einschlafen haben, so geht ihnen sicher noch einiges vom Tag durch den Kopf. Vielleicht möchten sie Ihnen noch etwas erzählen, aber wissen nicht wie, weil sie fühlen, daß es Ihnen weh tun könnte.
Dann ist es für Ihre Kinder sicher wichtig zu wissen, daß Sie an diesem Abend zu Hause bleiben.

8. Einige Gedanken zur Situation von Jugendlichen

Viele der bisher vorgetragenen Gedanken treffen nicht unbedingt auf Jugendliche zu. Vor allem sie befinden sich in einer Umbruchsituation, in der sie ihren Platz weniger in der Familie suchen als vielmehr in ihrem Freundeskreis. Bisher gültige Werte werden in Frage gestellt, und die Ablösung vom Elternhaus beginnt. Trotzdem werden die Eltern als Rückhalt gebraucht.

Versuchen Sie, alltägliche Gemeinsamkeiten zu erhalten, wie z.B. Mahlzeiten, Gespräche, Spiele.

Gerade die Trennung und Scheidung der Eltern macht Jugendliche hilflos und wütend zugleich. Dabei bekommt oft der Elternteil viel Wut ab, von dem die Trennung ausgeht oder der in den Augen der Jugendlichen der «moralisch Schlechtere» ist.

Geben Sie Ihren Kindern die Möglichkeit, mit Ihnen über Ihre Sicht der Dinge zu sprechen.

Leben die Eltern getrennt, kann in der besonderen Situation der Jugendlichen auch eine Quelle von Mißverständnissen zwischen den Erwachsenen liegen; dazu einige Anregungen, wie Sie den Umgang miteinander erleichtern können:

Vermeiden Sie starre Regelungen; versuchen Sie, offene und flexible Verhandlungen zu führen, und behalten Sie dabei auch den Freundeskreis der Jugendlichen im Auge.

Treffen Sie Vereinbarungen mit dem Jugendlichen direkt, d. h. besprechen Sie kurzfristige Änderungen und die damit verbundenen Abmachungen mit Ihrem Kind.

Benutzen Sie Ihre Kinder nicht zu «Briefträgerdiensten» zwischen den Eltern oder gar «detektivischen» Aufgaben.

Als Elternteil, der nicht mit dem Jugendlichen lebt, sollten Sie den nächsten Besuch gemeinsam mit Ihrem Kind vorausplanen. Seien Sie sich auch nicht zu schade, einfach mal nur als «Chauffeur» zu fungieren, so fühlen sich Ihre Kinder auch von Ihnen ernstgenommen bzw. können Sie einmal den Freunden vorführen.

9. Nachgedanken

Wir haben jetzt eine Menge Dinge aufgezählt, die Ihren Kindern helfen sollen, mit der Scheidungs- und Besuchssituation besser klar zu kommen. Dabei wurden Sie als Eltern in einer besonderen Weise angesprochen, die von Ihnen gerade in Ihrer eigenen schwierigen Situation viel verlangt. Sie müssen sich dann oft Gedanken, Gefühle und Erlebnisse von Ihren Kindern anhören, die Sie schmerzen werden. Auch kann Sie schmerzen, daß Ihre Kinder plötzlich Symptome zeigen wie Einnässen, Bauchschmerzen, Übelkeit, Kopfschmerzen. Dies sind ganz «normale» Reaktionen Ihrer Kinder auf die Trennung ihrer Eltern, auf die neue Besuchssituation. Diese Symptome legen sich wieder, wenn sich nach der Trennung die Beziehung zwischen den Eltern und zu den Kindern entspannt und neu entwickelt hat. Es ist wichtig, daß nicht nur Sie die Kinder unterstützen, sondern daß auch Sie sich Unterstützung holen. Dies können Verwandte, Freunde, Freundinnen oder auch Mitarbeiter von Beratungsstellen sein.

Die Trennung der Ehepartner berührt die ganze Familie. Diese Krise nimmt Einfluß auf das physische und psychische Wohlergehen des einzelnen in der Familie, Krisen haben einen Januskopf, also zwei Gesichter: Sie können Ende, Abschied bedeuten, aber auch Aufbruch, Leben und Geburt. Wer eine Krise ganz durchlebt, erfährt beides, meistens zeitlich zerlegt in zwei Phasen. In der ersten herrscht Unruhe, und der

Halt geht verloren; man versinkt in Tiefpunkte. In der zweiten Phase gewinnt man wieder Ruhe, die Dinge fangen an, sich anders zu ordnen. Neue Sicherheit und Orientierung entstehen. Aus der Krise entwickelt sich eine neue Zukunft. Die Bewältigung dieser Krise erfordert von allen Familienmitgliedern alle Kraft, allen Mut und die ganze Ausdauer eines Menschen.

Im folgenden finden Sie eine Zusammenstellung von Büchern für Kinder und Jugendliche, in denen das Thema Trennung/Scheidung/ Entstehung von «neuen» Familien in altersgerechte und einfühlsame Geschichten eingearbeitet ist. Die Bücher sind auch als Lektüre für die Eltern zu empfehlen, da sie einen guten Einblick in die Gedanken und Probleme ermöglichen, die für Kinder und Jugendliche durch Trennung und Scheidung entstehen:

Trialog
Gefördert vom Kinderbeauftragten der Landesregierung beim Minister für Arbeit, Gesundheit und Soziales in Nordrhein-Westfalen

Kinderbücher zum Thema

Bücher für Kinder und Jugendliche, in denen das Thema Trennung/Scheidung/Entstehung von «neuen» Familien in altersgerechte Geschichten eingearbeitet ist.

Die Bücher sind auch als Lektüre für die Eltern zu empfehlen, da sie einen guten Einblick in die Gedanken und Probleme ermöglichen, die für Kinder und Jugendliche durch Trennung und Scheidung entstehen.

Scheidung auf Dinosaurisch, Laurene Krasny Brown und Marc Brown
Carlsen Verlag Reinbek 1988
Ein Ratgeber und Bilderbuch für Kinder und Eltern

Rike und Matti, Ulrike Kirchberg
Wenn Eltern sich trennen
Verlag H. Ellermann
Vorschulalter, erstes Lesealter

Jeden Tag Spaghetti, Uwe Friesel
rororo Rotfuchs, 1983
ab 11 J.

Der Käptn aus dem 13. Stock, Klaus Kordon
Dressler, Hamburg 1988
ab 9 J.

Lady Punk, Dagmar Chidolue
Beltz-Verlag Weinheim und Basel, 1985
ab 14 J.

Den Vater denk ich mir, Felicitas Naumann
rororo Rotfuchs, 1986
ab 13 J.

Gretchen Sackmeier, Christine Nöstlinger
Oetinger, Hamburg 1981
ab 14 J.

Gefährliche Wege, Monica Hughes
Benzinger Edition, 1988
ab 14 J.

Papa wohnt jetzt in der Heinrichstraße, Nele Maar – Verena Ballhaus
Verlag modus vivendi, 8770 Lohr, 1988
ab 5 J.

Ich brauch Euch doch beide, Inge Britt
Frankfurt/Main 1985

Liebe Stiefmutter, Marie Burns
Reinbek b. Hamburg, 1988

Tine durch zwei geht nicht, Elfie Donelly
Cecilie Dressler Verlag, Hamburg
etwa ab 10 J.

Ein Mann für Mama, Christine Nöstlinger
dtv junior 7307
ab 10 J.

Erwachsen wirst du über Nacht, Elisabeth Gürt
Verlag Kremyr & Scheriau, Wien

Scheiden tut weh, Heide Mundzeck
rororo Rotfuchs 1977
ab 11 J.

Der Zwerg im Kopf, Christine Nöstlinger
Beltz Verlag
ab 6 J.

Julius, das Rattenkind, Lydia Devos
Artemis Verlag
ab 5 J.

Wo wird Olli bleiben?, Ina Fritsch
Spectrum 1981
ab ca. 10 J.

Oh, du Hölle, Christine Nöstlinger
Beltz u. Gelberg 1986
ab ca. 10 J.

Und mitten drin Cornelia, Susanne Riha
Ueberreuter 1988
ab ca. 12 J.

Die Zeit, als Papa kochen lernte, Ingrid Uebe
Arena 1989
ab ca. 10 J.

Beispiel für einen Mediationsvertrag

Wegen der Regelung der Fragen, die bei unserer Trennung/Scheidung geklärt werden müssen, wenden wir uns als Vermittler/Mediator an

Frau/Herrn . . . . im Familien-Notruf München.

Uns geht es vorrangig um die Belange unserer gemeinsamen Kinder/unseres gemeinsamen Kindes, für die/das vor allem geregelt werden muß:

- der zukünftige Lebensmittelpunkt und die Betreuung der Kinder/des Kindes (Sorge- und Umgangsrecht);
- der Lebensbedarf aller Familienmitglieder (Unterhalt, Berufstätigkeit, Steuern, Versicherungen, Wohnung, Vermögen).

Ziel der Mediation ist der Entwurf einer Vereinbarung über alle regelungsbedürftigen Punkte (s. o.).

Da Rechtsberatung im Rahmen der Mediation für Nichtjuristen nicht erlaubt ist, ist Voraussetzung für die Mediation im Familien-Notruf, daß jeder Partner einen Anwalt seines Vertrauens mit seiner Beratung beauftragt.

Die Vereinbarungen sollen von diesen Anwälten rechtlich überprüft werden und erst danach verbindlich werden.

Wir verpflichten uns, über die gesamten Einkommens- und Vermögensverhältnisse unserer Familie Auskunft zu geben und alle erforderlichen Unterlagen für die Mediations-Sitzungen zur Verfügung zu stellen. Keiner von uns wird vor der Beendigung der Mediation Vermögenswerte verkaufen oder anderweitig beiseite schaffen ohne Einverständnis des anderen.

Wir verpflichten uns, den/die Mediator(in) in einem gerichtlichen Verfahren nicht als Zeugen vor Gericht zu benennen und bei Abbruch oder Nichtgelingen der Mediation die Informationen aus der Mediation nicht im juristischen Prozeß zu verwenden.

Wir wissen, daß jeder von uns die Mediation jederzeit beenden und den weiteren Prozeß den Anwälten überlassen kann. Wir wissen, daß auch der/die Mediator(in) die Vermittlung beenden kann.

Wir akzeptieren, daß wir für die Mediationssitzungen im Familien-
Notruf München einen unseren finanziellen Verhältnissen angepaßten
Betrag in Höhe von DM . . . . bezahlen. Zusätzlich übernehmen
wir die Kosten für notwendige Schreib- bzw. Kopierarbeiten und die
Kosten für etwa notwendige Experten (Steuerfachleute, Schätzer etc.).

Wir vereinbaren zusätzlich: . . . .
. . . .
. . . .
. . . .
. . . .
. . . .

München, den . . . .

Unterschrift: Unterschrift:

. . . .

Arbeitsplan für Mediationssitzungen

Einkommen	Frau	Mann	Kind(er)
Gehalt (+ 13./(14). Gehalt, Urlaubsgeld, Sonderzahlungen wie Trennungsgeld, Prämien)			
Weitere Einkünfte (Unterhalt, Kindergeld, Erziehungsgeld, Wohngeld, Sozialhilfe, Zinsen, Zuwendungen von Eltern, Sonstiges, Bafög o. ä.)			
Geldwerte Vorteile (Firmenwagen, selbstgenutzte Eigentumswohnung usw.)			

Vermögen	Frau	Mann	gemeins. Vermögen
Guthaben auf Konten			
Sparbücher			
Lebens-, Kapitalversicherungen, Bausparverträge usw.			
Wertpapiere, Aktien, Pfandbriefe usw.			
Weitere Werte (Häuser, Wohnungen, Grundstücke, Auto, Kunstwerke, Schmuck usw.)			
Sonstiges			

Versicherungen	Frau	Mann	Kind(er)
Krankenversicherung			
Krankenzusatzversicherung			
Lebensversicherung			
Haftpflichtversicherung			
Hausratversicherung			
Autoversicherung			
Sonstige			

Hausrat	Frau	Mann	
Autos			
Maschinen, Apparate			
Möbel			
Wertgegenstände			
Sonstiges (Souvenirs, Haustiere, Instrumente etc.)			

Haushaltsplanung	Frau	Mann	Kind(er)
Miete/Wohnkosten/ Nebenkosten			
Strom, Wasser etc.			
Telefon			
TV			
Sonstiges im Haushalt			
Ernährung			
Kleidung			
Transportkosten (Auto, Fahrkarten etc.)			
Kultur (Theater, Kino, Zeitungen)			
Urlaub, Reisen			
Reparaturen, Instandhaltungen			
Geschenke, Spenden etc.			
Versicherungen etc.			
Sonstiges			
Zusätzliche Kosten für Kinder			

Betreuungsplan

Woche	1		2		3		4		5	
Montag										
Dienstag										
Mittwoch										
Donnerstag										
Freitag										
Samstag										
Sonntag										

Schulfreie Zeit/Ferien etc.

Osterferien:	
Pfingstferien:	
Sommerferien:	
sonstige schulfreie Zeit/Tage:	
Heiligabend:	
1. Weihnachtstag:	
2. Weihnachtstag:	
Silvester:	
Neujahr:	
Geburtstage:	
Sonstige wichtige Tage:	

Bundesarbeitsgemeinschaft für Familienmediation
Richtlinien für Mediation in Familienkonflikten

Präambel

Der zunehmende Wunsch, familiäre Konflikte insbesondere bei Trennung und Scheidung persönlich und im Interesse aller Beteiligten zu regeln, läßt nach geeigneten Verfahren suchen. Ein Ansatz ist Mediation (Vermittlung) in Familienangelegenheiten, die psychosoziale und rechtliche Aspekte der Konfliktregelung miteinander verbindet.

Die Bundes-Arbeitsgemeinschaft für Familien-Mediation (BAFM) konstituierte sich anläßlich einer Tagung in Bad Boll zum Thema Mediation im Januar 1992. Sie ist seitdem mit der Diskussion um die Grundlagen der Familienmediation befaßt. Die BAFM ist ein Informations- und Koordinationsforum der regional organisierten Arbeitskreise in der Bundesrepublik, das sich mit Praxis, Fortbildung, Veröffentlichungen, Öffentlichkeitsarbeit und Weiterentwicklung von Mediation beschäftigt.

Die BAFM hat beschlossen, Richtlinien herauszugeben, die den Diskussionsstand der Angehörigen der Arbeitsgemeinschaft zu den Grundlagen und Vorgehensweisen von Mediation zusammenfassen. Die Richtlinien sind damit auf Entwicklung ausgelegt. Die Arbeitsgemeinschaft befand jedoch, daß die Veröffentlichung des gegenwärtigen Entwicklungsstandes erforderlich ist, um einsichtig zu machen, welche Maßstäbe und Ansichten die Mitglieder der BAFM vertreten.

I. Adressaten

Die Richtlinien wenden sich vorwiegend an Angehörige psychosozialer Berufe und an Anwältinnen und Anwälte, die sich mit familiären Konflikten, Krisen und Problemen und hier insbesondere mit Trennungs- und Scheidungsfolgen beschäftigen. Bei den dienst-, berufs- und standesrechtlichen Vorschriften sollten die in den Richtlinien niedergelegten Grundsätze Beachtung finden.

II. Ziele, Inhalte und Prinzipien

1. Ziele

Die Familienmediation hat die Aufgabe, eine selbstbestimmte und einvernehmliche Regelung psychosozialer und rechtlicher Probleme, insbesondere bei Trennung und Scheidung, zu erreichen. Sie fördert die Autonomie, besonders die Dialog-, Kooperations- und Gestaltungsfähigkeit der Beteiligten. Ziel ist eine einvernehmlich bindende Regelung bis hin zu einer umfassenden formalrechtlich wirksamen Vereinbarung.

2. Inhalte

Familienmediation bezieht sich auf die Regelung von familiären Konflikten in ehelichen, nichtehelichen und nachehelichen Beziehungen, in denen sachliche Lösungen angestrebt werden. Die Inhalte werden von den beteiligten Familienmitgliedern festgelegt. Die Trennungs- und Scheidungsmediation befaßt sich hauptsächlich mit der Gestaltung der mit Trennung und Scheidung zusammenhängenden Folgen, insbesondere im Hinblick auf Elternschaft und andere familiäre Beziehungen, Aufteilung des Familieneinkommens, Vermögensauseinandersetzung, Alterssicherung, Hausratteilung und Klärung der Wohnsituation.

3. Prinzipien

Mediation ist ein Prozeß, der sich an folgenden Grundsätzen orientiert:

3.1 Freiwilligkeit

Der Mediationsprozeß ist freiwillig. Freiwilligkeit setzt voraus, daß die Partner in ihrer Selbstbestimmung nicht beschränkt sind, und der Mediator/die Mediatorin den durch den Inhalt des Mediationsvertrages festgelegten Grenzen keinen Weisungen unterliegt. Der Prozeß kann von allen Beteiligten, auch von dem Mediator/der Mediatorin, jederzeit beendet werden.

3.2 Neutralität

Mediation setzt eine neutrale, allparteiliche Haltung des Mediators/der Mediatorin zu beiden Partnern voraus. Der Mediator/die Mediatorin unterstützt die Partner darin, in einem fairen Prozeß eine wechselseitige befriedigende, interessengerechte und auch im Ergebnis faire Vereinbarung zu erzielen.

3.3 Eigenverantwortlichkeit

Die Partner nehmen im Mediationsprozeß ihre Interessen und Bedürfnisse selbst wahr und vertreten sie angemessen.

3.4 Informiertheit

Eine selbstbestimmte Entscheidung der Partner ist nur auf der Grundlage eigener sachlicher Informiertheit möglich. Jeder Partner muß ausreichend Gelegenheit haben, sämtliche Informationen, die entscheidungserheblich sind, in ihrer Tragweite zu erkennen und zu gewichten, damit sich jeder der Konsequenzen der Entscheidung voll bewußt ist.

Dies setzt die beiderseitige Bereitschaft zur Offenlegung aller sachlichen Daten und relevanten Fakten voraus.

Insbesondere im Falle von Trennung und Scheidung hat sich jeder Partner über seine gesetzlichen Rechte und Pflichten zu informieren und sich, sofern minderjährige Kinder betroffen sind, mit den Auswirkungen der Entscheidung auf die Kinder auseinanderzusetzen.

3.5 Vertraulichkeit

Der Mediationsprozeß ist vertraulich. Alle Beteiligten verpflichten sich im Rahmen der gesetzlichen Möglichkeiten, keine Informationen und Erkenntnisse aus dem Prozeß ohne ausdrückliche Zustimmung aller Beteiligten weiterzugeben. Die Zustimmung wird bei der Konsultation von Anwälten und Experten im Rahmen des Mediationsprozesses und bei Supervision unterstellt.

III. Persönliche Voraussetzungen und Aufgaben der Beteiligten im Mediationsverfahren

1. Mediator/Mediatorin

Der Mediator/die Mediatorin ist zusätzlich zu den in Ziff. II 3.2 beschriebenen Aufgaben für die Gestaltung (Strukturierung) des Mediationsprozesses, die Beachtung der Prinzipien sowie die Schaffung geeigneter Rahmenbedingungen verantwortlich. Diees setzt die Kenntnis und Berücksichtigung psychologischer, familiendynamischer und rechtlicher Aspekte voraus.

Ist der Mediator/die Mediatorin durch verwandtschaftliche, institutionelle oder sonstige soziale Beziehungen so eng mit einer Seite verbunden, daß die andere die Unparteilichkeit in Frage stellen könnte, oder könnte der Mediator/die Mediatorin ein privates Interesse in der Mediation verfolgen, ist er/sie als Mediator/Mediatorin ungeeignet. Das gleiche gilt, falls der Mediator/die Mediatorin einen Partner vorher rechtlich beraten oder vertreten hat oder eine therapeutische Beziehung zu einem der Partner bestand. Bezog sich die Beratung, Vertretung oder Therapie auf beide Partner, darf der Mediationsprozeß erst beginnen, wenn die Rolle des Mediators/der Mediatorin im Unterschied zur vorausgegangenen Situation geklärt ist, und alle Beteiligten übereinstimmend Mediation ausdrücklich gewählt haben.

Der Mediator/die Mediatorin gibt keine Information in das justizielle Verfahren weiter. Er/sie stellt sich nicht als Zeuge (Zeugin), anwaltschaftlicher Vertreter (Vertreterin) oder Sachverständiger (Sachverständige) zur Verfügung. Darauf weist er/sie hin.

2. Partner

Die Partner benötigen ein Mindestmaß an Gesprächs- und Einigungsbereitschaft sowie an der Fähigkeit, für sich selbst und die eigenen Interessen einzustehen.

Mögliche Grenzen der Mediation können z.B. in schweren psychischen Störungen oder familiärer Gewalt liegen. Darüber hinaus kann sich im Verlauf der Mediation zeigen, daß eine eigenverantwortliche, gemeinsame Regelung nicht möglich ist. In diesen Fällen verweist der Mediator die Partner an entsprechende Fachleute.

3. Zusammenarbeit in einem professionellen Netzwerk

Der Mediator gehört einem Netzwerk an und fördert das Zusammenwirken zwischen den beteiligten Professionen namentlich in seiner Region. Dabei ist darauf zu achten, daß im Einzelfall die Grundsätze des Daten- und Vertrauensschutzes gewahrt bleiben.

VI. Form, Ablauf und Voraussetzungen der Mediation

Zu Beginn des Mediationsprozesses klärt der Mediator/die Mediatorin über Unterschiede und Ähnlichkeiten zwischen Mediation und anderen Formen der Konfliktregelung auf; er weist auf die Vor- und Nachteile der Mediation und der entsprechenden Alternativen sowie auf die Chancen und Risiken hin. Der Mediator/die Mediatorin erläutert den Ablauf, die Kosten und die unabdingbaren Voraussetzungen der Mediation, wie sie sich aus den Richtlinien ergeben. Die mit Beteiligten erarbeiteten Grundlagen für das anstehende Mediationsverfahren (Mediationsvertrag) sollen schriftlich festgehalten werden. Der Mediator/die Mediatorin unterstützt die Parteien darin, auf der Basis ihrer unterschiedlichen Sichtweisen, Bedürfnisse und Interessen sich selbst und den anderen Partner besser zu verstehen. Er/sie hilft den Partnern durch seine/ihre vermittelnde Gesprächs- und Verhandlungsgestaltung, eine einvernehmliche faire Regelung zu entwickeln. Bezugspunkte sind beispielsweise

- konkrete persönliche, berufliche und ökonomische Zunkunftsinteressen,
- beziehungsgeschichtliche Elemente,
- die gesetzlichen Bestimmungen bzw. die ihnen zugrundeliegenden Prinzipien
- sowie vorausgegangene Verabredungen.

Besondere Bedeutung kommt der wechselseitigen Akzeptanz unterschiedlicher Interessen und Lebensperspektiven der Beteiligten und der Kinder zu, die dann aufeinander bezogen und untereinander verknüpft werden.

Das Ergebnis der Mediation wird in der Regel schriftlich festgehalten. Auf Wunsch der Partner kann hieraus durch den Anwaltsmediator, die Beratungsanwälte oder öffentliche Rechts-, Auskunfts- und Vergleichsstellen eine juristisch fundierte Vereinbarung erstellt werden.

Wegen der engen tatsächlichen und rechtlichen Verknüpfung ist darauf zu achten, daß jedes Teilergebnis im Hinblick auf seine Folgen für alle sonstigen Regelungsbereiche überprüft wird. Ist zwischen den Parteien lediglich eine Einigung über einen Teilbereich zustande gekommen oder ist eine Einigung überhaupt nicht möglich, spricht der Mediator mit den Parteien das weitere Vorgehen ab.

VII. Qualifikationen

Im Hinblick auf den ganzheitlichen Ansatz des Mediationsprozesses setzt die Tätigkeit als Mediator/Mediatorin profunde Kenntnisse, Fähigkeiten und Fertigkeiten auf dem Gebiet der Psychologie der Familie, der Grundzüge des Familienrechts und der interessengerechten Verhandlungsführung in der Einschmelzung auf den Mediationsprozeß hin voraus. Der Erwerb der Qualifikation als Mediator ist durch eine Zusatzausbildung sicherzustellen.

Die BAFM wird ihre Qualifikationsvoraussetzungen hierfür in Ausbildungsstandards niederlegen.

Die Teilnahme an der Zusatzausbildung zum Mediator setzt grundsätzlich eine juristische Ausbildung (2. Staatsexamen) oder eine Ausbildung im psychosozialen Bereich (diplomierter Abschluß) sowie Praxis auf einem dieser Felder voraus. Im Hinblick auf den persönlichen Einsatz des Mediators, namentlich seiner Neutralität, gehört zu dessen Tätigkeit laufende Supervision und Fortbildung.

(Weitere Auskünfte über die Bundesarbeitsgemeinschaft für Familienmediation, Adresse siehe S. 263.)

Die Autoren

Lothar Beck Evangelischer Theologe, Familien- und Systemtherapeut; seit 1985 freier Mitarbeiter an der Familienberatungs- und Behandlungsstelle im Psychotherapeutischen Zentrum Stuttgart; Tätigkeit als Supervisor und Kursleiter; Arbeit in eigener Praxis.

Hans-Peter Bernhardt Diplompsychologe, Ehe- und Familienberater; Gutachter; Psychologische Praxis für Ehe- und Lebensberatung in München; freier Mitarbeiter einer Familienberatungsstelle; Leiter eines Fortbildungsprojektes (Trennungs- und Scheidungsberatung); Veröffentlichungen zur Trennungs- und Scheidungsberatung.

Merve Brehme Familienrichterin am Amtsgericht Berlin-Charlottenburg; Mitarbeit in Balintgruppen und interdisziplinärer Fallarbeit; Mitbegründerin des Vereins Zusammenwirken im Familienkonflikt – Interdisziplinäre Arbeitsgemeinschaft. Neben der richterlichen Tätigkeit Mitwirkung bei der Leitung von Gruppen und Seminaren.

Hannelore Diez Diplomsozialpädagogin; Studium an der Staatlichen Fachhochschule München; dreijährige Ausbildung in Integrativer Familientherapie bei C. Gammer und M. Kirschenbaum; Mediationstraining in den USA und BRD bei G. Friedman und J. Himmelstein sowie J. Haynes; Leiterin des Familien-Notrufs in München Ausbilderin für Mediation. Gemeinsam mit Heiner Krabbe fachliche Begleitung der deutschen Ausgabe von: Gary J. Friedman, «Die Scheidungs-Mediation. Anleitungen zu einer fairen Trennung» (rororo 9944, Februar 1996).

John M. Haynes Präsident des Haynes Mediation Associates und des Mediation Training Institute in Northport, New York, das Trainingsprogramme für Rechtsanwälte und psychosoziale Berufe durchführt; Sprecher der Academy of Family Mediators, USA; von 1964–89 verschiedene Aufgaben bei Gewerkschaften sowie Lehrtätigkeit an einer Schule für Sozialarbeit; verschiedene Veröffentlichungen zum Thema Mediation.

Gisela Mähler und Hans-Georg Mähler Rechtsanwälte in München mit dem Schwerpunkt Familien- und Erbrecht; ausgebildete Ehe- und Familienberater; Gründer des Eidos-Projekt Mediation; Praxis, Forschung und Fortbildung in Mediation.

Heike Mundzeck Freie Journalistin, Fernsehkritikerin und Filmemacherin; Dokumentationen, Features, Reportagen mit den Schwerpunkten Recht, Soziales, Frauen, Familie, DDR; Verschiedene Buchveröffentlichungen, u. a. «Scheiden tut weh» (Reinbek 1977).

Roland Proksch Professor an der Evangelischen Stiftungsfachhochschule Nürnberg für Sozial- und Familienrecht; Studium der Rechtswissenschaft und Volkswirtschaft; Rechtsanwalt; Praxisberatung: Konfliktregelung in Familiensachen; Ausbildung zum Familien- und Scheidungsvermittler; Geschäftsführer des ISKA Nürnberg.

Günter Reich Diplompsychologe; Psychoanalytiker; Familientherapeut; wissenschaftlicher Mitarbeiter am Schwerpunkt Familientherapie der Universität Göttingen; Ausbilder in psychoanalytischer Familientherapie; Veröffentlichungen zur Familiendynamik und Familientherapie.

Heidi Salm Sozialpädagogin und Familientherapeutin mit verschiedenen Zusatzausbildungen; von 1975–89 Lehrtherapeutin am IF Weinheim; von 1986–90 Fortbildungsprojekt mit Hamburger Familien- und Vormundschaftsrichtern, seit 1991 Fortführung in Nordrhein-Westfalen; Familien- und Körpertherapie in freier Praxis in Heidelberg.

Dieter Strempel Ministerialrat im Bundesministerium der Justiz der Bundesrepublik Deutschland, Bonn (Leiter des Referates «Rechtstatsachenforschung»); Honorarprofessor am Fachbereich Rechtswissenschaft der Philips-Universität Marburg.

Roland Weber Diplompädagoge und Familientherapeut; Leiter der Familienberatungs- und Behandlungsstelle des psychotherapeutischen Zentrums e. V. Stuttgart; Arbeit in freier Praxis mit Schwerpunkt Supervision und Fortbildung in systemischer Sozialarbeit und Therapie.

Rosmarie Welter-Enderlin Leiterin des Ausbildungsinstituts für systemische Therapie und Beratung in Meilen/Zürich; Lehrbeauftragte der Psychologischen Abteilung der Universität Zürich; Vorstandsmitglied der Schweizer Gesellschaft für Systemtherapie; Master of Social Work/Social Science University of Michigan, USA; Arbeits- und Forschungsschwerpunkte u. a. in Paar- und Familientherapie und Scheidungstherapie; verschiedene Veröffentlichungen.